KB043795

1993

한반도에도 통일이 빨리 오기를 기도 드리며

2011년 4월 5일 초판 1쇄
2014년 10월 8일   2쇄
2015년 4월 8일   3쇄

2020년 3월 6일 개정 1쇄

지은이 양창석
펴낸곳 (주)늘품플러스
펴낸이 전미정
책임편집 최효준
디자인·편집 정진영 정윤혜
교정·교열 황진아
출판등록 2004년 3월 18일, 제2-4350호
주소 서울 중구 퇴계로 182 가락회관 6층
전화 02-2275-5326
팩스 02-2275-5327
이메일 go5326@naver.com
홈페이지 www.npplus.co.kr
ISBN 979-11-88024-34-6 03340

정가 16,000원

브란덴부르크 비망록

독일통일 주역들의 증언

양창석 저

2020년은 독일통일 30주년이다. 이를 기념해서 『브란덴부르크 비망록: 독일통일 주역들의 증언』 개정판을 출간하기로 했다.

독일통일은 성공적이었다. 유행하는 말로 '대박'이었다. 동·서독 주민들 간에 삶의 차이가 여전히 존재하지만 동독 주민들은 체코, 폴란드 등 과거 사회주의국가 동지들보다 훨씬 더 잘 산다. 필자는 최근 거의 매년 동독지역을 방문하는데, 통일 직후와 비교해 보면 도로와 건물, 풍경이 놀랄 정도로 좋아졌다. 전체적으로 보아도 통일 독일은 GDP 세계 4위, 유럽연합 전체 GDP의 20퍼센트를 차지하는 선진대국이다.

이 책 『브란덴부르크 비망록』은 역사책이다. 독일통일에 관한 소개 책자introduction이다. 시간적으로는 1989년 5월 2일부터 1990년 10월 3일까지 일어난 역사적 사건들을 자세히 기술하고 있다. 내용적으로는 동독 여행객들이 헝가리와 오스트리아 사이의 철조망을 뚫고 서독으로 탈출하는 장면으로 시작한다.

대규모 탈출사태와 월요데모로 출발한 독일통일의 열차는 동독 공산정권의 붕괴, 동독 주민들의 통일 요구, 최초의 자유 총선거, 동·서독 화폐통합, 2+4회담, 통일조약의 여정을 통해서 1990년 10월 3일 마침내 통일이라는 종착역에 도달했다.

'브란덴부르크 문Brandenburger Tor'은 독일 사람들이 민족의식을 갖게 되었던 프로이센 제국 시절에 세워졌다. 프로이센이 프랑스와의 전쟁에 이겼을 때는 승리의 개선문이었다. 그러나 제2차 세계대전에서 패배한 독일이 전승 4대국인 미국, 영국, 프랑스, 소련에 의해 분할 점령당한 후에는 자유진영과 공산진영 사이의 대결의 문이었다. 동시에 서독과 동독의 분단의 상징이었다. 베를린 장벽이 무너지자 동·서독 사람들의 만남과 화해, 축제의 문으로 변했다. 마침내 독일이 통일되자 브란덴부르크 문은 통일의 상징이 되었다. 동·서 진영의 화합과 유럽 통합의 상징이 되었다. 평화와 통일, 화합의 상징인 브란덴부르크를 이 책의 제목으로 선택한 이유다.

이 책의 주인공은 동독 주민들이다. 독일통일을 '흡수통일'이라고 말하기도 한다. 그러나 흡수통일 주장은 잘못된 것이다. 이것은 동독 주민에 대한 일종의 모욕이다. 통일의 주체를 서독으로 보는 것이다. 그러나 바이체커 통일 당시 서독 대통령을 비롯한 독일 엘리트들은 통일의 주체를 동독 주민으로 보고 있다. 동독 주민들의 대규모 탈출을 '발에 의한 결정'으로 표현한 것도 같은 맥락이다. 탈출자들은 희망이 없는 동독 정권을 버리고 자유와 풍요의 땅 서독으로 떠났다. 반면 동독에 남은 주민들은 '우리는 이곳에 머물겠다'라고 외치면서 거리로 나가 개혁을 요구했다. 이 대규모 시위가 바로 '월요데모'다. 이것은 시민들이 독재정권에 자발적으로 저항한 자유혁명이었다. 피 한 방울 흘리지 않은 평화혁명이 되었다. 독일 역사상 최초의 성공적인 시민혁명이었다.

이 평화혁명은 자유 총선거를 통해 서독과의 조기 통일로 이어졌다. 이 선거는 '서독과 빨리 통일하느냐, 천천히 통일하느냐'에 대한 선택이었다. 동독의 유권자들은 서독과의 조기 통일을 선택했다. 독일통일의 외교적 측면에서 큰 기여를 했던 베이커 미국 국무장관은 "동독 주민들의 힘이 없었다면 통일은 불가능했을 것"이라고 회고했다.

우리 한반도의 통일도 남북한 주민들에 의해 결정될 것이다. 따라서 우선적 과제는 남북한 주민들이 자주 만나고, 화해하고 협력하는 일이다. 드메지어 동독 마지막 총리는 "한반도 통일은 북한 주민이 스스로 원할 때 완전하게 이룰 수 있다"라고 강조했다. 우리는 북한 주민들이 남한과의 통일을 원하도록 부단하게 노력해야 한다. 정부뿐만 아니라 남한 국민들도 필요한 노력을 다해야 할 것이다. 북한 주민들의 마음을 얻어야 한다.

독일과 한반도의 상황은 다르다. 동독과 북한의 상황도 다르다. 그러나 독일통일은 우리에게 시사하는 것이 많다. 부족한 것이 많음에도 불구하고 이 책을 대학교 교재로 선택해 주신 교수님들께 감사드린다. 필자와는 만난 적도 없지만, 브란덴부르크 비망록을 경향신문의 '내 인생의 책'으로 선택한 송명순 장군님과 김성식 의원님께 특별히 감사드린다. 이 책이 우리의 통일을 소망하는 분들, 역사와 국제정치를 공부하는 학생들에게 도움이 바란다.

2020년 1월
양 창 석

모든 인간은 형제가 되노라

가혹한 현실이 갈라놓았던 자들을

신비로운 그대의 힘으로

다시 결합시키는도다

위대한 하늘의 선물을 받은 자여

다 함께 모여 환희의 노래를 부르자!

1989년 12월 25일 성탄절, 동베를린 극장에서 레너드 번스타인의 지휘로 베토벤의 '합창 교향곡'이 감격과 환희의 도가니 속에서 연주되었다. 이 곡은 165년 전 베토벤이 직접 지휘하는 가운데 초연된 이후로 수없이 연주되었지만, 이 날은 아주 특별한 의미가 있었다. 베를린 장벽의 개방을 축하하는 공연이었다. 제4악장 '환희의 송가'는 '자유의 송가Ode an die Freiheit'로 이름이 바뀌었다. 동독 시민들에게 자유라는 위대한 선물을 주신 하나님의 기적을 찬양했다. 동·서독 국민들은 이미 '형제의 재결합,' 즉 통일을 노래하고 있었다.

"통일 후 20년 동안을 돌이켜 볼 때 많은 비판과 회의가 있을 수 있으나 통일의 부정적 측면보다는 긍정적 측면이 극명하게 돋보인다는 점을 잊어서는 안 될 것이다." 독일 연방 정부가 2010년 9월말 통일 20년을 결산한 『독일통일백서 2010』에서 내린 결론이다. 동독의 형제와 자매들에게 '자유' 를 안겨준 역사는 그 어떤 실수나 비난으로도 훼손할 수 없는 최고의 절대적 가치로 평가되어야 할 것이다. 동독 주민들이 시민 혁명과 민주적 절차를 통해 얻어 낸 것이기에 더욱 값진 것이다.

나는 1982년부터 28년 동안 통일부에서 근무했다. 대한민국 국민이면 누구나 분단된 조국의 통일을 간절히 소망할 것이다. 나는 통일을 바라는 것을 넘어 통일을 달성하기 위해 무엇인가 해야 한다는 생각을 갖고 살아왔다. 이 책은 이러한 소명 의식이 낳은 작지만 소중한 열매다. 1989년 11월 9일 독일과 유럽의 분단의 상징이던 베를린 장벽이 무너지자 동독과 서독의 젊은이들이 서로 포옹하고 환호하는 감격스런 장면을 나는 런던에서 지켜보았다. 마침 런던에서 고르바초프의 페레스트로이카 개혁을 흥미있게 공부했던 터라 "철의 장막"
이 걷히는 장면은 나에게 남다른 감흥을 주었다. 독일의 통일
이 피 한 방울 흘리지 않고 평화적으로 달성된 것은 기적이었
다. 또 다른 통일 사례인 베트남과 예멘은 무력으로 통일되었
기에 우리는 독일 통일에서 더 많은 교훈을 얻어야 한다고 생
각했다.

그러던 차에 독일 통일을 깊이 연구할 수 있는 행운이 찾아
왔다. 1992년 4월부터 1994년 12월까지 독일 주재 한국대사
관에서 통일연구관으로 일하게 된 것이다. 이에 더해 1995년
3월부터 6개월 동안 14개 부처 공무원들로 구성된 독일통일
연구단의 단장으로 파견되었다. 나는 독일 통일 과정에 직접
참여했던 통일의 주역들을 많이 만났다. 동방정책의 설계자
인 에곤 바 수상실 장관, 프리스니츠 내독관계성 차관, 도비예
내독관계성 차관보, 슈테른 수상실 국장 등 고위 관료들은 독
일 통일의 값진 경험을 소개해 주었을 뿐만 아니라 우리의 통
일에 대한 통찰력도 제공해 주었다. 월요 데모의 진원지인 라
이프치히 니콜라이 교회, 동독 주민들이 콜 수상에게 통일을

요구했던 드레스덴 성모교회 등 통일의 현장을 찾아가 '시민 혁명'의 열기를 느껴보기도 했다.

이러한 특별한 경험을 바탕으로 나는 '독일 통일 과정'에 대해 박사학위 논문을 썼다. 이 책은 이 논문을 바탕으로 읽기 쉽게 재작성한 것이다. 그러나 내가 만났던 통일의 주역들이 전해준 생생한 증언들을 풍부하게 추가했다. 또한 콜 서독 수상, 부시 미국 대통령, 고르바초프 소련 대통령, 대처 영국 수상 등 독일 통일 과정에 참여한 국가 수반들의 회고담도 반영했다. 이 책은 이들의 경험을 가감 없이 전달함으로써 우리에게 통일의 기회가 올 때 어떻게 통일의 목표를 달성할 수 있을지에 대한 해답을 찾는 데 목적을 두었다.

독일의 통일은 시민 혁명과 동독 정권의 붕괴, 고르바초프의 신사고에서 출발한 냉전구조의 해체, 서독의 경제적 능력과 지도자들의 외교적 수완 등이 하모니를 이루어 만들어낸 오케스트라 연주와 같다. 동독 시민들이 서독으로 탈출하고 거리로 나가 '여행의 자유'와 '민주화'를 외치면서 '시민 혁명'을 촉발했다. 시민들이 '통일'을 요구하면서 평화적 혁명은 티핑 포인트_tipping point를 넘어 통일로 달려갔다.

　이 책은 동독의 '혁명'에서 독일 '통일'에 이르기까지 일어난 역사적 사건을 자세히 기술하고 있다. 이 중요한 사건들과 관련해 서독의 정치 지도자와 관료들이 어떤 정책과 조치들을 통해 마침내 통일을 성공적으로 달성할 수 있게 되었는지에 초점을 맞추고 있다. 일제 식민통치의 아픔과 한국 전쟁의 상흔을 딛고 불과 60여년 만에 선진국의 문턱에 올라선 위대한 우리 민족이 또 한 번 웅비할 기회는 통일과 함께 찾아올 것이다. 우리에게 기회의 창이 열릴 때 이 책이 통일의 종착지로 안내하는 멋진 네비게이터가 될 수 있기를 기대한다.

　우리에게도 통일은 반드시 온다. 통일의 기회가 올 때 그것을 꼭 붙들 수 있도록 준비를 잘 해야 한다. 도산 안창호 선생은 말씀하셨다. "흔히 사람들은 기회를 기다리고 있지만 기회는 기다리는 사람에게 잡히지 않는 법이다. 우리는 기회를 기다리는 사람이 되기 전에 기회를 얻을 수 있는 실력을 갖춰야 한다."

　책을 내면서, 도움을 주신 분들에게 고마움을 전하고 싶다. 내가 주독일 대사관에 근무할 때 독일 통일에 관한 연구 열정을 북돋워 주신 신동원 대사님과 염돈재 공사님, 조용남 실장, 통일연수단을 격려해주신 홍순영 대사님께 감사드린다. 그리고 박사 과정을 시작하라고 권유하신 홍양호 차관님과 바쁘신 가운데 논문을 꼼꼼하게 지도해주신 단국대 주수기 교수님께 특별히 감사드린다. 논문을 책으로 내 보라고 적극 권유하면서 좋은 조언을 해 준 임을출 교수에게도 고맙게 생각한다. 아울러 생생한 역사의 현장 사진을 제공해 준 독일 연방공보처에 특별히 고마움을 표시하지 않을 수 없다.

늘품플러스의 전미정 사장님과 서재영 팀장님의 노고에도 깊이 감사드린다. 박사 논문과 이 책을 쓰는 동안 함께 좋은 시간을 보내지 못해도 참아주면서 기도해준 아내와 딸 정윤에게도 미안함과 고마움을 표하고 싶다. 끝으로, 부족한 나에게 이 책을 쓸 수 있도록 지혜를 주시고 모든 길을 인도해주신 하나님께 감사와 영광을 돌린다.

2011년 3월

양 창 석

차례

제1장

시민 혁명으로 동독이 무너지다

"가자 서독으로!"

1989년 5월 2일은 독일 통일로 가는 첫 관문이 열린 날이다. 동독 주민들이 자유를 찾아 서독으로 갈 수 있는 길이 열렸다. 헝가리 정부가 오스트리아와의 국경지역에 설치된 철조망을 철거한 것이다.

비록 극히 제한된 지역의 철조망을 제거했고 여전히 국경 수비대가 감시를 하고 있었지만 그 반향은 너무나 컸다. 6월 27일에는 헝가리와 오스트리아 외무장관들이 직접 국경의 철조망을 잘라내는 행사를 가졌다. 국경선의 철조망을 제거하는 장면을 텔레비전으로 본 동독 주민들은 "꿈에도 생각하지 못했던 바늘구멍 같은 기회가 왔다. 우리도 가야 한다"라는 생각을 갖게 되었다.[1] "비록 국경을 완전히 개방한 것은 아니었지만, 이는 국경이 무장해제될 것이라는 신호로 해석하기에 충분했다."[2] 그해 6월 헝가리는 유엔 '난민협약Convention of Refugees'에 서명함으로써 루마니아 등지로부터 이주해 오는 헝가리 동포들에 대한 유엔 지원을 확보하게 되었을 뿐만 아니라, 동독 주민들이 서독으로 탈출하기에 유리한 조건을 갖춘 국가로 인식되었다.

이전에는 주로 불가리아나 루마니아 등 헝가리 남쪽으로 여행했던 동독 주민들이 동독으로 돌아가지 않고 헝가리로 들어와 국경수비대의 눈을 피해 서방으로 탈출했다. 이들이 헝가리 수비대에 잡힐 경우 동독으로 강제 송환되어 '공화국 도주죄'로 유죄 판결을 받기도 했다.

헝가리 등 사회주의 국가를 통해 동독을 탈출할 수 있다는 예상치 못한 기회에 관한 소문이 동독에 퍼져나갔다. 7월말부터 부다페스트, 프라하, 바르샤바 주재 서독대사관과 동베를린 주재 서독상주대표부에 수백 명의 동독 탈출 주민들이 모여들기 시작했다. 서독 여권을 얻어 꿈에 그리던 풍요의 땅 서독으로 갈 수 있기 때문이었다. 이들은 주로 20~40대의 젊고 유능한 휴가 여행자들이었다. 8월 3일까지 동베를린의 서독 상주대표부에 80명, 주헝가리 서독대사관에 130명, 주체코 서독대사관에 20명이 들어왔다.

8월 19일 오스트리아의 '범유럽연맹'과 헝가리 야당 단체들이 두나라 국경지역인 소프론Sopron에서 '범유럽축제'를 개최했다. 이 행사가 진행되는 틈을 이용해서 661명의 동독 주민들이 오스트리아로 탈출했다.

부다페스트에는 서독대사관 건물 이외에도 상당수가 대사관 부근의 교회나 정원 등에 천막을 치고 서독으로 출국하기를 기다리고 있었다. 9월 3일경 헝가리에서 서독으로 출국을 기다리고 있던 동독 탈출민 수가 5,000여 명에 이르렀고, 매일 500명씩 증가하고 있었다. 헝가리 주재 동독대사관 관계자

프라하 주재 서독대사관에 몰려온 동독 탈출민(1989년 9월)

들이 이들에게 동독으로 돌아갈 것을 설득했으나 아무런 소용이 없었다. 이러한 상황에서 헝가리 정부는 이들 동독 주민들을 더는 동독으로 강제 송환하지 않기로 결정하였다. 그동안 헝가리는 1969년 동독과 체결한 조약에 따라 동독 주민들이 오스트리아로 가는 것을 막아왔었다. 호른Gyula Horn 헝가리 외상은 헝가리가 동독 주민들의 오스트리아 행을 허용할 경우, 소련이 반대하지 않을 것이라는 사실을 비공식 채널로 확인했다. 이에 앞서 네메스Nemeth 헝가리 수상이 3월초 모스크바를 방문했을 때 고르바초프와 국경개방 문제를 협의해 그의 동의를 얻어냈다. 9월 11일 헝가리 정부는 동독 탈출민들이 서독으로 자유롭게 갈 수 있도록 오스트리아와의 국경을 완전히 개방하는 조치를 취했다.

이 출국 허가 조치는 1969년 헝가리-동독 간 '여행협정'규정과 배치되므로 헝가리 정부는 이 협정의 효력을 정지시켰다. 이 협정에 따르면 헝가리와 동독은 합법적 여행증명이 없는 상대국 시민이 제3국으로 출국하도록 허용해서는 안 될 의무가 있었다. 국경 개방으로 9월말까지 3만 명이 넘는 동독 주민이 헝가리에서 오스트리아를 거쳐 서독으로 탈출했다.

동독 주민들의 탈출 통로는 헝가리에서 체코와 폴란드로 확산되어 나갔다. 10월 1일 동독 특별열차 편으로 체코에서 약 5,500명, 폴란드에서 약 800명이 동독을 경유하여 서독으로 입국했다. 11월 9일까지 22만 명, 1989년말까지 약 34만 3,800명의 동독 주민들이 서독으로 이주했다. 특히 의사, 버스 기사, 기능공 등 중요 분야에 종사하는 전문 인력이 많았다. 이들이 서독으로 탈출함에 따라 동독에서는 병원과 상점이 폐쇄되고 버스 운행이 중단되는 사태가 벌어졌다. 이러한 일상생활의 단절은 동독 주민들에게 '나도 떠나야 하지 않는가?'라는 심리적 동요를 야기했다.[3] 특히 1989년 6월 초 중국의 천안문 시위 무력 진압 사태는 1953년 동베를린 인민봉기에 대한 소련군의 진압을 상기시켜, 이런 탈출의 호기를 놓치지 말고 동독을 떠나야 한다는 생각을 더욱 부추겼다. 동독에 남아 있는 주민들은 서독 TV를 통해 동독 탈출민들이 열렬한 환영을 받는 장면을 볼 수 있었다. 이 장면 또한 이들의 이주 결심에 영향을 미쳤다. 물론 이들이 동독을 떠나기로 결심한 근본적인 동기는 서독의 물질적 풍요와 자유에 대한 갈망과 함께, 여행의 자유 제한과 시민참여 부족에 대한 불만 등에 있었다. 동독 주민의 이주는 동독 정권에 대한 거부와 국가의 정통성 상실을 의미하는, 주민들의 '발에 의한 결정Abstimmung mit den Füßen'이었다.[4] 물론 '노이에스 포럼Neues Forum' 등 민주개혁 세력들처럼 시위에서 "우리는 여기에 남는다"라는 구호를 외치며 동독에 남아서 개혁을 촉구한 사람들도 많았다.[5]

브란덴부르크 비망록

무능한 동독 정부

동독 주민들이 대거 탈출한 그 순간까지도 호네커를 비롯한 동독 공산당 지도부는 동독의 안정에 상당한 자신감을 갖고 있었다. 그렇기 때문에 폴란드를 비롯한 이웃 사회주의 국가들에서 일어나고 있는 개혁을 거부한 것은 당연지사였다. 1989년 6월 동독 정부는 천안문 광장 시위에 대한 중국의 무력 진압을 "질서와 안전의 회복"이라고 공식 옹호했다. 이와는 달리 동독 주민들 사이에는 헝가리와 폴란드에서 추진되고 있던 개혁에 대한 갈망이 눈덩이처럼 부풀어 오르고 있었다.

동독 주민 탈출 사태에 대한 동독 지도부의 반응은 이러한 현실과 상당한 거리가 있었다. 호네커 당 서기장은 사회주의 승리를 위한 동독의 전진은 멈출 수 없으며, 이주 사태로 인해 전혀 동요하지 않을 것이라고 공언하였다. 한편 동독 공산당 지도부는 탈출 사태가 서독을 비롯한 서방측이 동독의 안정을 해치기 위해 벌인 불순한 기도라고 맹비난했다. 9월 12일부터 동독 '국가보위부Stasi, 슈타지'는 동독을 떠나는 여행자들에 대한 감시를 강화하라고 국경초소에 지시했다. 10월 4일 동독은 그때까지 자유로웠던 체코 여행을 제한했다.

한편, 동독 정부는 동독 주민들의 탈출 사태를 방지하기 위해 서독과 헝가리를 상대로 외교적 노력을 전개했다. 서독 외무성에게는 동독인들의 서독대사관 피난 물결을 막기 위해 바르샤바, 부다페스트, 프라하, 동베를린 주재 서독대사관 및 상주대표부 건물을 폐쇄할 것을 요청했다. 또한 8월 중순경 주헝가리 동독대사는 호른 외상을 만나 헝가리 정부가 과거 관례대로 탈출 동독인들을 즉각 동독으로 송환할 것을 요구했다.

헝가리 정부의 오스트리아 국경 개방조치에 대해 동독 정부와 언론은 강력하게 비난했다. 동독 정부는 국경개방 결정을 불쾌하게 받아들이며, 헝가리 정부가 여행협정을 일방적으로 파기한 조치를 즉각 철회할 것을 촉구하는 각서를 보냈다. 동독 관영 아데엔ADN 통신은 헝가리의 국경 개방을 "쿠데타"로 규정하고, "이는 사회주의 전체에 반기를 든 제국주의 십자군의 원정", "헝가리가 동독 시민을 은화 몇 푼과 바꾼 차디 찬 거래"등으로 맹비난했다. 동독 공산당 기관지 〈노이에스 도이칠란트Neues Deutschland〉는 서독의 매스미디어와 특정 정치 집단이 동독에 대한 음흉한 책동을 전개하여 동독 시민들의 불법 출국을 조장하고 있으며, 이는 동독의 주권과 독립성을 침해하는 도발 행위라는 소련 관영 타스통신의 보도를 인용하였다.

결국 호네커 정권은 동독이 직면한 문제의 심각성을 인식하지 못하고 필요한 개혁을 거부함으로써 동독의 붕괴를 가속화했다고 볼 수 있다. 무능한 동독 지도부는 8월 21일 담낭 수술을 받은 호네커가 9월말까지 집무할 수 없게 되자 대책 없이 상황에 끌려가기만 했다. 티어제 전 하원의장은 "동독 지도부는 아무런 대책이 없었다. 이것이 붕괴의 원인이다"라고 단언했다.[6]

콜 수상은 "동독의 안정"을 원했다

동독 지도자들과 마찬가지로 서독의 지도자들도 동독 주민 탈출 사태에 대해 아무런 준비가 되어 있지 않았다. 서독 정부는 동독 상황의 안정화에 정책의 우선권을 두었다. 콜 수상은 9월 5일 의회연설을 통해 "이들의 탈출 결정은 존중하지만 동독을 떠나 서독으로 넘어오도록 유도하는 것이 독일정책의 합리적 목표가 될 수는 없다"라고 주장했다. "동독 문제를 동독에서 해결해야지 본에서 해결할 수는 없다"면서 가족들과 동독에 머물면서 더 나은 삶에 대한 희망을 갖고 살아가는 동독 주민들에 대해서도 특별한 책임감을 갖고 이들을 지원해야 할 것이라고 말했다. 그러면서도 "동독 주민들이 동독에 등을 돌린 것은 개인의 사고와 거주 이전의 자유에 대한 소망, 즉 더 나은 삶의 조건에 대한 갈망 때문"이라면서 이들을 한 사람도 돌려보내지 않고 모두 받아들일 것이라고 강조했다. 동독 주민들에게 가능하면 동독에 잔류하도록 권유하는 한편, 서독으로 넘어오는 탈출민들은 전원 수용했다.

서독 정부는 동독 정부에게도 동독 주민들이 탈출하도록 하는 것이 서독 정부의 정책 목표가 아니라는 점을 분명히 했다. 동시에 동독 정부가 여행법뿐만 아니라 정치적·경제적 개혁을 통해 스스로 문제를 해결할 것을 촉구했다. 콜 수상은 동구권의 민주화, 개방 및 개혁을 비롯한 유럽 전체의 희망찬 변혁의 대열에서 동독이 고립되거나 이를 거부하지 말고, 역사적 기회를 이용하여 전체 유럽의 평화에 기여할 것을 촉구했다.

한편, 당시 인기 하락세에 있던 콜 수상의 기민당은 동독 주민 탈출 사태가 국내정치적으로 예기치 못한 기회를 제공할 수도 있다는 점을 인식하기 시작했다. 콜 수상과 뤼에 사무총장은 기민당을 민족적 목표인 통일을 달성할 수 있는 정당으로 부각시켜 나갔다. 8월 18일 콜 수상은 사민당의 '접근을 통한 변화'정책을 "구걸을 통한 변화Wandel durch Anbiederung"로 비하하면서, 이 정책 때문에 서독은 동독 주민을 방치했다고 비난했다. 9월 5일 연방하원 연설에서 콜 수상은 "사민당은 동독 지도자들과 벌인 수많은 협상에서 동독 동포들의 자유에 대한 의지를 과소평가하는 자기기만을 드러냈다"라고 공격했다. 특히 그는 "정상적 여행교류"를 위해 동독 국적을 인정해 줘야 한다는 사민당의 입장을 정면으로 공격했다.

동독 탈출민 사태로 인해 야당인 사민당 지도부는 상당한 딜레마에 빠져 있었다. 간셀 의원은 호네커 정권과의 접촉을 줄이고, 개혁 의지가 있는 공산당 인사와만 대화를 허용하는 소위 '거리 유지를 통한 변화Wandel durch Abstand'정책으로 전환할 것을 촉구하고 나섰다. 그러나 사민당의 기본 입장은 동독 정권의 정통성을 인정하는 바탕 위에서, 장기적인 관계를 위태롭게 할 수 있는 것은 피한다는 것이었다. 라퐁텐 부당수 등 사민당 지도자들은 사민당의 주요 기조가 독자적인 동독 시민권의 존재를 존중하는 것이라고 계속 주장했다. 에곤 바Egon Bahr와 발터 몸퍼Walter Momper 서베를린 시장은 독일 통일에 대한 논의가 동독 내의 개혁 명분을 약화시킬 우려가 있다면서 이에 대한 논의를 공개적으로 반대했다.

여·야를 막론하고 서독 정치 지도자들은 동독 주민 탈출 사태가 통일을 가져올 속도에 대해 거의 준비가 되어 있지 않았다. 한 가지 이유는 수만 명의 동독 이주민들은 지방자치단체의 사회보장혜택에 부담을 주었을 뿐만 아니라, 서독 중산층의 안정되고 질서정연한 생활에 심리적 부담을 초래했기 때문이다. 외교정책 면에서도, 유럽의 이웃 국가들에게 두려움을 줄 수 있는 것은 어떤 것도 하지 않겠다고 장담해 온 콜 수상과 겐셔 외무장관에게 독일 통일의 가능성은 큰 외교적 도전이었다. 겐셔는 동독 주민들이 동독 내에서 자유롭게 의견을 피력함으로써 유럽 대륙에서 자신들의 위치를 결정할 권리가 있다고 강조했다. 이렇게 함으로써 독일 통일에 대한 기대를 불식시키고 유럽공동체EC 내 독일의 존재를 부각하고자 했다. 베를린 장벽이 붕괴된 후에도 콜 수상은 통일을 서두르는 대신 "동독이 즉각적으로 개혁을 추진하도록 하여, 가능한 한 많은 동독인들이 동독에 머물도록 모든 노력을 경주할 것이다"라고 밝혔다.

헝가리는 동독을 버리고 서독을 택했다

1989년 8월 14일 서독 정부는 헝가리 정부와 서독대사관에 머물고 있는 동독 탈출민 문제에 대한 교섭을 시작했다. 서독과 헝가리는 제네바 국제적십자사의 협조를 받아 동독 탈출민을 서독으로 비밀리에 데려가기로 합의했다. 이것은 1988년 소피아 주재 헝가리 대사관에 망명을 신청한 12명의 헝가리인을 데리고 온 '소피아 모델'을 바탕으로 한 아이디어였다. 당시 헝가리와 불가리아 정부는 국제적십자사에서 증명서를 발급 받아 납으로 봉인된 대형 트럭을 이용하여 밤중에 헝가리인들을 제3국으로 출국시키기로 합의했었다.

국제적십자에서 '증명서'를 발급받는 것은 서독측이 담당하기로 했다. 헝가리 측은 더 이상 난민들이 몰려들지 않도록 서독대사관을 폐쇄할 것을 요청했다. 그러나 서독측은 "잠정적으로 모든 탈출민을 받아들여야만 한다"면서 폐쇄 불가 입장을 밝혔다. 한편, 동독 탈출민 문제를 협의하기 위해 서독-헝가리 수상 간 비밀회담을 서독에서 개최하기로 합의했다.

8월 25일 서독의 수도 본 근교에 있는 김니히Gymnich 궁전에서 서독·헝가리 정상회담이 4시간여 동안 개최되었다. 이 자리에는 양국 외무장관이 배석했다. 호른 헝가리 외무장관은 동독 난민들을 동독으로 귀환시키지 않기로 약속했으며, 콜 수상은 이에 대해 감사를 표시했다. 콜 수상은 동독 탈출민 문제로 서독은 딜레마에 빠져있다고 말했다. 서독이 동독을 불안정화하기를 원치 않지만, 다른 한편으론 비인간적인 동독 체제를 지원해서는 안 되기 때문이라고 말했다. 네메스 헝가리 수상은 헝가리 정부가 오스트리아 국경을 전면 개방하기로 결정했다고 귀띔해 주었다. 정상회담 바로 전날인 8월 24일 국제적십자사의 증명서를 소지한 동독 탈출민 108명이 서독 특별기편으로 헝가리를 떠나 서독에 입국했다.

한편, 동독 정부는 8월 31일 헝가리와 외무장관회담을 갖고 동독 난민의 베를린 송환과 국경 폐쇄를 요구했다. 동독 외무장관은 헝가리의 오스트리아 국경 개방은 '배신 행위'라고 비난하면서, 국경개방은 재난을 초래할 것이라고 경고했다. 이에 대해 헝가리 측은 국가 간 협정이 인권에 대한 국제적 의무보다 우선할 수 없다는 입장을 강조했다. 9월 12일 동독은 헝가리가 1969년 여행통과협정을 파기한 데 대해 항의하면서 그 결정을 즉각 취소할 것을 촉구하는 항의각서를 보냈다. 이에 대해 헝가리 정부는 9월 14일 "상황이 근본적으로 바뀌었기 때문에 양국 간 협정을 파기하지 않을 수 없었다"라고 반박했다.

한편, 헝가리의 국경 개방에 대해 소련의 반응은 나쁘지 않았다. 몇 주 후 유엔에서 셰바르드나제 소련 외무장관은 호른 헝가리 외상에게 "모든 사람은 원하는 데로 갈 수 있어야 하고 이를 무력으로 저지해서는 안 된다고 생각한다"라고 말했다.

헝가리는 동독 주민들이 서방으로 탈출할 수 있도록 국경을 열어두면 상당한 경제적 혜택이 생긴다는 것을 인식하게 되었으며, 헝가리의 미래는 서유럽, 특히 서독과의 협력에 달려 있다는 것을 알고 있었다. 실제로 헝가리는 서독에게서 10억 마르크의 차관을 받았다. 호른 헝가리 외상은 그의 회고록에서 차관 액수를 언급하지 않고, 서독의 지원을 받았다고만 밝혔다.[7]

서독의 외교전

동독 탈출난민 문제는 동·서독 정부에게 '주권 침해'공방을 불러일으켰다. 동독 외무성은 8월 7일 '서독 정부가 동독의 주권을 침해한다'라는 요지의 성명을 발표했다. 이에 대해 서독 측은 공관의 문은 모든 독일인에게 개방되어 있으며, 이는 유럽안보협력회의CSCE 마드리드 후속회담 결의안에도 부합하는 것이라고 반박했다. 또한 동독은 서독이 동독 시민을 보호할 의무가 없으므로 주헝가리 서독대사관이 동독 시민들에 대한 국제법을 위반했다고 주장했다. 한편, 동독 외무차관은 8월 18일 자이터스 서독 수상실장관에게 동독은 탈출민이 귀환할 경우 아무 죄도 묻지 않을 것이라고 밝히기도 했다.

자이터스 장관은 9월 14일 서독 연방하원 연설에서 단 하나의 독일 국적이 존재하기 때문에 "동독 주민들도 기본법과 법률이 부여하는 모든 권리와 의무를 갖게 된다"라고 강조했다. 또한 "우리서독가 국제법이나 동독의 법률을 위반하거나 동독 내정에 간섭한 것이 아니라, 우리에게 속한 독일인들을 돌려보내라고 요구함으로써 오히려 동독이 우리의 내정에 간섭하고 있다"라고 반박했다.

서독 정부는 프라하와 바르샤바 주재 서독대사관에 체류 중인 약 6,000명의 동독 탈출민 문제를 동독, 체코, 폴란드 정

베를린 장벽 개방 - 브란덴부르크 문 근처 장벽을 넘는 동독 사람들(1989년 11월 9일)

부와 협의했다. 9월 26일 동독측의 포겔 변호사와 서독측의 프리스니츠 내독성 차관, 체코의 주드호프 외무차관 등이 프라하 주재 서독대사관을 방문하여, 동독 탈출민들의 동독 귀환을 설득했다. 포겔은 이들이 동독으로 귀환하면 6개월 이내에 서독으로 출국할 수 있다는 동독 지도층의 약속을 전달했다. 약 1,100명의 탈출민 중 200명만이 이에 호응하여 버스편으로 동독으로 귀환했다. 헝가리가 국경을 개방하던 날, 체코 정부는 헝가리와 동독과의 국경을 봉쇄했다. 1989년 9월 28일 체코 주재 서독대사는 공관에 피신한 동독 탈출민 수가 2,500명어린이 500명 포함이 넘어 한계에 도달했다고 본부에 보고했다. 특히 화장실을 비롯한 위생 시설과 급식 문제가 극한 상황에 있다고 보고했다.

겐셔 외무장관은 1989년 9월 27~29일 유엔 총회 참석을 계기로 미국, 소련, 프랑스, 동독, 체코, 폴란드 외상들과 접촉하여 탈출민 문제를 협의했다. 9월 27일 유엔 주재 동독대사관저에서 피셔 동독 외무장관과 만나 점증하는 동독 탈출민에 대해 두 가지 해결책을 제시했다. 프라하와 바르샤바 주재 동독대사관이 이들에게 출국 비자를 발급해 주든지, 아니면 탈출민들이 기차를 이용하여 동독 지역을 경유해 서독으로 갈 수 있도록 해줄 것을 요청했다. 그러나 피셔에게는 실질적 결정 권한이 없었으므로 회담은 성과 없이 끝났다. 9월 27일 폴란드 외상은 겐셔 장관에게 폴란드는 인도주의적 해결을 위한 준비가 되어 있다고 말했다. 같은 날 겐셔는 체코 외상을 만났으나, 그는 서독대사관 내 탈출민 사태는 전적으로 동·서독 간에 해결할 문제라면서 비협조적인 태도를 보였다.

9월 29일 오후 피셔 동독 외무장관은 유엔 주재 동독대사를 통해 겐셔 외상에게 동독 정부가 열차편을 이용하여, 체코와 폴란드에 머물고 있는 동독 탈출민들이 동독 지역을 거쳐 서독으로 갈 수 있도록 허용할 것임을 통보했다. 당시 서독 내 독성 정책실장이었던 도비예 씨는 필자와의 인터뷰에서 동독 지도부가 '동독 영토 경유'를 받아들인 것은 동독 정권의 교조적 자존심과 형식주의의 결과였다고 분석했다.[8] 체코와 폴란드에서 서독으로 직접 가면 이것이 동독 정권의 자발적 결정이 아니라 서독 정부에 의해 주도된다는 인상을 주어, 동독 정권의 권위에 손상을 줄 것으로 우려했던 것이다. 탈출민들이 동독 지역으로 일단 들어와서 서독행 출국 여행허가를 받아야 한다는 형식주의에 얽매인 결과였다. 이러한 비현실적 결정은 드레스덴 역 등지에서 기차에 탄 탈출민들을 지켜보면서 자신들도 같이 갈 수 있었으면 하는 갈망을 불러일으켜 동독 주민들의 이주 물결을 더욱 가속화하는 결과를 초래했다.

9월 30일 겐셔 외무장관과 자이터스 수상실장관은 프라하로 가서 서독대사관에 체류 중인 동독 탈출민들에게 서독으로 갈 수 있게 되었다고 발표했다. 10월 1일 동독 국철열차편으로 800명의 난민이 바르샤바에서 동독을 통과하여 서독의 헬름슈테트에 도착했다. 같은 날 5,500명이 프라하에서 동독 드레스덴을 경유해서 서독 호프로 입국했다. 역에 도착한 동독 탈출민들에게 독일 적십자사 등에서 나온 자원봉사자들이 음식과 과일, 음료를 제공했다. 이들 열차에는 서독 정부 대표들이 동승했으며, 도중에 드레스덴 등지에서 동독 시민들이 열차에 뛰어 올라타기도 했다. 도중에 동독 관리들은 탈출민의 동독 신분증을 회수했다. 동독 지도부가 동독을 통과해서 서독으로 가도록 전제조건을 단 것은 그들이 동독을 탈출하는 것이 아니라 신분증을 빼앗기고 추방당하는 것이라고 주장하기 위해서였다. 동·서독 경계선을 넘어선 후 탈출민은 서독 열차로 갈아탔다. 동독 외무성 대변인은 "프라하와 바르샤바 주재 서독대사관의 걷잡을 수 없는 상황을 해결하고자 체코, 폴란드 및 서독 정부와 협의한 끝에 무책임한 반사회적 반역자들과 범죄자들을 특별열차편으로 동독 영토를 경유, 서독으로 추방하기로 했다"라는 내용의 성명서를 발표했다. 호네커는 "사회주의의 도덕적 가치를 짓밟고 스스로를 우리 사회에서 격리하기로 결정한 자들에 대해 눈물을 흘릴 필요가 없다"라고 비난했다. 이들은 대부분 젊은 사람들이었기 때문에 동독 지도부로서는 이들을 받아들여 봐야 소요나 폭동을 주도할 가능성이 많다고 판단했을 수도 있다.

서독 정부는 동독의 반대에도 불구하고 독일 주민에 대한 유일대표권을 견지해 왔기 때문에 동독 탈출민들을 서독시민으로 빨리 정착시키는 데 큰 문제가 없었다. 서독 정부와 여당은 "동독의 고유 국적을 인정하지 않았던 정책이 결실을 맺을 수 있었다"라고 평가하고, 만약 사민당의 주장대로 동독 국적을 인정했더라면 1989년 탈출난민을 받아들이는 데 상당한 어려움이 있었을 것이라고 주장했다. 헝가리, 체코, 폴란드, 동베를린 등을 떠나 서독으로 탈출한 동독 주민 수가 급증함에 따라 서독 연방정부는 이들을 위한 긴급 수용 및 정착 대책을 수립했다.

월요 데모

동독 주민들이 헝가리를 거쳐 서독으로 탈출하고 있는 동안에 동독 내부에서는 민주화를 요구하는 시위가 벌어지고 있었다. 동독 주민들이 "탈출"과 "목소리시위"로 저항함으로써 그들의 "충성심"이 무너짐에 따라 동독 정권의 붕괴는 시간문제일 뿐이었다. 5월 7일에 개최된 동독 지방선거의 부정에 항의하는 시위가 라이프치히에서 시작되었다. 이 선거에서 동독

프라하에서 서독 호프[Hof] 역에 도착한 동독 탈출민(1989년 10월 5일)

역사상 처음으로 종교인들과 서독 이주 신청자들에게 투표소 참관이 허용되었다. 공산당이 미리 지명한 후보에 대한 찬성 투표율이 98.85%라고 발표했으나, 사실 대학이나 교회가 있는 지역에서는 기권 투표와 불참자가 10~15%나 되었다.

격분한 저항인사들이 동독 전역에서 100여 차례의 시위를 갖고, 민주화를 요구하고 나섰다. 저항인사들은 선거부정 사례를 모아 『1989년 선거실패Wahlfall '89』라는 소책자를 발간했다. 고르바초프는 그의 영문판 자서전 『회고록Memoirs』에서 이 선거는 동독 지도부가 행한 가장 노골적인 부정선거였다고 규정했다. 동독 정부가 부정선거가 아니었다고 부인했지만 저항세력들은 더욱 조직적이고 단결된 행동으로 대항했다. 슈타지 추정에 의하면, 그해 여름 총 150여 개의 저항단체들이 교회의 보호 하에 규합되었다. 구동독 시절 교회에는 종교인이 아니어도 정치활동을 할 수 있었다고 한다.[9] 동독 교회의 역할에 대해 동독 교회연합회 부총재를 역임한 드메지어 구동독 총리는 다음과 같이 말했다. "동독의 교회는 동독 주민의 권리를 보호하는 데 앞장섰으며 다른 사람의 생각을 서로 전해 들을 수 있는 매개체 역할을 했다. 동독 공산당은 교회를 쳐부수려 했지만 성공하지 못했다. 교회가 지닌 전통을 파괴하지 못했다. 그 후 동독 공산당이 오히려 교회와의 협력을 모색하려 했지만 이제는 교회가 이를 받아들이지 않았다.

동독의 교회는 자율권을 갖고 있었는데 그것이 가능했던 이유는 서독의 지원이 있었기 때문이다."[10] 교회의 지붕 아래에서만 비판적 시민들이 반대세력을 형성할 수 있었을 뿐 교회 밖의 반체제 집단은 여타 사회주의 나라들에 비해 뒤늦게 형성되었다. 폴란드나 체코의 경우와 달리 동독의 반체제 인사들은 서독으로 추방되거나 감옥으로 가야 했기 때문에 반체제 운동이 세대 간에 연결될 수 없었고 따라서 조직화될 수 없었다.[11]

1989년 동독 공산당의 부정선거는 평화, 환경 보호, 인권, 징집 거부와 같은 문제들을 목표로 했던 이들 단체들이 동독 정권에 저항하도록 만드는 계기가 되었다. 평소 100여 명에 불과하던 라이프치히 니콜라이 교회의 월요 예배 참석자 수도 부정선거를 계기로 500명으로 늘어났다. 이 숫자는 한 달 후에 1,250명, 6월말까지는 2,500명 정도로 늘어났다. 필자는 1994년 12월 1일과 1995년 5월 16일 두 차례, 라이프치히 월요 데모의 진원지였던 니콜라이 교회를 찾아갔다. 1995년 5월 16일 드레스덴에서는 에버트재단 드레스덴 지부장인 크리스토프 빌렙 씨한테서 월요 데모가 발생한 역사적 배경을 들을 수 있었다.[12] 1979년 소련의 서유럽을 겨냥한 SS-20 중거리 미사일 배치에 대응하여 미국이 퍼싱-II 미사일을 배치하기로 결정한 후 유럽의 평화운동가들이 도처에서 시위를 벌였다. 동독도 예외가 아니었다. 동독 정부로서도 퍼싱-II 중거리 미사일의 서독 배치에 반대하는 시위를 막을 이유가 없었다. 퍼싱-II 미사일이 배치된 1983년말부터 니콜라이 교회에서도 평화를 위한 월요 기도 예배를 가졌다. 이 예배가 끝나고 저녁 6시부터 1시간 정도 평화 시위를 벌였다. 니콜라이 교회에서부터 300미터 떨어진 칼 마르크스 광장까지 조용히 걸으면서 무언의 시위를 했다. 월요 기도 예배와 무언의 시위는 그 후 계속되었다. 그러나 1989년에는 월요 예배 후 구호의 시위로 바뀌었던 것이다. 동독 정권에 대해 여행의 자유를 요구하고 나섰다.

필자는 1994년 12월 1일 뮐러_{Müller} 라이프치히 부시장을 만나 라이프치히 월요 데모에 대해 들은 바 있다. 라이프치히 월요 데모는 지도자가 없는 데모였다. 니콜라이 교회의 평화 예배에서 발전한 것이며, 데모는 자발적이었으나 시민권리 보호단체들도 니콜라이 교회와 긴밀한 관계를 갖고 있었다. 1989년 월요 데모가 발전하면서 시민들이 직접 가담하기 시작했다. 이들은 "우리는 여기에 머문다"라고 외치면서 체제 개혁을 목표로 삼았다. 칼 마르크스 광장 주변에는 니콜라이 교회 예배에 참석하지 않았던 시민들이 모여 있었다. 니콜라이 교회에서 예배가 끝나는 종소리가 울리면 이것을 신호로 많은 사람들이 칼 마르크스 광장으로 모여 시내로 행진해

갔다. 이렇게 라이프치히 월요 데모에 참석한 사람들은 눈덩이처럼 불어났다. 처음에는 무장한 경찰이 동원되어 무력으로 데모를 진압하려고 애썼다. 그러나 이는 소용이 없었다. 시위 군중은 7만여 명이나 되었는데, 경찰 등 안전 요원의 수는 8,000명에 불과했기 때문이다. 일부 경찰은 이탈하여 촛불 시위에 가담하기도 했다. 정당 지도자들은 단체나 연구소 등에 군중 해체 명령이 있으니 당일 오후10월 9일에 절대로 시내에 나가지 말라고 통보했다. 그럼에도 그날 월요 데모에는 그렇게 많은 군중이 참여했던 것이다.[13]

필자는 1995년 5월 16일 라인하르트 보제Reinhard Bohse 라이프치히 시市 공보관을 만났다. 그는 1989년 동독 민주개혁 정당이었던 '노이에스 포럼Neues Forum'의 발기인이자 공보담당관이었다. 그는 1989년 9월부터 라이프치히 월요 데모에 참가했다. 공산당원이었던 부모님 덕분에 그에게는 모든 가능성이 열려 있었지만 1968년 체코 프라하의 인민 봉기를 보고 계획했던 철학과 사회학 공부를 포기하고 자연과학 전공을 택했다. 물론 공산당에도 가입하지 않고 군사훈련도 거부했다. 그에 따르면 동독 정부에 직접적으로 반대할 길이 없어서 자기처럼 자연과학으로 길을 바꾸는 지성인이 많았다고 한다. 이들은 좋은 직장 대신 교회에서 일을 하거나 출판사에 취직하곤 했다고 한다. 그는 70년대 후반부터 친구들과 월요일

라이프치히 월요 데모(1989년 10월 9일)

마다 모여 정치 문제에 대해 토론했다. 필자는 비밀경찰의 감시가 있었을 텐데 어떻게 그런 모임을 할 수 있었는지 물어 보았다. 그는 통제와 감시가 있었지만 100% 절대적인 통제는 불가능했다면서 조직 활동은 통제했지만 개인의 사고는 통제할 수 없었다고 대답했다. 비록 정치집단을 조직할 수는 없었으나 친구들끼리 토론 모임은 가질 수 있었으며, 이러한 모임이 1989년 데모 확산에 기여했다고 말했다. 이들은 1989년 이후 정치적 반대 세력에 가입하여 월요 데모를 적극적으로 이끌어 갔다. 물론 그 당시에는 시위의 목표가 여행자유화를 포함한 민주화와 인권 개선이었을 뿐 통일은 아니었다.

1989년 7월 스트라스부르에서 개최된 유럽회의에서 고르바초프는 유럽 국가들의 사회적, 정치적 질서는 "전적으로 그 인민 자체의 문제요, 그들이 선택할 문제"라고 선언하였다. 이 선언은 브레즈네프 독트린, 소위 제한 주권론을 부정한 것이었다. 1989년 10월 26~27일 바르샤바조약기구 외무장관 회의에서 브레즈네프 독트린은 공식적으로 폐기되었다.

호네커는 소련, 그리고 그보다 먼저 시작한 폴란드의 민주화 불길이 동독으로 번지지 않을까 염려하고 있었다. 이러한 호네커의 우려는 실제 정책으로 나타났다. 1988년 11월 동독 정부는 소련의 주간지 〈스푸트니크〉<소비에트 역사과학>의 독일어판 잡지의 판매를 금지하고 여러 소련 영화를 금지했다. 동독 주민들이 소련의 개혁과 민주화에 자극받는 것을 막기 위한 조치였다. 동독 출신으로 통일 후 연방하원 의장을 지냈던 볼프강 티어제 씨는 "서방 뉴스를 통해서도 소련의 개혁에 대한 보도를 보았는데 동독에 개혁이 없어서 고통스럽게 생각했다"라고 회고한다.[14] 호네커는 동독 주민들의 폴란드 여행도 상당히 제한했다. 티어제 의장에 따르면 폴란드나 체코, 헝가리에 비해 동독에서 저항 세력이 형성되기 어려웠던 이유는 추방 등의 형식으로 반대파들이 서독으로 넘어갔기 때문이었다고 한다.

한편, 호네커 정부는 개혁을 미루는 대신 주민들의 개혁 요구를 사전에 봉쇄하기 위해 서독으로의 이주와 여행을 상당히 완화했다. 서독으로의 합법적 이주 허가는 1988년 한 해 동안 2만 9,033명, 1989년 상반기에는 신청자의 1/3에 해당하는 3만 8,917명이었다. 연금 생활을 하는 노인들을 제외한 동독 주민의 서독 여행 허가도 1986년 이후에는 현저히 증가하였다. 이러한 여행 조건의 완화에도 여행허가를 받지 못하고 대기하는 사람이 많았으므로 여행의 자유는 여전히 동독 주민들의 끊임없는 소망이었다.

여행의 자유는 당연히 월요 예배의 주제가 되었고, 급기야 시위 구호로 등장하게 되었던 것이다. 10월 2일 라이프치히 월요기도회와 시위에 참석한 사람은 1만 명으로 늘어났는데, 이는 1953년 이후 한 장소에 모인 항의 군중으로는 가장 많은 것이었다. 동독 건국 40주년 기념일이었던 10월 7일 동독 인민 경찰과 슈타지는 베를린, 라이프치히, 드레스덴, 할레, 에어푸르트, 포츠담 등지에서 일어난 시위를 그 어느 시위 때보다 강력하게 진압하였다.

그러나 라이프치히 월요 데모는 10월 9일 7만 명, 10월 16일에 12만 명, 10월 30일에 30만 명, 11월 6일에 50만 명으로 규모가 대폭 늘어만 갔다. 시위대의 요구 내용도 초기에는 여행의 자유였으나 신앙·언론의 자유10월 9일, 자유선거 및 장벽 철거11월 6일 등으로 강도를 높여 갔다. 이들은 경제 개혁과 민주화를 갈망했으나, 통일은 아직 요구 대상이 아니었다. 10월말에는 시위가 드레스덴, 할레, 마그데부르크, 슈베린, 동베를린 등으로 확산되었으며, 11월 4일 동베를린 알렉산더 광장 시위에는 100만 명이 참가하였다. 이들 시위도 평화적으로 진행되었는데, 베를린 시민들은 두려움을 갖지 않고 행진했으며 이날의 시위를 혁명으로 인식하기 시작했다. 동독 주민들이 동·서독 텔레비전의 시위 현장 보도를 시청한 것이 시위 확산을 가속화한 측면도 있었다.[15]

호네커는 10월 9일 라이프치히 월요 데모를 무장탱크로 진압하자고 주장했으나, 공산당 지도부 내에서 거부당했다고 한다. 그날 국가보위부는 발포를 제외하고는 모든 힘을 다 사용하라는 지시를 받았으나 보안군은 아무도 총포를 사용하지

100만 명이 모인 동베를린 알렉산더 광장 대규모 시위(1989년 11월 4일)

않았다.

독일 통일이 평화적으로 달성될 수 있었던 가장 중요한 전
환점은 동독의 시위가 평화적으로 진행된 것이었다. 독일 통
일 20주년을 기념해서 독일 연방정부가 발간한 『독일통일백
서 2010』은 동독의 평화적 혁명을 "독일 역사상 가장 다행스
러운 일이며 획기적인 사건" 으로 평가했다. 필자는 보제 라이
프치히 시 공보관에게 평화적 시위가 될 수 있었던 배경을 물
어보았다. 첫째, 그는 시위자들이 평화 시위가 되도록 노력했
기 때문이라면서 다음과 같은 얘기를 해주었다. "시위 주도 세
력들은 기독교 신자들로서 종교적인 평화주의를 신봉하는 사
람들이었다. 라이프치히 니콜라이 교회와 베를린의 겟세마네
교회에서 평화 예배를 드리고 시위를 시작했기 때문에 평화
시위에 대한 마음의 준비와 각오가 더욱더 강했다. 시위자들
은 서유럽 국가들의 평화운동 단체들이 하는 시위를 서독 TV
등을 통해서 보고 평화적 시위 방법을 배웠다. 이들은 진압 경
찰에게 장미꽃을 갖다 주는가 하면, 밤이면 촛불을 들고 조용
하게 침묵을 지키면서 질서정연하게 시위를 벌였다. 또한 천
안문 사태를 중국 정부가 무력으로 진압한 것이 이들에게 큰
영향을 주었다. 호네커에 이어 동독 공산당 서기장이 된 크렌
츠가 천안문 사태 후 중국을 방문한 것은 "동독 국민들에게 우
리도 가만히 있지 않겠다는 신호를 보낸 것이었다."[16] 크렌츠

는 중국 지도자들에게 "두 나라가 같은 사회주의 목표를 따르고 있다"라고 강조했다. 시위에 참가한 시민들은 가능하면 무력 사용의 구실을 주지 않으려고 노력했다. 예를 들면, '폭력 반대keine Gewalt'라는 구호를 시위 중에 외치곤 했다. 티어제 전 연방하원 의장도 자신이 직접 참여했던 동베를린 겟세마네 교회의 경우에도 월요 예배에서 "학문적, 정열적 태도로 개혁을 요구하는 결의문을 채택한 후 목사가 찬송가를 부르고 예배를 마쳤다. 그러면 사람들은 아주 평화로운 마음으로 거리에 나갔다"라고 말했다. 동독 시민들의 이러한 행동은, 반대 세력 형성에 산파 역할을 한 교회와 문인단체가 냉정한 태도, 이성적인 행위로써만 순조로운 사회혁신을 이룰 수 있다는 신념을 시민의식 속에 심어주었기 때문이기도 했다.

둘째, 시위자들이 매우 단합되어 있고, 그 숫자가 10만 명 정도에 이르자 경찰이 무력을 사용할 엄두를 내지 못했다. 당시 동독 국가보위부 부장이었던 밀케는 "시위대가 1만 명 내지 10만 명에 달하게 되면 발포할 수 없게 된다"라고 말했다.[17] 만약 무력을 사용할 경우 유혈 사태가 벌어져 내란으로 치달을 가능성이 높았다. 도비예 전 내독관계성 차관보는 "시위 군중 숫자가 갑자기 불어났기 때문에 슈타지라 하더라도 대량 학살을 각오하지 않고는 발포를 할 수 없었을 것"이라고 말했다.[18] 샤보브스키 동독 공산당 공보 비서도 평화적인 무혈

혁명이 가능했던 것을 "거리에서 방출된 불가항력적인 힘 덕분으로 돌렸다."

셋째, 동독 지도부가 중국 천안문 사태와 같은 과잉대응을 자제할 수밖에 없었던 것은 고르바초프가 반대했기 때문이었다.[19] 티어제 전 연방하원 의장은 고르바초프가 동독 주둔 소련군에게 동독의 시위에 개입하지 말라는 명령을 내린 데 대해 감사한다고 말했다. 동독 군대는 소련군의 지휘를 받았기 때문에 독자적인 명령권을 갖고 있지 않았다.[20] 고르바초프 자신도 "소련군은 어떤 상황에서도 병영을 떠나지 않는다는 소련의 입장을 동독 지도부가 알고 있었기 때문에 평화적 시위에 기여했다고 생각한다"라고 밝혔다. 독일 사민당의 정책지원 재단인 프리드리히에버트재단의 에른스트 케어부쉬Ernst Kerbusch 국제개발협력부장은 고르바초프가 개입하지 않은 이유를 다음과 같이 말했다.[21] 첫째, 동독 지도부가 개혁 정책에 동참하지 않았기 때문에 이들을 보호할 의도가 별로 없었다. 둘째, 민족 문제, 경제 문제 등으로 소련 국내정치 상황이 불안해서 외교적인 문제에 심각하게 신경 쓸 여유가 없었다. 셋째, 고르바초프는 돈이 필요했는데, 돈을 서독에서 얻어와야 하기 때문에 서독의 눈치를 보지 않을 수 없었다.

콜 수상에 대한 고르바초프의 깊은 신뢰도 소련의 개입을 막는 데 도움이 되었다. 고르바초프는 베를린 장벽 개방 다음

날 베를린의 시위 군중들이 소련 시설군부대와 장병을 공격할 위험
성이 있다는 동베를린의 케이지비KGB 보고를 받고 콜 수상에
게 전화로 사실을 확인했다. 이날 장벽 개방 환영식에 참석한
콜 수상은 "소련에 대항하는 혁명이나 봉기를 일으키고 싶은
생각을 하는 사람은 한 사람도 없었다"라고 대답했다. 또한
콜 수상은 연방하원 청문회에서 "고르바초프와의 친근한 신
뢰관계 덕분에, 고르바초프 주위의 강경 안보론자들의 충동
으로 소련이 개입하게 되는 것을 방지할 수 있었다"라며 "독
일 통일의 가장 중요한 열쇠는 소련이 쥐고 있었다"라고 지적
했다.[22]

'철의 장막'이 무너지다

1961년에 구축된 베를린 장벽은 그동안 동·서독뿐만 아니라
동·서 진영 간의 소통을 막는 철의 장막으로 남아 있었다. 따
라서 베를린 장벽의 개방은 동·서독 주민 간의 커뮤니케이션
과 정체성을 회복하는 의미가 있었다. 11월 6일 라이프치히
월요 데모에서 시민들은 '장벽 철거'를 요구했다. 콜 수상은
베를린 장벽 개방을 축하하는 환영대회 연설에서 '철의 장막'
을 제거함으로써 동·서독 주민들은 "아무런 수속 절차나 국

가의 간섭이 없는 가운데 자유의지에 따라서 오갈 수 있게 되었다"라며 기뻐했다.

이 역사적 순간은 동독 공산당 중앙위원회 공보 비서의 실수로 촉발되었다. 샤보브스키 공보 비서는 1989년 11월 9일 저녁 기자회견에서 동독 각료회의가 제안한 새 여행법을 발표했다. 몇 가지 규정 중 가장 중요한 것은 "개인 해외여행은 별도의 전제조건여행 목적 및 친척관계을 제출하지 않고도 신청할 수 있다. 여행 허가는 즉시 내려진다. 여행 거부 근거는 특별한 예외 경우에만 적용된다"라는 내용이었다. 이날 발표 배경을 두고 엇갈린 주장들이 존재하지만 이것은 분명히 '실수'였다는 것이 정설이다. 티어제 전 하원의장에 따르면 베를린 장벽의 개방은 "의도적이고 정책적으로 이루어진 것이 아니라 실수였다. 동독 지도부는 여행 규제를 완화하려 했을 뿐이었다." 새 여행법은 베를린 장벽의 개방을 고려하지 않고 있었다. 독일 제데에프ZDF 방송은 샤보브스키의 발언을 '역사상 가장 아름다운 실수'로 표현했다.

크렌츠 당 서기장은 11월 9일 각료회의가 마련한 새 여행법 초안을 상황에 대한 설명도 없이 샤보브스키에게 건네주었다. 샤보브스키는 그 초안이 당중앙위원회 전체회의에서 승인이 난 것으로 알아들었다. '구동독 과거청산특별위원회'의 보고서에 따르면, 샤보브스키는 여행법안에 관련된 실행 규정에

베를린 장벽 개방 시 6·17거리의 차량 행렬

대해 아무런 정보도 갖고 있지 않았다. 11월 8일 새 수상에 지명11월 13일 취임된 한스 모드로는 훗날 장벽 개방이 미리 준비되고 계획된 결정이 아니었다고 말했다. 베를린은 전승 4대국의 권한 아래 있었기 때문에 소련의 의향을 타진했어야 하는데, 소련에게 사전 통고를 해주지 않았던 것으로 볼 때 모드로의 얘기가 근거가 있어 보인다. 이 법안은 법적 문제나 재정 문제에 관해 서독이나 서베를린 당국과 아무런 협의도 없었다. 이 법안은 12월 1일까지 인민의회에 제출될 예정이었다. 크렌츠 서기장의 진술에 의하면, 각료회의에서는 12월경 발효를 결정했다고 한다. 그러나 샤보브스키는 '이 법률이 언제부터 발효되느냐'는 기자의 질문에 "제가 알기로는 즉각ab sofort, 지체하지 않고 발효될 것"이라고 잘못 대답했던 것이다. 잘 모르는 듯 계속 법안의 내용을 이리저리 들춰 보면서 말했다. 그의 대답은 동독 국영 ADN 통신사를 통해 보도되었으며, 아에르데ARD 방송국은 여행법을 8시 뉴스의 톱뉴스로 보도하면서 "동독이 국경을 개방했다"라는 헤드라인을 내보냈다. 그러자 동독 주민들이 동·서독 경계선의 국경통과소로 몰려들어 베를린 장벽이 즉각 무너지는 결과를 낳았다. 텔레비전을 통해서 기자회견 장면을 보고 있던 티어제 전 하원의장은 "지금 당장 서베를린으로 자유롭게 갈 수 있는지 없는지" 확신이 서지 않았다고 한다. 그는 "서베를린 기자들은 특유의 감각으로 장벽으로 달려갔으나, 동독 국경수비대는 상부의 지시가 없어서 어리둥절하고 있었다"라고 말했다. 이때 동독 주민들이 달려와서 "갔다 다시올 것이다!Wir kommen wieder!"라는 구호를 외치면서 넘어가곤 했다.[23] 그날 밤 동·서베를린의 모든 국경통과소가 개방되었고, 베를린 이외 동·서독 지역의 국경검문소도 개방되었다. 그리고 불과 사나흘 만에 10여만 명이 베를린 장벽을 넘어가 서베를린에서 축제를 즐겼다.

그동안 동독 주민들은 시위를 통해 여행 자유화를 지속적으로 요구해왔다. 11월초 민주화 개혁을 요구하는 시위가 지속되자 크렌츠는 고르바초프에게 전화를 걸어 조언을 구했다. 고르바초프는 공산 정권을 무너뜨릴 위험이 있는 소요사태를 막기 위해서는 동·서독 간의 국경을 개방해야 한다고 대답했다고 한다.

그러나 동독 지도부는 베를린 장벽을 개방하는 방법으로 동독 주민들의 서독 이주를 막지는 못했다. 오히려 이주민들은 장벽 개방 이전보다 2배 이상 증가했으며,[24] 이에 따라 동독 내부 상황은 더욱 악화되어 갔으며 동독 지도부는 시민들의 요구에 부응하는 개혁을 추진하지 못했다. 장벽 개방으로 서독을 방문하게 된 동독 주민들은 그 전에 서독 TV와 친지를 통해 간접적으로만 경험했던 서독 사회의 실상을 직접 체험하고 '통일'을 요구하기 시작했다. 11월 20일 라이프치히 월요

1989년 11월 시민들이 베를린 장벽을 정으로 부수고 있다.

데모에서 "우리는 한 민족이다Wir sind ein Volk"라는 구호가 처음으로 등장했다. 이것은 동독의 존재를 부인하는 구호였다. "브란덴부르크 문이 닫혀 있는 한 통일 문제는 미해결 상태로 남아 있다"라는 바이체커 대통령의 말을 감안하면, 베를린 장벽의 개방으로 독일은 사실상 통일된 것과 다름없었다.[25]

공산정권도 무너지다

1987년 동·서독 정상회담을 통해서 동독이 주권국가로서의 이미지를 확보했다고 자부심을 가졌던 호네커는 10월 18일 실각하고 동독 공산정권이 붕괴의 길에 들어섰다. 벌어지는 상황 앞에서 동독의 지도자들은 무능했고, 동독 주민들은 정권에 대한 '충성심'을 서독 쪽으로 옮겨 갔다. 1953년 베를린 봉기가 일어났을 때 무력으로 진압했던 소련군이 이제는 개입하지 않았다. 동독 정권을 지켜주던 소련군이 더 이상 버팀목이 되어주지 않았던 것이다. 서방으로부터 동독 주민들을 완전히 차단함으로써 동독 정권을 지탱해주는 마지막 보루인 베를린 장벽도 무너졌다. 동독 정권은 왜 붕괴의 길을 걷게 되었을까?

　첫째, 동독 주민들의 개혁 요구가 여행·언론 자유에서 자유선거 등으로 수위를 높여가고, 동독의 사회·경제적 위기가 심화되어 가는데도 동독 지도부는 시의적절하게 개혁 조치를 취하지 못했다. 1989년 10월 7일 동독 건국 40주년 기념행사에 참석하기 위해 베를린을 방문한 고르바초프는 동독 지도부에게 "인생은 너무 늦게 오는 자를 벌한다Wer zu spät kommt, den bestraft das Leben. 내가 이해하기로는 인생은 여러분들 역시 용감한 결정을 내리기를 요구하고 있다"라는 예언적 경고로 개혁·개방을 촉구했다. 고르바초프는 1986년 4월 동베를린을 방문했을 때에도 호네커에게 경제개혁을 권유했으나 호네커는 냉담한 반응을 보였다고 한다.26 고르바초프는 1989년 동독의 상황을 "뚜껑이 꼭 닫힌 채 과열된 보일러"에 비유했다. 그는 동독 지도부가 결단을 준비하고 있는 것으로 보였으나, 호네커는 고르바초프의 태도에 화가 난 것이 분명했으며 그 때문인지 공항에 전송을 나오지 않았다고 회고했다.

1988년 12월에 개최된 제7차 공산당 중앙위원회 전체회의에서 호네커는 모든 사회주의 국가에 보편적으로 적용할 수 있는 모델은 없으며, 동독은 스스로 의사결정을 내릴 수 있는 주권국가임을 강조했다. 홍보담당 정치국원이었던 쿠르트 하거Kurt Hager는 1987년 4월 독일 유력 주간지 〈슈테른Stern〉지와의 인터뷰에서 개혁을 안 하느냐는 질문에 "옆집에서 벽지를 바꾼다고 해서 당신도 벽지를 바꿀 필요가 있느냐?"라고 반문하면서 고르바초프의 개혁은 소련에게만 의미가 있음을

동독 공산당 창건 40주년 기념식에 참석한 고르바초프와 호네커

시사했다.[27]

호네커의 자만심을 거슬러 개혁을 권유한 인물이 동독 지도부 내에 없었던 것도 문제였다. 고르바초프는 "동독 공산당 정치국의 상황은 어느 누구도 호네커에게 문제를 제기하는 것을 허용하지 않았다"라고 회고했다. 물론 탈출 사태로 위기를 맞았던 1989년 여름, 호네커를 교체하기 원했던 인사들이 정치국 내에 있었다는 주장도 있다. 밀케 동독 국가보위부 부장은 "경제 상황이 심각할 정도로 악화되고 여행 가능성의 제한 때문에 주민들의 불만이 증대되는 것을 알고 있었다. 우리 슈타지가 갖고 있던 정보를 정치국과 고위 인사들에게 전달했으나 적절한 정치적 조치들이 취해지지 않아 기회를 놓쳐 버렸다"라고 회고했다. 서독 정부가 파악하고 있던 첩보에 의하면 1989년 1~2월경 동독 정부 내에서 여행조건 완화에 대해 토론을 했다고 한다. 내무성 장관은 동독의 내적 안정을 보장하기 위해서는 끓는 솥에서 증기를 빼주듯이 여행 조건을 완화해야 한다는 입장이었다. 반면 슈타지는 그러면 사람들이 이를 남용해 더 많은 것을 요구하게 된다면서 반대했다.[28] 티어제 전 하원의장도 필자에게 동독 지도부 내에서 개혁을 옹호하는 세력으로 인해 갈등이 있었다고 말했다.

그러나 이들도 호네커에게 도전할 세력을 조직할 만한 능력이 없었으며 문제를 제기할 용기도 없었다. 따라서 늘어나는 탈출민에 대한 공산당 지도부의 정책은 현실과는 거리가 멀었으며 시간적으로 너무 늦었다.[29] 정치개혁에 대해 좀 더 공개적인 입장을 취하거나, 공산당 외부의 비판자들과 진지한 대화를 하거나 여행을 자유화하는 법을 발표하는 등 동독 주민들의 기대를 충족할 수 있는 개혁 조치를 미리 취했더라면 공산당이 국내 지지를 확보할 수 있었을 것이다. 라이프치히시 슈나이더 데터스 국장은 필자와 한 인터뷰에서 "동독 주민들은 1985년 소련의 개혁 과정을 보고 공산주의가 변혁을 이뤄낼 수 있다는 확신을 가졌다. 그런데 정치적 변혁을 거부한 동독 지도부의 정치적 무능이 동독 주민들을 실망시켰다. 호네커를 크렌츠로 교체한 것은 동독 주민들의 희망을 꺾어버렸다"라고 말했다.[30] 특히 가장 중요한 문제였던 여행의 자유에 대해서 크렌츠 정권이 우유부단했던 것이 정권의 붕괴를 가속화했다고 볼 수 있다.

공산당 내부에서 호네커 정권에 대해 비판적인 입장을 견지함으로써 주민들에게 인기가 있었던 모드로 수상마저도 새 정보기구를 설치하려는 뒤떨어진 생각을 했을 뿐 주민들의 점증하는 변화 요구를 따라가지 못하는 무능을 보였다. 서독 정부로부터 개혁 압력을 받고 있던 동독 정부가 개혁을 제때에 추진했더라면 서독으로부터 경제적 지원을 확보할 수 있었을 것이다. 그러나 개혁의 타이밍을 놓친 결과로 서독의 지원도

동독 정권의 버팀목이던 장벽이 철거되고 있다(포츠담 광장).

받지 못했을 뿐만 아니라 주민들의 저항에 떠밀려서 정권 자체도 지킬 수 없게 되었다.

둘째, 서독의 실상을 직접 체험하게 된 동독 주민들의 실망과 불신이 증대되어 동독 정권에 대한 '정체성'과 '충성심'을 잃었기 때문이었다. 동독은 서독과의 정상회담을 통한 국제적 인정, 서독과의 교역과 다방면의 협정 체결, 차관 도입 등을 위해서 서독이 요구하는 여행과 이주 조건을 완화하지 않을 수 없었다. 밀케 국가보위부 부장은 "호네커가 추진한 대서방 개방 정책 때문에 우리들에게 문제점이 대두되었다"라고 말했다. 서독 연방수상실 슈테른 국장이 필자에게 직접 제공한 자료에 따르면 연금생활자를 제외한 여행자수가 1980년 4만 명, 1981년 3만 7,000명, 1982년 4만 6,000명, 1983년 6만 4,000명, 1984년 6만 1,000명, 1985년 6만 6,000명이던 것이 1986년 24만 4,000명, 1987년 62만 2,000명, 1988년 79만 4,000명으로 증가했던 것이다. 연금생활자를 포함한 전체 여행자 수도 1965년부터 1985년 까지는 100~160만 명 정도였으나 1986년 200만 명, 1987년 500만 명, 1988년 675만 명으로 급격히 늘어났다.[31] 한 서독 하원의원은 1988년 동독 정부의 여행자유화 정책에 대해 "이러한 방문은 독일 통일에 대한 1,000번의 연설만큼 가치가 있다"라고 논평했다. 합법적으로 서독으로 이주한 사람들의 숫자도

1983년까지 1만 명 이하였으나 동독이 합법 이주 허가를 대폭 허용하기 시작한 1984년부터 1988년까지 연평균 2만 3,000명으로 증가했다. 또한 사회통계학 측면에서 1984년부터는 이주민 중에서 60세 이상인 사람의 비율이 약 1/3에서 13%로 줄었고, 직장생활자의 비율이 60%에 도달하는 등 의미 있는 변화가 일어났다.[32]

따라서 1985년에서 1988년까지 4년 동안 총 180만여 명의 성인들동독 주민 1,600만 명 중 연금생활 노인 400만 명과 어린이를 제외한 성인 약 800~900만 명의 약 20%에 해당이 서독을 직접 방문하고 돌아왔다. 이들은 서독에서 여행과 언론의 자유, 풍요로운 생활 등을 경험하고 돌아가 가족과 친지들에게 자신들의 소감을 얘기했다. 그 결과로 동독 주민들은 동독 체제에 속았다며 분통을 터뜨렸고, 더는 체제를 신뢰하지 않게 되었던 것이다. 티어제 전 하원 의장에 따르면 서독을 방문한 동독 주민들은 "동독과 서독 간의 차이를 직접 목격하고 충격이 컸다. 이들은 돌아와서 주위 사람들과 경험을 나누게 되면서 불만이 증대하게 되었다."[33] 그런데 동독 지도부는 주민들에게 아무런 비전을 주지 못하고 있었다. "1989년 여름 공산당 전당대회에서 호네커는 계속 집권하기로 결정했다. 동독 주민들은 그가 계속 집권하는 한 동독에는 변화가 없을 것으로 판단했다. 글라스노스트와 페레스트로이카는 동독에는 적용될 가능성이 보이지 않았다. 따라서 동독 지도부가 자신들에게 더는 희망을 줄 수 없다는 것을 깨달은 주민들은 탈출을 시작하게 된 것이었다."[34]

헝가리의 오스트리아 국경 개방과 베를린 장벽 개방으로 자유와 복지를 선택할 기회가 주어지자 동독 주민들의 대규모 탈출이 촉발되었다. 동독 국가보위부의 분석에 따르면, 대탈출의 이유는 첫째, 소비재와 생필품 부족에 대한 불만, 둘째, 동독 내 및 해외로의 여행 제한, 셋째, 저임금에 반하는 성과 강요에 대한 분노, 넷째, 동독 미디어에 의한 조작이었다. 동독 주민들은 동독을 개혁하기보다는 자유롭고 부유한 서독으로 탈출하는 편이 낫다고 생각한 것이다. 서독을 방문하고 돌아온 동독 주민들이 가장 먼저 하는 일은 자신 또는 가족의 영구 이주를 신청하는 일이었다. 그 결과 1988년경 수만 명의 동독인들, 특히 숙련공들이 동독을 떠났다. 필자는 보제 공보관에게 동독 주민들이 떠난 이유를 물어보았다. 그는 다음과 같이 대답했다. "경제적, 정치적 불만이 많았다. 특히 정부가 이념적으로 간섭을 너무 많이 해서 불만이 컸다. 그들은 이념에 별 관심이 없었으며 자신들의 능력대로 잘살아 보고 싶었다. 50~60년대에는 사회주의가 좋고 성공할 것이라는 사상적 기반이 있었으나 80년대에 들어와서 이것을 믿는 사람들은 거의 없었다. 고르바초프가 등장한 후 종주국 소련에서도 개혁과 민주화 논쟁이 진행되어 이념이 퇴색하기 시작했기 때문이다."

셋째, 저항운동의 정치세력화를 들 수 있다. 여타 동구국가에서 일어난 사회주의 체제의 붕괴와 변혁은 동독 내 민권운동가와 단체들이 종전의 정치적 거부에서 저항으로 입장을 바꾸는 전기가 되었다. 1989년 5월 동독 지방자치단체 부정 선거를 계기로 동독 체제에 순치되어 온 체제저항 그룹들이 정치세력으로 조직되기 시작했다. 이들은 선거 과정을 감시하고 부정 사례에 공개적으로 항의하면서 선거법을 개정해 비밀선거를 보장하라고 요구했다. 한편, 동독 주민의 대량 탈출 사태도 동독 내 시민운동단체들이 정치 단체를 결성하고 개혁을 요구하는 목소리를 높이는 계기를 제공했다. 10월 7일 라이프치히 시위에서는 유혈 진압이 있을 것이라는 두려움이 있었다. 그러나 시위가 질서 있게 평화적으로 끝나자 동독 시민들은 이제 1953년과 같은 소련군 진입이 더는 없다고 확신하고 국가 권력에 대한 두려움 없이 시위에 참가하게 되었다.

넷째, 1953년 동베를린 봉기 때와는 달리 소련이 동독 사태에 개입하지 않았기 때문이다. 1953년 이래 동독에서 최대 규모의 시위였던 10월 9일 라이프치히 월요 데모7만 명 참가는, 천안문 사태에서와 같은 무력 사용에 대한 우려가 있었으나 평화적으로 진행되었다. 고르바초프는 헝가리와 체코슬로바키아 자유선거에서 공산당이 패배한 것과 같은 동구의 변혁에 우려를 갖고 있었지만, 신사고의 원칙인 선택의 자유와 다

른 나라들의 국내 문제에 대한 불간섭을 바꿀 가능성에 대해
서는 전혀 생각하지 않았다. 그러나 셰바르드나제에 의하면
1989년 최소한 두 차례에 걸쳐 소련의 당, 군부, KGB가 동독
의 상실을 막기 위해 고르바초프에게 무력을 사용할 것을 요
구했다고 한다.[35] 10월 7일 고르바초프가 동독 지도부에게 개
혁을 촉구한 것은 과거와 같이 호네커 정권을 지켜주기 위해
개입하지는 않을 것이라는 메시지를 동독 주민들에게 전한
것과 다름 없었다. 도비예 전 내독성 정책실장은 당시 소련으
로서는 "동독사태에 개입할 경우 동·서 간의 화해체제를 무
너뜨릴 뿐만 아니라 페레스트로이카와 고르바초프의 높은 명
성을 손상시킬 것이라는 점을 잘 알고 있었기 때문에 개입을
원치 않았다"라고 평가했다. 만약 소련의 지원이 있었더라면,
동독 정권은 정치·경제적으로는 취약해도 군사적 권위와 개
입으로 생존이 가능했을지도 모른다.

다섯째, 주변국의 개혁·개방과 민주화가 동독의 상황에 영
향을 미쳤다. 5월 2일 헝가리 정부가 오스트리아 국경의 철조
망을 제거하고, 9월 11일 국경을 전면 개방한 조치는 동독 주
민들의 대규모 탈출을 초래한 직접적 동기였다. 또한 헝가리
와 폴란드의 개혁과 민주화가 동독의 민권운동가들과 단체들
이 동독 정권에 저항하는 데 영향을 미쳤다고 볼 수 있다.

제2장

서독 정부는 어떻게 대응했나?

동독의 안정화를 목표로

동독 주민이 대규모로 서독으로 탈출해오자 서독 정부는 이들을 신속하게 수용하여 새로운 삶의 터전에 안착할 수 있도록 적극적으로 도와주었다. 그러나 서독 정부는 이러한 탈출을 권장하지는 않았다. 대신 우선 동독의 상황을 안정시키는 데 일차적 목표를 두었다. 따라서 주민들이 동독에 잔류하도록 유도하는 한편, 동독 정부에게는 주민들이 미래에 대한 희망을 가질 수 있도록 민주화와 근본적인 개혁을 단행할 것을 촉구했다.

서독 정부가 동독의 안정화를 정책 목표로 한 배경을 살펴보면 첫째, 동독이 붕괴할 경우 대내적으로 통제 불가능한 혼란과 추후 재건상의 어려움을 야기할 것을 우려했기 때문이다. 대외적으로도 주변국, 특히 소련에게 심각한 우려를 안겨줄 것으로 판단했기 때문이다. 둘째, 동독 주민의 일상생활과 심리상태를 안정시킴으로써 탈출 '도미노'현상을 방지하고자 했다. 셋째, 동독 사회가 제대로 작동할 수 있도록 실질적 지원을 함으로써 동독 주민들에게 동독에 머물러 있어도 괜찮다는 확신과 미래에 대한 희망을 심어주려고 노력했다. 서독은 동독 정부와의 협의를 통해 의료진과 의약품 등을 긴급 지원했다.

한편 서독 정부는 여러 가지 수준에서 동독 정부와 대화하면서 근본적인 개혁 조치를 촉구했다. 콜 수상은 1989년 11월

11일 크렌츠 동독 서기장과 한 전화 통화에서 동독 사태가 조용하고 합리적으로 진전되길 바란다면서 동독 주민들이 동독을 떠나도록 하는 것이 서독 정부의 목표가 아니라고 강조했다. 또한 그는 동독 지도부에 대해 근본적인 정치적·경제적 개혁을 촉구했다. 서독 정부는 동독의 근본적인 개혁 없이는 경제원조와 물적 지원, 나아가 군사 분야의 협력이 불가능하다는 입장을 천명했다. 서독 정부가 요구한 개혁 내용은 여행·언론·정보·노조의 자유 보장, 공산당의 권력 독점 포기와 독립 정당의 인정, 자유·비밀·평등·보통 선거의 보장, 계획경제의 폐지와 시장경제 질서의 구축, 형사법 개편, 정치범 석방 등이었다. 이 중 가장 중요시한 것은 자유선거 보장과 시장경제 체제로의 개혁이었다.

베를린 장벽 개방 전날인 1989년 11월 8일 콜 수상은 연방의회에서 '민족 현황에 관한 정부 보고'를 통해 동독의 근본적인 정치적·경제적 개혁을 촉진하는 것이 민족적 과제이며, 공산당의 권력 독점 포기, 독립 정당 창당 허용, 자유·비밀 선거 실시 등의 근본적인 개혁이 전제될 때, 서독 정부는 즉시 광범위한 지원을 할 것이라고 천명했다. 서독 정부는 동독 경제체제의 근본적 개혁, 관료적 계획경제의 폐지, 시장경제 질서의 구축 없이는 경제지원을 해봐야 '밑 빠진 독에 물 붓기 식'으로 아무런 소용이 없을 것이라고 강조했다.

장벽 개방 다음날 서베를린 시청 앞에서 열린 기념식에서 연설하는 콜 수상

콜 수상은 1989년 10월 21일 독일 실향민협회에서 한 연설을 통해 "동독의 국가·경제·사회의 근본적인 개혁을 전제로 동독과 협력할 용의가 있으며, 단순한 지도자의 교체는 무의미하며, 신임 당서기장크렌츠이 근본적 개혁의 길을 갈 것인가 아니면 당의 권력 독점만을 수호하려 할 것인가를 주시할 것"이라고 말했다. 동독의 개혁을 통해 가능한 한 동독 주민들이 미래에 대한 희망을 갖게 함으로써 동독에 머물도록 유도해야 한다고 판단했다. 1989년 11월 10일 콜 수상은 베를린 장벽 개방 환영대회 연설을 통해 "동독이 개혁을 추진해 나갈 때에 동독을 떠나려는 생각을 가진 우리 동포들이 그들의 고향에 그대로 머물러 있을 것"이라고 말했다. 1989년 12월 19일 모드로 수상과의 정상회담에서도 콜 수상은 동독 사람들이 터널 끝에서 희망의 불빛을 보지 못한다면 동독을 계속 떠날 것이라고 지적하면서 동독의 개혁을 촉구했다.

한편, 서독 정부는 헝가리와 체코 주재 서독대사관에 몰려온 동독 탈출민을 서독으로 인도하기 위해 외교적 총력을 기울였다. 헝가리에 외무차관을 특사로 급파하여 인도 방법에 대해 협의했다. 헝가리·독일 정상회담1989년 8월 25일, 본을 통해 동독 탈출민의 의사를 거슬러 동독으로 돌려보내지 않을 것이라는 약속을 헝가리 정부에게 받아냈다. 대신 경제원조를 제공하기로 약속했다. 1989년 9월 유엔 총회 참석을 계기로 겐셔 서독 외상은 미국, 소련, 동독, 체코, 폴란드 외상을 연쇄적으로 접촉하여 탈출민 문제를 협의했다. 특히 셰바르드나제 소련 외상은 탈출민의 서독 입국을 위해 동독 및 체코에 영향력을 행사할 것을 약속했다.

서독은 독일 전체에 대한 유일대표권을 주장하면서 동독의 고유 국적을 인정하지 않았기 때문에 동독 주민도 독일 국적을 소지하게 되는 바기본법 제116조 서독으로 오는 동독인은 무조건 받아들여야 한다는 입장이었다. 다만, 동독의 불안정이 심화되는 것을 원치 않았기 때문에 동독의 개혁 등을 통해 주민들이 동독에 머물도록 유도한다는 입장을 취했다.

동독 탈출민을 위한 수송 교통편과 임시 천막은 독일적십자사 주관 하에 마련되었으며, 비용은 연방 정부가 부담했다. 기센과 베를린 소재 연방수용소의 업무 부담을 줄이기 위해 연방 국경수비대의 부동산과 인력을 동원하여 수많은 긴급수용소를 마련했다. 탈출민들은 이곳에서 행정 수속을 마치고 서독의 각 주로 이송되었다. 탈출민 증가에 따라 연방 정부가 긴급 예비 예산을 마련하여 주택을 추가로 건설하는 한편, 체육관, 교회, 학교 등 공공건물을 임시 숙소로 활용했다.

서독으로 탈출한 동독 주민들 중에는 의사와 간호사들도 많았다. 따라서 동독에는 문을 닫는 병원과 약국이 날로 증가했다. 서독은 1989년 12월말부터 수개월 동안 막대한 양의 의

약품, 의료 보조 기구, 병원 물품을 동독에 제공하였다. 양독 정부 간에 어떤 병원과 약국으로 보낼 것인지를 결정하여, 그곳으로 직접 물품을 공급하였다. 서독의 내독관계성은 과거 내독 교류를 위해 접촉해 온 교회 단체들을 통해 지원했다. 동독의 교회 및 신교 단체들이 지원품을 받아서 교구별로 병원 및 약국 상황을 파악하여 배분하였다. 서독 정부는 1990년 한 해 동안 의료지원에 총 3억 2,000만 마르크를 사용하였다.

동·서독 간 여행이 쉬워지다

11월 9일 베를린 장벽이 개방되기 9일 전 몸퍼 베를린 시장은 당시 동독 정부의 제2인자였던 귄터 샤보브스키를 만나서 동·서 베를린 간 통행 개선 문제를 협의했다.[36] 서베를린으로 들어오는 통과소를 추가 개방하는 문제와 동베를린과 연결되는 다리와 도로, 지하철 및 철도 문제를 협의하고, 서베를린 시내 지도, 지하철 노선도, 박물관 안내책자도 제공했다. 몸퍼 시장은 베를린 장벽 개방으로 동독 여행자들이 너무 많아져 이들에게 지급하는 환영금이 바닥이 나는 바람에 서독에서 비행기로 돈을 실어왔다고 회고했다.

1989년 12월 5일 자이터스 서독 수상실장관과 모드로 동독 수상간 회담에서 양독 간 여행·통행 개선을 위한 합의가 이루어졌다. 가장 중요한 것은 동독 여행자에 대한 환영금을 폐지한 것이었다. 서독 정부는 동독 여행자에게 1년 1회에 한해 100마르크의 환영금을 지급해왔다. 환영금을 폐지하는 대신 '여행외환기금Reisedevisen-fonds'을 설치하기로 합의했던 것이다. 이 조치는 동독 주민들이 새로 얻게 된 여행의 자유를 재정적으로 뒷받침함으로써 서독 여행비용 부담을 완화하기 위한 것이었다. 동·서독 정부는 총 29억 마르크의 기금을 1990년 1월부터 2년간 운용하며, 서독은 1990년에 환영비로 책정된 14억 마르크를 포함해 21억 5,000만 마르크를 부담하고, 동독은 7억 5,000만 마르크를 부담키로 했다. 서독을 여행하는 동독 주민들은 최고 200마르크14세 미만은 100마르크까지 교환 가능하며, 100마르크14세 미만은 50마르크까지는 1:1, 나머지는 1:5로 동독마르크를 교환할 수 있었다산술 평균 1:3. 환전된 동독마르크는 '여행외환기금'으로 유입되어 동독 지역 사회간접시설국경통과소, 도로, 관광, 도시 정비 등 확충 사업에 사용하기로 합의했다.

1990년 7월 1일 화폐통합 발효로 이 기금은 폐지되었다. 그간 총 50억 2,600만 동독마르크가 21억 6,600만 서독마르크로 교환되어 서독이 16억 1,000만 마르크, 동독이 5억 6,000만 마르크를 부담했다. 교환된 동독마르크는 이 기금에 유입되어 이중 42억 마르크가 동독으로 이전되었고, 나머지는 마르크로

헬름슈테트-마리엔보른 국경 개방(1989년 11월 11일)

교환되어 연방 재정에 편입되었다. 이 기금은 양 독일 간 '조약공동체' 형성 차원의 통화 정책적 협력과 지원의 시작으로, 양 지역 주민들의 상호 왕래와 접촉을 촉진하는 데 기여했다.

여행·통행의 개선은 동독 주민에게 양독 간 왕래가 언제든지 가능하다는 인식을 확산시킴으로써 가능한 한 동독에 머물도록 유도하기 위한 조치였다. 한편, 서독 정부는 동독 정부에게 동·서독 경계선 지역의 인명살상 장치감전 시설, 자동 발사 장치, 지뢰 등를 제거하고 탈출자에 대한 총격 명령을 취소하도록 요구했다.

한편 1989년 11월초 동독의 크렌츠 당서기장과 모드로 수상은 11월말까지 국경통과소를 33개 더 개방할 것이라고 발표했다. 또한 양독 주민들이 항구적으로 통행할 수 있도록 단절된 국도 및 고속도로를 복구하고 포장하기로 했다. 그동안 서독 쪽은 도로가 관리·유지되어 왔으나 동독 쪽은 수 킬로미터씩 단절된 상태로 남아 있었다. 물론 공사비용은 서독 정부가 부담하기로 했다. 1990년 2월 14일 서독 정부는 긴급의료지원, 여행외환기금, 환경보호, 국경통과소 증설을 위해 57억 마르크의 추가경정예산을 의결했다.

위에서 언급한 동독인의 여행·통행 개선 조치에 대해 서독 정부는 동독으로 여행하는 서독인에 대한 최소의무환전 규정 폐지와 동독 입국절차 개선을 전제조건으로 제시했다. 동독은 1990년 1월 1일부터 최소의무환전 규정을 폐지하기로 합의

했다. 또한 동독은 서독인에 대한 마르크 교환비율을 종전의
1:1 대신 1마르크:3동독마르크로 조정했으며, 서독인들의
동독 비자 발급 의무를 폐지하고, 30일 이내 체류 시 거주자
신고 의무도 폐지했다.

동·서독 정상이 만나다

콜 수상은 동독 주민 탈출 사태와 동독의 개혁 문제 등을 동·
서독 정상 간에 협의하기를 원했다. 호네커와의 정상회담은
그의 실각으로 실현되지 못했다. 베를린 장벽의 개방은 동·서
독 관계와 유럽의 국제질서에 큰 변화를 가져올 것으로 예상
되었다. 장벽 개방 이틀 후 크렌츠 서기장이 정상회담을 요청
해 옴에 따라 콜 수상은 이를 준비했다.

　11월 20일 동베를린에서 개최된 동·서독 정상회담 준비회
의에서 _{서독 자이터스 수상실 장관, 동독 크렌츠·모드로 참석} 동독측은 자이터스
장관에게 동독의 개혁 프로그램을 제시했다. 1990년초 선거
법 개정을 통해, 1990년 봄 또는 가을에 자유·비밀·평등·보
통 선거를 실시할 것이며, 동독 헌법 제1조에 규정된 사회주
의통일당_{SED}의 지도적 역할 조항을 삭제하고, 동·서독 간 여
행·방문 가능성 개선을 위해 11월 24일부터 33개의 국경통

콜 수상의 드레스덴 연설(1989년 12월 19일)

과소를 추가로 개방하고, 서독 시민에 대한 비자 기간을 6개월로 연장한다는 내용이었다. 크렌츠는 동독의 새 지도부가 내부적으로 합의한 세 가지 원칙, 즉 동독은 사회주의 국가로 남을 것이며, 동독은 주권국이고, 독일 통일은 아직 고려 대상이 아님을 강조하였다.

12월 5일 자이터스 수상실장관은 동베를린에서 모드로 수상을 만나 콜·모드로 정상회담 준비회의를 가졌다. 이들은 12월 19일 드레스덴에서 동·서독 정상회담을 갖기로 합의했다. 모드로는 콜 수상의 10단계 통일 방안에 긍정적인 반응을 보이는 한편, 콜 수상과 조약공동체에 대해 논의하기를 희망한다고 말했다. 또한 고르바초프가 조약공동체 방안을 추진할 것을 권유했으나, 독일 통일에는 반대하고 있다고 전했다. 그 외에 그는 선거법 개정을 비롯한 동독의 개혁 프로그램을 가속화할 것이라고 말했다.

콜 수상과 모드로 수상 간의 정상회담이 1989년 12월 19일 드레스덴에서 개최되었다. 베를린 지위에 관한 전승국 협정 때문에 서독 수상이 동베를린에서 회담을 갖는 것은 금지되어 있었다. 따라서 회담 장소를 드레스덴으로 결정한 것이었다. 이 회담에서 1990년 4월까지 양독 간 조약공동체 형성에 합의하고 이를 위해 두 정부 간에 여러 분야에 걸쳐 즉각적인 협상을 개최하기로 하고 1990년 1월 1일 첫 회의를 갖기로 했다. 의제들로 경제·산업협력협정 체결을 위한 경제공동위원회 구성, 투자보호협정 체결, 대동독 반출에 대한 서독 정부의 보증 확대, 관광전문위원회 구성, 재산문제전문가위원회 구성, 환경 분야 공동위 구성, 우편·전화 공동위 구성, 교통공동위 구성, 양독 간 항공문제 협의, 양측 지방·지역 간 협력을 위한 지역위원회 구성, 자치단체 간 자매결연 확대, 재난지원협정 체결, 형사법 공조 협의, 문화공동위 구성, 신문·잡지·서적·방송·TV 교류 실시 등에 합의했다. 모드로 수상은 자유·평등·비밀·보통의 4원칙이 보장되는 민주적 선거법 제정, 시장경제 원칙에 따른 정책 변화 및 개혁 추진, 헌법 및 형법 개정과 정치범 석방 등의 개혁 프로그램을 제시했다. 또한 양독 정상은 1990년 1월 1일부터 서독 여행자에 대한 최소의무환전 및 비자 의무 폐지, 동·서독 화폐 간 공식교환율3동독마르크:1마르크, 12월 22일 브란덴부르크 문의 완전 개방에도 합의했다.

동·서독 간 교류 협력 강화

1989년 여름까지 동·서독 정부는 교통, 통과, 법률 공조, 경제 등 22개 분야에 걸쳐 각종 회담을 진행하고 있었다. 특히 1989년 7월 4일 자이터스 장관과 호네커 간 회담에서 22개

위원회를 계속 운용하기로 합의했다.[37]

1989년 12월 5일 자이터스 장관과 모드로 수상 간의 합의에 따라 교통장관 회담12월 12일, 본, 공동 교통망 계획 협의, 체신장관 회담12월 12일, 동베를린, 동·서독 간 기존 120개 전화 회선에 1989년 12월 20일까지 188개 회선 증설 등 긴급조치에 합의, 보건 분야 회담12월 13일. 동베를린, 동독에 대한 보건 분야 지원 문제 협의, 경제장관 회담12월 14일, 동베를린, 경제공동위원회 구성 및 협력협정 체결에 합의, 환경장관 회담12월 14일, 동베를린, 환경공동위원회 구성에 합의, 동·서베를린 시장 회담12월 5일/12일, 동·서베를린 간 협력 협의, 지역위원회 설치에 합의, 재무차관 회담12월 17일, 본 주재 동독 상주 대표부, 동독마르크화 안정화 대책 협의 등을 개최했다. 이들 회담은 동·서독 정상회담의 준비회담 성격을 띠었다.

드레스덴 정상회담의 후속 조치로 양독 간 '조약공동체' 형성을 위한 협상을 추진했다. 1990년 1~2월 경제, 환경, 교통에서 연구·기술, 청소년 문제에 이르기까지 거의 전 부처가 동독측 해당 부처와 협상 일정을 마련하였으며, 그 중에서 건설1월 5일, 내무1월 5일, 재무1월 12일, 학술·예술1월 15일, 환경1월 17일, 통신1월 25일, 교통2월 6일, 신문·방송·잡지2월 8일 분야의 협상이 개최되었다. 양독 경제공동위원회 제1차 회의가 1월 23일 동베를린에서 개최되어 투자보호협정 체결 문제를 협의하고, 동독 중소기업의 창업 및 설비현대화를 위해 유럽부흥계획기금에서 60억 마르크창업지원 13억 마르크, 환경보호 20억 마르크, 설비현대화 20억 마르크, 관광업 7억 마르크 차관 제공에 합의했다. 그러나 1990년 2월 20일부터 화폐통합을 위한 전문가 회담이 시작되면서 단계적 통합을 전제로 했던 이 회담들은 중지되었다.

한편, 2월 9일 연방 체신성 장관은 동독에 대한 우편·통신 분야 지원 실적 및 1990~91년 계획을 발표했다. 이 계획에는 동·서독 간 전화 회선 증설, 이동전화기·팩시밀리·데이터 통신·우편 분야 개선, 에어푸르트 등 4개소에 중계소 건설, 디지털 오버레이 망 구축 등이 포함되었다. 서독의 각 주정부도 동독 지구Bezirk와 지역협력위원회 구성 및 지원 문제에 관해 협의했다.

통일을 얘기하다

11월 9일 베를린 장벽이 무너졌을 때만 해도 콜 수상을 비롯한 서독 정치 지도자들은 독일 통일에 대해 심각하게 생각하지 않고 있었다. 장벽 개방 환영대회 연설에서 콜 수상은 "급진적인 구호나 주장을 따르지 말고 국제정치와 유럽, 독일의 상황 등을 전체적으로 고려하여 지혜롭게 대처해 나가는 것이 중요하다"라고 강조했다.

그러나 11월 20일 라이프치히, 동베를린, 드레스덴, 할레 등에서 벌인 시위에서 동독 주민들은 "우리는 한 민족이다"라는 구호와 함께 통일을 요구하기 시작했다. 이즈음에 소련의 고르바초프와 그의 보좌관들이 독일 통일의 가능성과 이와 관련된 문제들을 검토하기 시작했다. 따라서 텔칙 수상 보좌관은 콜 수상에게 독일 통일 문제에 대해 이제는 밀실에서 논의할 것이 아니라 더 적극적인 자세를 취해야 할 시점이 왔다고 보고했다. 티어제 전 하원의장은 라이프치히 시위대의 구호로 인해 서독 정부의 정책 목표가 동독의 민주화와 개혁에서 통일로 바뀌었다고 주장했다.

콜 수상도 동독 상황과 서독의 정치적 상황, 이웃 국가들의 움직임과 관련지어 통일에 대해 진지하게 검토하기 시작했다. 그는 우선 동독 주민들에게 동독의 개혁과 통일에 대한 청사진을 제시함으로써 서독 이주를 막고, 동독 상황을 안정시킬 수 있을 것으로 생각했다. 1990년 12월경 서독 연방하원 총선이 예정되어 있기 때문에 통일을 주도함으로써 집권 여당의 입지를 강화하고자 했다. 12월 2일 지중해 몰타 미-소 정상회담, 12월 6일 프랑스-소련 정상회담에서 독일 통일 문제가 논의될 수 밖에 없기 때문에 "우리서독가 이니셔티브를 쥐고 독일 통일을 위한 프로그램을 먼저 내놓을 시기가 왔다고 생각하지 않을 수 없었다."[38]

자이터스 장관이 크렌츠와 모드로와 가진 정상회담 준비

회의의 결과를 11월 21일 콜 수상에게 보고한 후에 서독 지도부는 단계적 통일 계획을 마련했다. 첫 단계로 동·서독 조약 공동체를 통해서 긴급한 현안 문제를 해결해 나가는 한편 가능한 한 조속한 시일 내에 동독에서 자유 총선거를 실시하고, 3단계로 동독의 민주 합법 정부와 '국가연합적 구조Konföderative Strukturen'를 형성한다는 것이었다. 이러한 단계적 통일 계획을 구체화한 것이 콜 수상의 '10단계 통일방안'이었다. 그는 11월 28일 연방의회에서 '독일과 유럽의 분단 극복을 위한 10단계 방안'을 제시했다. 그 내용을 요약하면 다음과 같다.

1단계: 동독 주민에 대한 긴급 지원 조치, 인도적인 의료 지원, 서독 여행을 위한 여행외환기금 설치

2단계: 기존 내독관계의 심화·발전-환경, 교통, 경제, 과학, 기술, 문화 분야 협력 강화

3단계: 동독의 정치·경제 체제의 개혁자유·평등·비밀 선거, SED 권력 독점 폐지, 시장경제 도입 등을 전제조건으로 동독 경제 지원 및 협력 강화

4단계: 조약공동체 형성 고려 용의, 경제, 교통, 환경, 보건, 문화 분야 공동위원회 구성

5단계: 연방을 목표로 한 동·서독 간 국가연합적 구조 발전-동독 자유선거 후 공동기구공동각료회의, 공동전문위원회,

공동의회 구성

6단계: 전 유럽 통합 과정 속에서 내독관계 발전

7단계: 동독의 EC 공동시장 가입

8단계: 유럽안보협력회의CSCE 과정을 통한 동·서 경제협력
　　　조정위원회와 전 유럽 환경위원회 구성

9단계: 광범위하고 신속한 군축 및 군비 통제

10단계: 유럽 평화 속에 자결권에 의한 독일 민족의 재통일
　　　실현

　이 방안은 독일인들을 규합하기 위해 마련한 것이긴 하지만 동시에 범유럽 통합을 가속화한다는 그의 지속적인 공약을 다른 유럽인들에게 재확인하는 내용이었다. 그러면서도 조약공동체에 합의하고 국가연합적 구조를 형성한다는 전망을 제시함으로써 동독 주민들의 대량 이주 사태를 막고 동독을 안정화해 보려는 희망을 가졌다. 왜냐하면 통일에 대한 동독 주민들의 압력이 점점 거세지고 있었으며, 이제 독일 통일은 "되느냐 안 되느냐 선택의 문제가 아니라 언제, 어떻게 되느냐"의 문제가 되었기 때문이었다.

　'10단계 통일방안'은 조약공동체에서 국가연합적 구조를 거쳐 연방제Föderation의 통일 국가를 형성하는 점진적·단계적 통일 방안이었다. 각 분야별 정부 공동위원회를 구성조약공동체

브란덴부르크 문 개방(1989년 12월 22일)으로 통일이 가까워졌다.

하고, 공동각료회의와 공동의회국가연합적 구조를 거쳐 연방제 통일을 완성한다는 구상이었다. 콜 수상은 12월 19일 드레스덴 정상회담에서 동독 자유선거 이전에 동독과 조약공동체를 형성하기로 약속했다. 그리고 선거 후에는 동독의 새 정부와 국가연합적 구조를 구성할 계획이었다. 그러나 모드로가 약속했던 동독의 정치·경제 개혁이 지지부진해지고, 이주민이 계속 증가하고 동독의 상황이 악화되자 계획을 수정했다. 콜 수상은 1990년 1월 15일 정부 성명을 통해, 선거 전 조약공동체 완결 약속을 더 이상 고수하지 않고 자유선거 후에 새로 선출된 정부와 조약공동체에 관해 협상할 것이라고 발표했다.

'10단계 통일방안'을 작성하는 과정에 참여한 고위 관리들 간에 논란이 일어난 부분은 "국가연합적 구조와 연방제를 제안할 것인지 말 것인지" 여부였다. 이 또한 모드로 수상이 제안한 바 있는 조약공동체 방안을 수용하고 있었으며, 이것에 대해 모드로 수상은 통일의 궁극적인 목표에 도달하는 것이 '꽤 긴 시간'이 흐른 후가 될 것이라고 내다본 데에 주목했다. 당시 콜 수상은 '10단계 통일방안'에 대한 구체적인 시간표를 정하지 않았다. 대신 그는 독일 통일은 "유럽의 평화 질서" 과정에서 추진될 것이며, 통일의 시기는 동독인들 스스로가 결정해야 할 사안이라는 입장을 취했다. 그는 점진적·단계적 통일이 3년이나 4년 후, 여하튼 유럽 공동 시장이 완성된 후에야 달성될 수 있을 것으로 내다보고 있었다.[39] 콜 수상은 유럽 통합, CSCE 프로세스 진전, 군축 및 군비통제 분야의 진전 필요성을 강조하는 등 신중한 태도를 취했음에도, 그의 10단계 통일방안은 민감한 통일 문제에 대한 논의를 촉발하고 동독의 붕괴를 가속화하는 데 영향을 미쳤다. 연방수상실 슈테른 국장은 10단계 통일방안 발표로 독일 통일은 더 이상 "이론적 목표가 아닌 구체적 목표"가 되었다고 강조했다.[40] 통일방안이 발표됨으로써 독일 통일은 국제적 사안으로 부상하게 된 것이다.

동독의 모드로 수상은 12월 9일 독일사회주의통일당 임시 전당대회에서 독일 통일을 거부하면서도 10단계 통일방안의 조약공동체와 국가연합구조 제안을 긍정적으로 평가했다. 여기서 국가연합적 구조란 '2국가 1체제'를 의미하며, 콜 수상은 서독 체제 이외의 새로운 법적 제도가 존재하는 중간 단계를 원치 않았다.[41] 한편 12월 19일 동·서독 정상회담에서 콜 수상은 조약공동체가 두 주권국가를 전제로 해야 한다는 표현을 거부했으며, 모드로는 콜 수상의 의사를 받아들였다. 콜 수상은 국가연합은 두 개의 독립국가가 주권을 유지한 채 합치는 것이므로 동독과 서독이 두 개의 국가로 그냥 굳어 버릴 수 있기 때문에 연방국가 안案을 더 선호했다. 동독으로서는 국가연합적 구조가 공산당 독재를 유지할 수 있고, 공동의회 안에서의 두 개의 주권국가 원칙을 토대로 하고 있기 때문에 '2국가 1체제'의 국가연합적 구조를 받아들였다.

그러나 동독 사태의 급진전으로 10개항 중 제5단계_{국가연합적 구조 발전}부터 제10단계는 협상 단계에도 들어가지 못한 채, 3개월도 못 가서 바로 화폐통합을 통한 조기 통일을 추진하게 되었다. 동독 상황에 밀려 단계적 통일 방안은 낡은 것이 되어버렸던 것이다.[42]

한편 1990년 2월 1일 모드로 수상은 '통일조국 독일: 통일독일로의 길을 위한 구상안'이라는 4단계 독일 통일 방안을 제시했다. 모드로는 동독인들이 계속해서 동독을 떠나는 상황에서 통일에 대한 정책 구상을 발표할 수밖에 없었다고 말했다.[43]

첫째 단계는 화폐·경제·교통 동맹 및 법률 동화 등의 내용을 담은 조약공동체 창설을 위한 동·서독 간 협력과 우호선린 조약 체결, 둘째 단계는 의회위원회, 주의회, 분야별 공동행정기구 등 공동위원회와 집행기구 설치를 통한 동·서독 간 국가연합 형성, 셋째 단계로 동·서독 주권을 국가연합 기구에 이양, 마지막 넷째 단계는 단일 헌법·의회·정부를 구성하여 독일연방_{'deutsche Föderation' 혹은 'Deutscher Bund'} 통일국가 형성이었다. 모드로는 통일 방안 실현의 전제조건으로 주변국에 대한 양 독일 국가의 의무와 책임 완수, 전승 4개국의 이해관계 고려,

유럽 제민족의 평화와 주권, 국경 보장, 동·서독의 군사적 중립화를 내세웠다. 이 방안은 연방제 중립국 통일방안으로서 군사 문제를 제외하면 콜 수상의 통일 방안과 큰 차이가 없었다. 콜 수상은 모드로 역시 이제는 독일 통일에 찬성한다는 입장을 보이고 있다는 것을 공식적으로 발표하였다. 그러나 그는 통일 독일의 중립성 요구에 대해서는 단호하게 거부했다. 중립화 방안은 서독의 북대서양조약기구NATO, 나토 탈퇴를 전제로 하기 때문에 유럽에서 독일을 고립시키게 되어 독일의 지위를 약화시킬 가능성이 있다는 이유에서였다.

제3장

화폐통합으로 사실상 통일이 되다

단계적 통일을 추진해 오던 서독 정부는 조기 통일로 정책을 전환하게 되었다. 그 이유는 우선, 동독 주민들이 신속한 통일을 요구하기 시작했고, 둘째, 동독 주민의 서독 이주가 계속 늘어나고 있었기 때문이다. 셋째, 고급 인력의 유출과 동독 지도부의 무능 등으로 동독 내부의 상황은 악화 일로에 있었다. 대외적으로는 고르바초프가 독일 통일을 받아들이는 등 상황도 호전되고 있었기 때문이다. 그러나 조기 통일을 위해서는 서독의 경제력이 이를 뒷받침할 수 있어야 했다.

통일을 요구하다:
"마르크가 우리에게 오지 않으면 우리가 거기로 간다"

프리스니츠 전 내독성 차관은, 드레스덴 주민들이 콜 수상에게 "우리는 한 민족이다"라고 외친 것이 화폐통합을 서둘러 추진하게 된 기폭제였다고 말했다.[44] 11월 20일 라이프치히 월요 데모에서 통일을 요구하기 시작함으로써, 그동안 민주화를 요구하던 동독 혁명이 통일 쪽으로 방향을 선회했던 것이다. 통일이야말로 서독인이 누리고 있는 경제적, 정치적 특권을 얻을 수 있는 가장 빠른 길이라는 인식이 동독 주민들에게 확산되어 가고 있었다. 1989년 12월 19일 모드로 동독 수상과 정상회담을 위해 콜 수상이 드레스덴 벨레뷔 호텔 앞에 도착했을 때 역사적 순간이 기다리고 있었다. 수만여 명의 드레스덴 시민들이 콜 수상에게 '독일, 독일', '헬무트, 헬무트', '우리는 한 민족이다'등의 구호를 열창하면서 신속한 통일을 요구하였다. 1990년 2월 12일 월요 데모에서는 "서독마르크가 우리에게 오지 않으면 우리가 거기로_{마르크에게로} 간다"라는 구호가 등장했다. 따라서 서독 정부로서는 '동독 주민이 마르크를 찾아 서독으로 오거나 아니면 마르크가 동독으로 갈 수밖에 없다'고 판단하게 되었다.[45] 2월 3일 스위스 다보스 포럼에서 모드로 수상은 콜 수상에게 서독마르크를 유일한 지불 수단으로 동독에 도입하는 것이 가능하다고 본다고 말했다. 2월 초 라이프치히 여론조사 연구소의 조사 결과, 동독 응답자의 75%가 통일에 찬성하는 것으로 나타났는데, 이것은 전년도 12월 80%의 주민이 통일에 반대하고 있다는 모드로 수상의 주장과는 상반된 결과였다.

끊임없는 서독 이주 행렬

1989년 10월부터 1990년 1월까지 4개월 동안 30만 명 이상의 동독 주민들이 서독으로 이주했다. 특히 1990년 1월 들어 매일

콜 수상에게 환호하는 드레스덴 시민들

2,000명 이상이 서독으로 이주하여 한 달간 이주민 수가 5만 8,000명을 넘었다.[46] 이들은 대부분 젊은이들이었으며 동독 경제에 가치가 있는 기술자나 전문직 종사자, 의사, 숙련공들이었다. 1990년 1월 29일 동독 정부의 발표에 따르면, 1989년 하반기에 서독으로 이주한 34만 3,000명의 동독인 중에서 22만 명이 노동 가능 인구였으며, 이는 동독 전체 노동자와 사무원의 3.1%에 해당하는 노동력이 손실된 것을 뜻했다. 또한 전체 이주민 중 약 51%가 18~29세의 젊은이였다. 젊고 전문적인 인력의 막대한 유출이 짧은 기간에 일어났기 때문에 동독 경제에 미친 충격은 그만큼 더 컸다.

이주민의 급증은 동독 내에서 사회적·경제적 문제를 초래하였으며, 이것이 다시 잔류하고 있던 동독 주민의 이주 결정에 영향을 주는 악순환이 계속되었다. 이주민의 증가는 동독의 국가와 정권에 대한 주민들의 신뢰 상실을 반영한 것이었다. 또한 서독 주민들에게는 주택과 일자리 부족을 초래할 우려가 커지고 있었기 때문에 서독 정부로서는 통일의 속도를 빨리하는 것 말고는 다른 선택이 없었다.[47] 화폐통합 후 동독 이주민 숫자가 1주일에 2,000명 규모로 줄어든 것은 이러한 판단이 옳았음을 입증해 주었다.

서독 정부로서는 동독 이주민에 대한 서독 주민의 여론이 악화되는 것도 고려하지 않을 수 없었다. 왜냐하면 동독 이주민의 지속적인 증가는 주택난과 일자리 부족에 대한 서독 주민들의 염려를 가중시켰기 때문이다. 한 여론조사 결과, 서독 응답자의 81%가 동독 이주민들이 주택난을 악화시키고, 57%가 실업난을 가중시킬 것이라고 대답했다. 동독 이주민들을 환영하는 서독 주민이 1990년 들어 현저히 감소했다. 만하임 여론조사 연구소에 따르면 장벽 개방 전에는 응답자의 2/3가 동독 이주민을 환영했으나 1990년 1월에는 1/4로, 4월에는 10%로 격감했다. 응답자의 절반 이상이 동독 이주를 유인할 수 있는 혜택의 감소 또는 폐지를 원했다. 이들은 동독 주민들이 동독에 머물도록 서독 정부가 정치적 통합에 앞서 경제적 통합을 가속화하기를 원했다.

동독 경제와 국가 권력이 무너지다

1989년 들어 악화된 동독 경제는 1990년 1월 들어 급속히 붕괴하고 있었다. 1월말에서 2월초에 걸쳐 모드로 수상과 드메지어도 동독 경제가 붕괴 직전에 있다고 솔직히 시인했다. 기존의 중앙계획경제 하의 명령에 의한 조정 기능을 상실한 반면, 개혁의 부진으로 새로운 시장경제적 조정 메커니즘은 도입되지 못한 상태였기 때문이다. 게다가 파업, 근무 이탈, 작업

태만 등이 생산성 저하, 생필품 공급 부족 및 기업체 파업 등을 초래했다.

또한 동독의 국가재정이 위기에 빠졌다. 1989년말 외채가 185억 달러에 달하여 대외지불 능력이 악화되었으며, 재정 적자는 1989년말까지 50~60억 동독마르크에 달했다. 2월 13일 동·서독 정상회담에서 모드로 동독 수상은 지불 불능 상태임을 인정했다. 동독 비밀보고서에 따르면 동독 경제는 1989년 9월에 이미 지불불능 상태에 빠졌다.[48] 1989년 10월 동독의 중앙계획경제를 담당했던 게어하르트 쉬러는 호네커 후임으로 당서기장이 된 에곤 크렌츠에게 동독 경제가 파산 직전의 상태이며 동독이 서독에 진 부채를 갚지 않고 그대로 둔다 하더라도 생활수준이 25% 하락하여 동독은 통제 불가능한 상태가 될 것이라고 보고했다고 한다. 12월 19일 드레스덴 정상회담에서 모드로 수상은 서독에게 1990~91년에 150억 마르크의 재정지원을 요청하였다. 그는 동·서독 간의 경제협력이 동독 경제개혁의 기본 전제조건이라고 말했다. 콜 수상은 개혁이 되지 않은 상태에서 재정 지원은 낭비일 뿐이라고 판단하고 모드로의 요청을 받아들이지 않았다.

동독마르크 가치의 폭락으로 통화는 안정성을 상실해가고 있었다. 동독 주민은 더 이상 동독마르크를 신뢰하지 않고, 서독마르크화를 사용하게 될 날만을 고대하고 있었다. 기능

인력과 자본의 서독 유출로 생산이 감소하고 공급 상황이 악화되었으며 동독 내 물가가 상승했다.[49] 동·서독 사이의 경계선이 개방되고 계획경제체제가 붕괴되는 상황에서 동독 경제의 점진적인 개혁은 성공 가능성이 희박했다.

시위와 소요 확산, 공공건물 점거 등으로 동독의 법질서가 무너지고 국가의 행정명령 수행이 불가능해졌다. 1월 25일 자이터스 연방수상실 장관과의 회담에서 모드로 동독 수상은 동독의 국가 권위가 추락하고 파업이 확대되고 있으며 동독인들의 공격적인 행태가 증가하고 있다는 암울한 분석을 내놓았다. 주민들은 경찰 명령에 복종하지 않았을 뿐만 아니라 이들을 무시 또는 비난하는 등 "무정부 상태와 다름없었다."[50] 특히 1989년 12월 4일 동독 시민들이 동베를린과 라이프치히, 드레스덴, 에어푸르트 등지에 있는 국가보위부슈타지 사무소를 점령했다. 1990년 1월 15일에는 권력의 상징인 베를린의 슈타지 본부 건물이 10만여 명의 군중들에게 점거 당했다. 물론 이렇게 된 배경에는 모드로 정부가 슈타지를 국가보안처라는 새로운 이름으로 존속시켜 통제체제를 유지하려 하거나, 또는 이것이 실패할 경우 슈타지의 과거 비행에 대한 증거를 전부 파괴할지 모른다는 불신이 작용했다.

브란덴부르크 비망록

고르바초프의 통일 수용

"고르바초프가 없었으면 통일이 되지 않았을 것이다"

서독 내독관계성 마지막 차관이었으며 통일 후 내무성 동독 지역 재건 담당 차관을 맡았던 프리스니츠 박사의 말이다. 그러면서도 그는 그것이 절대적인 것은 아니었다며, "미국 레이건 대통령의 군비증강 정책이 없었으면 고르바초프도 없었을 것이다. 또한 나토의 이중 결정도 중요했다"라고 덧붙였다.[51] 1990년 1월 30일 모스크바에서 모드로 동독 수상과 정상회담을 가진 후, 고르바초프는 동·서독이 '10단계 통일방안'에 따라 통일을 추진하기 위하여 관계를 발전시켜 나갈 수 있다는 데에 원칙적으로 동의했다. 또한 2월 11일 독·소 정상회담에서 고르바초프는 통일 독일의 국가 형태, 통일의 시기, 속도, 조건은 독일인 스스로가 결정해야 한다고 말했다. 이 말은 그가 독일 통일을 수용하는 것으로 받아들여졌다. 반면, 소련 내부에서는 리가초프 등 강경·보수파의 공세 강화로 고르바초프가 권력을 계속 유지할 수 있을지, 아니면 강경파가 대두할지 권력 구도가 상당히 불안정했다.[52] 또한 소련 내부의 개혁 과정이 지지부진해지고 동독의 국내 상황도 불안해져 통일에 악영향을 미칠 우려가 커졌다. 서독 정부로서는 이번에 '기회의 창window opportunity'이 닫히게 되면 언제 다시 열릴지 모르기 때문에 놓쳐서는 안 될 절호의 기회로 인식하게 되었다. 만약 고르바초프가 물러나게 되면 독일 통일을 기대할 수 없다는 것이 콜 수상을 비롯한 서독 지도부의 판단이었다.[53]

서독의 탄탄한 경제력

1988년 3.8%, 1989년 4.5% GNP 성장, 1988년 재정 적자는 GNP 대비 0%, 자본수지는 1988년 1,275억 마르크, 1989년 1,356억 마르크 흑자, 1988년 추가 일자리 창출 120만 명, 이것이 통일을 앞둔 서독의 경제 성적표였다. 서독 경제는 통일을 위해 유리한 재정적 조건을 갖추고 있었다. 당시 내독성 차관이었던 프리스니츠는 "서독의 경제력과 재정 상태가 역사상 유일무이하게 통일에 가장 좋은 조건을 갖추고 있었다"라고 회고했다.[54]

이러한 A+ 성적표를 가진 서독 정부는 1990년 2월초 동독과의 화폐·경제 통합조약을 통해 조기 통일을 추진하기로 결정했다. 이에 앞서 재무성과 연립 정당, 각료회의 등에서 통일 추진 방안에 대한 논의를 가졌다.

1990년 1월 30일 서독 연방재무성은 바이겔 장관이 주재한 국장급 비밀회의에서 통일 방안을 논의했다. 할러 통화신용국장이 '단계적 통합 방안Stufenplan'과 '동시적 통합 방안Stichtag'의 장단점에 대한 연구 결과를 발표했다. 회의 결과, 통화 영역의 확장이라는 형태로 서독마르크화를 동독에 즉각 도입하는 방안이 통화정책상 가능하다는 결론에 도달했다. 따라서 기본법 제23조에 의한 통일 달성의 첫 단계로서 화폐·경제 공동체 창출을 위한 동·서독 간 국가조약을 체결하기로 결정했다. 바이겔 장관은 "통화정책상의 문제를 넘어서 독일의 재통일을 달성하는 정치적 목표를 생각했던 것이다." 바이겔 장관은 2월 5일 독일 연방은행장에게, 2월 6일 정당 대표들에게 화폐통합 방안에 대해 설명했다. 같은 날 콜 수상은 기민·기사당 집권연정 회의에서 2월 13~14일 본에서 개최되는 동·서독 정상회담에서 공동의 경제지역과 화폐지역을 창설하는 문제에 관해 협상할 것이라고 공식 발표했다.

2월 7일 각료회의에서 바이겔 재무장관은 화폐동맹을 구축하는데 있어서 첫째, 경제개혁 후 화폐동맹 도입, 둘째, 연방은행 보증 하에 동·서독마르크 간의 환율 고정, 셋째, 서독마르크를 동독의 결제수단으로 즉각 도입 등 세 가지 방법이 고려될 수 있다고 보고했다. 푀를 연방은행장은 이 세 가지 방안에 별 다른 차이가 없다고 판단하였다. 왜냐하면 동독은 붕괴 과정에 있으며 지불불능 위기에 직면해 있으므로 서독 정부가 결정과 책임을 떠맡을 수밖에 없다는 것이었다. 동독의 상황이 급격히 악화되고 주민들이 서독마르크를 원하고 있어서 이제는 단계적 통합이 불가능하고 화폐·경제 통합이 유일한 현실적 대안이라는 것이었다. 이날 각료회의에서는 콜 수상이 제안한 화폐·경제 통합 제안을 의결했다. 콜 수상은 이주 물결, 동독 주민들의 신속한 통일 욕구, 통일에 더 없이 좋은 국제적 여건 등을 고려하여 정치적 결단을 내렸던 것이다.[55]

2월 14일 콜·모드로 정상회담에서 화폐통합과 경제통합 형성을 위한 협상을 개최하기로 합의했다. 콜 수상은 급증하는 동독 이주민 때문에라도 극적인 조치를 취하지 않으면 안 된다고 하면서 늦어도 다음 주에는 화폐통합과 경제통합에 관한 전문가회담이 시작되어야 한다고 제안했다. 모드로 수상은 전문가회담에 동의했다.

이로써 독일 통일은 단계적인 방법이 아니라 '충격요법big bang'에 따라 추진하기로 결정되었다. 3월 6일 기민·기사당과 자민낭 연정 원내총회에서 기본법 제23조에 따라 독일 통일을 실현하기로 최종 합의했다.

빛바랜 단계적 통합론

베를린 장벽이 붕괴한 후 서독 정치가들은 동독의 경제를 서독 경제에 편입시키는 방법을 찾는 데 몰두하였다. 연방 경제성과 경제자문위원회경제 5현 등은 유럽 통합 과정에서처럼 경제통합을 거친 후에 화폐통합을 추진하는 단계적 통합론을 제안했다. 우선 동독에서 시장경제체제로 경제개혁이 실시되고, 동독마르크가 완전 태환이 가능해졌을 때, 화폐를 통합해야 한다는 것이었다. 독일 연방은행을 포함한 대부분의 경제학자들은 동·서독 화폐 간에 변동환율제를 적용하는 단계적 통합을 선호했다. 이 방안은 경제적 합리성이 있는 안으로써 환율 조정을 통한 장기간의 적응 과정을 거쳐 동독 기업의 국제경쟁력을 배양할 수 있다는 장점이 있었다.[56]

1990년 2월 하우스만 경제성장관은 동·서독 간의 화폐·경제 통합을 유럽공동체 단일시장이 시작되는 1993년 1월 1일까지 완결하는 3단계 화폐통합 모델을 제시했다. 1단계에서는 서독에서 받는 저리 신용대출과 경제안정 대책용 장기융자 등의 방법을 통해 동독경제의 개혁과 동독마르크의 제한적 태환화를 추진하고, 2단계에서는 전 제품에 대한 가격자율화 및 동독마르크의 완전 태환화를 추진하며, 3단계에서는 공동통화로서 서독마르크를 동독에 도입한다는 것이었다.

연방은행 내의 '경제자문위원회Sachverständigenrat'는 콜 수상 앞으로 보낸 1990년 2월 9일자 공개 서한에서 충격요법에 의한 신속한 화폐통합을 반대했다. 대신 우선 동독의 통화 과잉 공급의 흡수, 가격구조 개혁가격 자율화, 시장경제 조건에 맞는 금융제도 구축 등 개혁 방안들을 단계적으로 추진하여, 빠른 시일 내에 동독마르크의 완전 태환이 가능해진 후에 화폐통합을 실시할 것을 건의했다. 만약 화폐통합을 먼저 실시할 경우에 동·서독 간의 소득 격차가 극명하게 드러나게 되면, 동독 주민들은 생산성 증가율 이상으로 명목임금 인상을 요구할 것으로 전망했다. 임금 인상 때문에 동독의 산업 입지가 약화되고 서방의 투자도 위축될 것이며, 소득격차를 해소하기 위해서는 연방정부의 재정부담도 증가해 세금 인상이 불가피해지고, 재정 이전마저 투자성이 아닌 소비성 용도에 지출되어 동독경제에 악영향을 초래한다는 이유를 제시했다.

또한 동독 경제체제의 근본적 개혁에 앞서 화폐통합을 우선 추진하는 정책은 자율적인 경제기반 구축을 어렵게 할 뿐만 아니라 자금만 낭비하고, 결국 이주 물결을 장기적으로 억제해 나갈 수 없을 것이라고 주장했다. 따라서 실물경제 분야에서 조속한 개혁을 실시하여, 머지않아 동독인들의 생활수준이 향상될 것이라는 신뢰를 쌓아감으로써 이주 물결을 막을 수 있다는 논리였다.

브란덴부르크 비망록

단계적 통합론자들은 시장경제체제로의 개혁을 통해 서독과의 생산성 격차를 해소해 나가는 한편, 환율이라는 완충 장치를 통해 기업들이 국제경쟁시장에서 단련을 겪게 한 후에 동독 지역에 서독마르크를 도입해야 한다고 주장했다.

그러나 경제이론적 측면에서는 단계적 통합 모델이 합리적일 수 있을지는 몰라도 실제로 이를 채택할 경우 다음과 같은 몇 가지 심각한 문제점이 발생할 소지가 있었다. 우선, 국경이 개방된 상태에서 동독마르크의 태환성을 보장하기 위해서는 안정된 환율이 보장되어야 하나, 동독 주민들이 동독 체제와 통화를 거부하고 있는 상황에서 이를 인위적으로 보장하는 비용이 막대할 것이라는 점이다. 동독이 필수불가결한 변혁을 정치적으로 관철시키지 못해 개혁이 지연되고, 그 결과 서독의 대동독 재정원조가 장기화되고 통일마저 지연될 우려도 제기되었다. 더 중요한 것은 서독에서의 임금이 동독에서 일할 경우에 비해 몇 배 이상 높기 때문에 우수 인력이 서독으로 대거 이주할 것이라는 점이다.[57] 이렇게 될 경우, 서독과 동독은 심각한 경제적, 사회적 혼란에 빠져들 것으로 전망되었다.

정치적으로 결정된 동시 통합

서독 정부는 동독 주민의 계속적인 서독 이주로 사회적 불안이 가중되자 경제적인 문제점이 예상됨에도 불구하고 화폐·경제의 동시 통합을 정치적으로 결정했다. 점진적, 단계적 통합을 채택하기에는 정치적으로 충분한 시간적 여유가 없었기 때문이다. "서독마르크가 우리에게 오지 않으면 우리가 거기로 마르크에게로 간다"는 구호 하에 동독 주민들은 계속 서독으로 이주하고 있었다. 서독마르크의 신속한 도입만이 동독 주민들에게 새로운 신뢰와 희망을 심어주어 동독 경제의 완전한 붕괴와 동독 주민의 이주 증가를 막을 수 있는 대안으로 판단되었다.[58] 왜냐하면 화폐통합으로 동독 주민들의 예금 가치가 올라가고 소득에 따른 구매력 역시 높아질 것이기 때문이다. 신속한 화폐통합에 대한 동독 주민들의 호응은 대단했다. 1990년 4월 동독 주민의 90%가 이를 찬성했으며, 심지어 공산당의 후신인 민사당PDS 당원들도 67%가 서독마르크 도입을 좋다고 할 정도였다.[59]

동시적 통합은 서독 자본의 동독 유입을 촉진할 것으로 기대되었다. 동독마르크가 계속 통용된다면, 은행 등 잠재적 자본 공급자는 환율 리스크 등 위험부담을 안게 되는 반면에 동독은 어려운 외채 부담을 안게 될 것이나, 서독마르크화를 도입하게 되면 서독 기업들에게 자본이전 및 환율상의 위험부담을 해소시켜 동독 투자를 촉진할 것으로 보았기 때문이다.

동시적 통합 지지자들은 동시적 통합이 정치적 통합을 가속화해 통일이라는 역사적 과업 성취에 기여할 것으로 보았다. 실제로 화폐통합은 그때부터 통일 과정의 방향과 속도에 지대한 영향을 미쳤다. 조속한 화폐·경제 통합을 선거공약으로 내세운 '독일동맹'이 동독 자유 총선거에서 압승함으로써 동·서독 통일은 더욱 속도를 낼 수 있게 되었다. 사실 콜 수상은 '독일동맹'을 결성한 지 이틀 만에 조속한 화폐·경제 통합을 제안하고, 동독 총선 4일 전인 3월 14일 각료회의를 통해 소액 예금자에 대한 1:1 교환을 의결함으로써 '독일동맹'의 승리에 결정적 영향을 미쳤다고 볼 수 있다.

동독 주민들은 1990년 3월 총선거 이전부터 동독에 대해 이미 '정체성'을 잃고 심리적으로 이미 통일된 독일을 선호하고 있었다. 동독 주민에 대한 여론조사 결과, 응답자의 60.8%가 스스로를 '독일인'이라 생각한 반면, 37.4%만이 '동독인'이라 생각한 것으로 나타났다. 서독의 정당과 제휴한 정당, 특히 '독일동맹'의 지지자들의 78.2%가 '독일인'이라 생각했다. 또한 서독의 '민주주의'에 대해 응답자의 51.4%가 매우 존경한다고 응답했다.

한편, 야당인 사민당은 자체 내에서 상반된 견해를 보였다.

사민당 재정정책 대변인 마테우스-마이어와 볼프강 로스 의원은 연방정부의 주장과 같이 동독경제의 위기와 서독으로의 대량 이주 사태를 이유로 신속한 화폐통합을 제안했다. 반면, 사민당 수상 후보자 라퐁텐은 화폐통합이 초래할 동독의 경제적 문제점들을 우려하면서, 우선 사회보험제도, 임금협약체계, 재무행정제도부터 완비한 후에 동독마르크를 태환 가능한 통화로 만들어, 대외경제적으로 적응할 수 있는 수단으로 사용해야 한다는 단계적 통합을 주장했다.

콜 수상은 연방경제성과 경제자문위원회가 제시한 '선 경제개혁, 후 화폐통합'이라는 단계적 통합방안을 거부하고 화폐·경제 동시통합이라는 '정치적 결정'을 내렸다.[60] 동시 통합을 비판하는 사람들은 동독 주민들이 동독 체제를 거부하고 있는 상황에서 이러한 정치적 결정의 불가피성을 이해하지만, 콜 정부가 서독마르크의 즉각적인 도입에 따른 파급효과에 대해 충분한 예측과 준비가 돼 있지 않다는 데에 비판의 초점을 맞추고 있었다.

이상과 같은 '단계적 통합론'과 '동시적 통합론'의 비교는 경제적·정치적·분배적 측면에서 〈표 3-1〉과 같이 요약될 수 있다.

〈표 3-1〉 단계적·동시적 통합모델의 파급효과 비교

	단계적 통합	동시적 통합
경제적 측면	• 구조적응 과정에서 경제에 대한 충격 완화 • 가격·품질 면에서 열세인 동독 산업의 구조조정에 유리 • 환율을 통한 국내산업 보호로 국제경쟁력 약화 방지 • 대량실업 사태 방지 • 경제개혁 과정의 지연 • 서독으로 우수인력 유출	• 가격자유화 등 개혁의 즉각적 실시 • 준비·조정 과정 없이 국제 경쟁시장에 돌입 • 동독경제의 전반적 붕괴 위험 • COMECON 판매시장 상실 • 대량실업 발생 우려 • 기업의 대량도산 우려
정치적 측면	• 동독 스스로 문제 해결 • 동독의 경제정책상의 주권 유지 • 서독으로부터의 장기간에 걸친 지원 필요 • 완만한 정치적 통합	• 강력한 급진적 파급 효과 • 동독의 통화 및 경제정책 운용상의 자율권 포기 • 독자적인 정책수립 포기 • 서독의 즉각적인 대규모 지원 필요
분배적 측면	• 점진적인 소득 향상 • 초반 임금수준은 낮으나 긍정적 경제발전 시 급속한 소득 향상 • 연대적 고통 분담: 저소득층을 위한 고소득층의 상대적 손실	• 임금·연금·예금 등의 실질 가치 인상에 따른 즉각적인 소득 상승 • 저렴한 가격으로 서구 제품 구입 용이 • 빈민층·실업자층의 소득 저하, 고소득층의 소득 향상

출처: 주독대사관, 『동서독 화폐통합』, 1993, p. 6.

화폐·경제·사회 동시 통합에 합의하다

서독 정부는 동독이 서독 연방에 가입하는 방식으로 정치 통합을 달성하는 것을 전제로 화폐통합을 추진했다. 1989~

90년 급속히 악화되는 동독의 경제 사정과 이주자들의 급증 사태에 대응하기 위해 서독 정부는 1990년 2월 13일 화폐·경제·사회 통합을 제안했다. 서독 정부가 통일을 추진하기 위해 적용한 원칙을 정리하면 다음과 같다.[61] 첫째, 자유선거를 통한 동독 주민의 자율적 결정을 존중하여 총선거를 통해 탄생한 민주합법 정부와 통일 협상을 추진한다. 둘째, 신속한 화폐통합을 통해 동독 주민의 기대와 요구를 충족하고, 동독 경제의 완전한 붕괴를 방지한다. 셋째, 서독 제도의 동독 이전을 통한 통합을 추진한다. 집권 여당인 기민당은 국가 통합을 이루기 위해서는 동독의 경제와 사회가 서독 모델과 다른 방식으로 발전되어서는 안 된다고 판단했다. 따라서 '원탁회의' 참여 단체와 지식인들이 주장하는 '제3의 길'은 배제하기로 했다. 대다수 동독 주민들도 구동독의 잔재가 남아 있는 '제3의 길'과 같은 '미지의 실험'을 원치 않고, 서독식 모델을 선호했다.

1989년 12월말부터 서독 연방 재무성은 '선 경제개혁, 후 화폐통합' 방안을 검토하기 시작했다. 그 결과 1990년 1월 15일 동·서독 화폐통합을 마지막 단계로 하는 소위 "동·시독 화폐통합을 위한 10단계 프로그램"을 마련했다.[62] 그러나 이러한 단계적 개혁 방안의 정치적, 경제적 실현가능성에 대해서는 부정적 분석이 나왔다. 각 단계의 개혁이 서로 필요조건으로 연관되어 있어서 순차적 개혁으로는 시장경제가 제 기능을

자유 총선거 투표(1990년 3월 18일)

동·서독 화폐통합 조약 서명(본, 1990년 5월 18일)

발휘할 수 없다는 비판이 제기되었다. 화폐통합과 시장경제를 위한 법적·제도적 장치 마련이 동시에 이루어져야 한다는 것이었다. 단계적 개혁의 핵심인, 안정된 환율의 보장은 포괄적인 시장경제적 조건이 갖추어져야 가능하고, 단계적 개혁은 동독 지도부와 행정기관이 동독 주민의 신뢰를 바탕으로 제 기능을 원활하게 수행할 수 있어야 실현 가능하기 때문이다. 신속한 생활수준 향상을 보장해줌으로써 동독 주민들이 고향에 머물도록 신뢰를 줄 수 있는 가장 현실적이고 확실한 신호는 화폐통합이었다. 그러므로 화폐통합을 빨리 달성할수록 동독의 안정과 독일 통일 과정에는 그만큼 유리한 것으로 판단되었다.

따라서 서독 정부는 서독마르크 도입 및 서독 수준으로의 신속한 생활수준 향상에 대한 동독 주민의 요구에 부응할 수 있는 정치적 대안으로 화폐통합과 경제통합, 사회통합을 동시에 단행하기로 결정했던 것이다.

1990년 3월 동독 최초의 자유 총선거에서 서독마르크의 신속한 도입과 조기 통일을 공약으로 내세웠던 '독일동맹'이 승리함에 따라 화폐·경제 통합은 대내외적으로 정당성을 갖고 추진할 수 있게 되었다. 총선거를 통해 구성된 인민의회는 동독 기민당수 드메지어를 수상으로 선출했다. 4월 19일 드메지어는 인민의회에서 발표한 정부 성명을 통해 "통일이 가능한 한 빨리 달성되어야 하며, 기본법 23조에 따라 조약을 통해 실현할 것"이라면서, 서독이 제안한 '화폐·경제·사회 통합'을 위한 협상을 시작하게 될 것이라고 밝혔다. 이로써 서독으로서는 분단 이후 처음으로 자유선거를 통해 선출된 정통성을 갖춘 협상 파트너를 갖게 되었다. '10단계 통일방안'에서 콜수상은 "앞으로 우리들 앞에 민주정부, 즉 자유선거로 구성되는 정부가 파트너로 등장할 경우 완전히 새로운 전망이 전개될 것이며, 새로운 형태의 협력이 단계적으로 일어날 것"이라고 제안했다. 동독의 재정지원 요구에 대해 민주화와 개혁을 전제조건으로 내세우면서 거부해 온 콜 수상은 4월 하순부터 동독의 민주정부와 화폐통합 조약 체결 협상을 진행했다.

동·서독 정부는 4월 25일부터 5월 17일까지 6차례의 전체회의와 소그룹 회의를 개최하여 화폐·경제·사회 통합에 관한 국가조약에 합의하고 5월 18일 콜과 드메지어 수상이 참석한 가운데 동·서독 재무장관이 조약에 서명했다.[63]

화폐통합에 따라 서독마르크의 통화 영역이 동독으로 확장됨으로써 서독 연방은행이 발권은행이 되었으며, 동독 정부는 사실상 통화주권을 상실했다. 화폐통합이 성공하기 위해서는 동독 경제를 위한 화폐가치의 안정과 서독의 통화 안정성이 보장되어야만 했다. 따라서 동·서독 전역에서 인플레이션 충격도 일어나지 않게 하고 동시에 동독 기업의 경쟁력을 제고하는 화폐교환 방식을 선택해야 했다. 또한 통화 안정을 위해서는 동독에 시장경제적 금융제도를 수립할 필요가 있었다.

화폐가치의 안정을 위해서는 시장경제적 조건을 갖추어야 했다. 따라서 화폐통합과 불가분의 관계에 있는 경제통합도 1990년 7월 1일 같은 시기에 효력을 발생했으며, 사회적 시장경제를 위한 절대적인 법적 기초를 형성했다.[64] 경제통합은 1990년 10월 3일자로 효력을 갖게 된 통일조약과 더불어 양 독일 지역에 단일한 경제질서가 도입되는 것을 의미했다.

계획경제체제에서 시장경제 체제로 전환하는 과정에서 필수적인 요소인 시장경제를 위한 법적·제도적 장치 마련, 가격 자율화와 경제적 구조조정을 위한 일반 원칙들을 「지도원칙에 관한 공동의정서」에 제시했다. 특히 화폐통합의 규정들이 동독의 기업에 지대한 영향을 미치게 되기 때문에 경제통합 부분에서 이들 기업이 새로운 시장조건에 맞게 급격한 구조적 조정을 용이하게 만드는 제반 조치를 취하도록 규정했다. 동독의 경우에 별도의 법적·제도적 장치를 마련할 필요가 없었다. 거의 모든 법률이 서독에서 도입되었으며, 행정 관료들도 서독에서 파견되었기 때문이다. 가격 자율화는 동독 기업의 사유화 작업이 시작되기 전에 종료되었다. 물론 사유화 담당기구인 신탁청이 모드로 정부에 의해 설립되었으나 본격적인 사유화 작업은 1990년 10월에 가서야 시작되었다. 동독에서의 가격 자율화는 화폐·경제 통합과 함께 즉각적으로 추진되었다. 이는 동·서독 간의 상품 교역이 국경이 없이 이루어졌기 때문에 단계적인 가격 자율화나 일부 산업에서 가격통제를 시행할 수 없었기 때문이었다.

사회적 시장경제에는 사회보장과 사회부조가 필수적이다. 이는 경제적인 성과와 사회 안정이 상호 조건적인 것이기 때문이다. 성공적인 경제활동은 복지와 사회 안정을 위한 물질적 전제조건이 된다. 반대로 사회의 안정은 경제적인 성공을 위해 필수적인 환경을 조성한다. 따라서 국가조약은 화폐·경제·사회 통합이 일체를 이룬다는 점과 동·서독 지역의 사회적 수준이 서독 연방 노동법과 사회법 질서의 원칙에 의해 단일해져야 한다는 점을 확인했다. 따라서 화폐통합과 경제통합에 따른 경제적 전환과정에서 발생하는 경제적 충격을 완화하기 위해서는 노동, 임금협상, 사회보장 등 사회분야 통합이 병행되어야 했다. 특히 사회적 시장경제에 상응하는 노동법 질서, 노동 성과의 정당성과 사회적 균형에 기초한 사회보장제도를 통해 사회 공동체 형성을 목표로 했다. 사회통합은 서독의 사회적 시장경제가 요구하는 노동법적 제도가 마련되고 정당한 성과와 사회적 균형을 보장하는 제도가 구축될 때 완성된다. 따라서 동독은 서독의 사회적 안전에 부합하지 않는 국내법을 폐지 또는 개정하고 새로운 법을 제정하거나 서독 법을 그대로 도입하기로 결정했다.

또한 서독의 임금협상법이 확대 적용됨으로써 임금 협상의 자율성이 보장되었다. 이것은 화폐통합과 경제통합에 따라 단일한 경제권을 확립하기 위한 필수적인 조치였을 뿐만 아니라, 노동 조건을 책임감과 형평성을 갖고 경제발전에 적응하게 하는 정책을 통해 임금 협상 당사자들이 사회계약적인 경제활동의 중요한 주체가 될 수 있게 해주는 조치였다.

화폐 교환비율의 책정[65]

화폐통합을 협상하는 과정에서 가장 고민했던 핵심 문제는 서독마르크ᴍᴀʀᴋ와 동독마르크 간의 교환율을 정하는 것이었다. 교환율은 동독 주민의 임금 수준과 보유 현금 가치에 직접적 영향을 주기 때문에 매우 중요했다. 적정 수준의 교환율을 결정하기 위해 기준으로 삼을 수 있는 것은 기존 환율이나 구매력 평가에 따른 교환율, 외환수익률에 따른 교환율이었다.

통합 이전에 여러 가지 형태로 교환되고 있던 동·서독 통화 간의 기존 환율은 화폐통합 시 교환비율 책정의 기준이 될수 없었다. 환율의 움직임을 보면 1989년 11월 암시장 교환비율인 1마르크:16동독마르크에서 1990년 1월부터 동독을 방문한 서독인에게 동독마르크의 구매를 무제한 허용할 당시 비율인 1:3에 이르기까지 불안정했다. 베를린 장벽 개방 이전 3년간1987~89년 평균 환율은 양독 여행자들이 지참한 동독마르크를 암시장에 팔 경우에는 1:8이었으며, 외환거래소에서 거래된 경우 1:6.7이었다. 1990년초 암시장에서 거래된 환율은 1:8 정도였다.[66] 이러한 불안정성의 요인은 화폐통합설에 따른 투기성 매입, 동독에서 높은 세율이 부과되는 특정소비재가전제품, 커피 등에 대한 동독 주민의 수요 증가, 동독 내 현물 및 금융 자유시장의 결여 등이었다.

한편, 동독법이 허용하지 않는 외화현금 지참, 이로 인한 위험부담, 동독의 재화 및 용역사업의 부진 등으로 인하여 동독마르크화의 외환 가치는 실제 국내 구매력에 비해 장기간 과소평가되어 왔다.

구매력 평가생활비 수준에 의한 동·서독 화폐교환율은 산정 방법에 따라 100동독마르크:88마르크에서 100동독마르크:132마르크까지 차이가 있었다. 〈표 3–2〉는 독일의 연방은행과 연구소 등이 추정한 구매력 평가에 따른 화폐교환율을 나타낸 것이다. 이는 주로 대상 품목의 종류와 구매 시점 등에 따라 달라지고, 제품의 품질 차이는 반영되지 않았다. 따라서 구매력 평가에 의한 교환율은 소득수준의 차이와 동독에서의 가격 보조금 때문에 정확한 환율을 반영하지 못했다. 실제로 제품의 질을 반영한 동·서독 화폐의 구매력은 거의 1:1 정도 인 것이 시간이 갈수록 분명해졌다.

〈표 3-2〉 동·서독 화폐 간 구매력 비교

기 관	환 율	비 고
독일경제 연구소(DIW)	100마르크=120마르크	통일 후 가격 변화, 동독 주민 구입 품목 기준
이포(Ifo) 경제연구소	100마르크= 48마르크	통일 후 가격변화, 통일 전 동독 주민 구입 품목 기준
통계청 종합	100마르크= 97마르크 100마르크=102마르크 100마르크=109마르크 100마르크=127마르크	통일 전 구입 품목, 1989년 이후 실제 가격 변화 기준 1990년 7월 1990년 12월 1991년 1월 1991년 10월
독일연방은행	100마르크=107마르크	통일 전 구입 품목 기준
연방 통계청	100마르크=132마르크 100마르크= 88마르크 100마르크=108마르크	제품의 질을 반영한 1990년 5월 기준 구매력 비교 동독 주민 구입 품목 기준 서독 주민 구입 품목 기준 기하 평균

출처: Gerlinde Sinn and Hans-Werner Sinn, *Jumpstart: The Economic Unification of Germany* (Cambridge, MA: MIT Press, 1992), p. 54.

한편, 동독마르크로 표시되는 동독 수출품의 가격을, 이것 을 서독에 판매할 경우 얻을 수 있는 서독마르크화 표시 수익으로 나눈 '외환수익률Devisenrentabilität'에 의하면 1989년 동·서독 통화간 환율은 1:4.4이나, 이것 또한 적정 교환비율로는 부적합했다. 동독 수출상품의 국내 가격은 높은 세율이 부과되어 경제적 가치와는 상관없이 조세정책에 따라 환율이 변동했기 때문이다. 또한 동독 수출의 주된 목적은 수입 재원 마련을 위한 외환 획득에 있으므로 시장 원리에 입각한 수출보다는 외환 수익이 매우 낮게 나타났기 때문이다.

1989년까지 서독 주민의 동독 방문 시 최소의무환전금액 취업자의 경우 1인당 25마르크, 퇴직자의 경우 15마르크에 공식적으로 적용하던 동·서독 통화 간 1:1 비율은 동독 정부에 의해 일방적으로 결정된 환율로 교환비율 책정과 관련된 경제적 의미는 전혀 없었다.

적정한 교환율의 결정은 동독 경제의 실태, 특히 생산성, 국제경쟁력 및 소득 상황에 대한 정확한 정보를 전제로 해야 했다. 왜냐하면 교환비율은 동독 경제력의 규모를 결정짓는 개시대차대조표 작성에도 적용되며, 동시에 새 출발에 지대한 영향을 미치게 되기 때문이다. 푀엘 연방은행장은 1990년 2월말, 교환비율 문제는 자세한 자료가 갖춰져 있어야 결정할 수 있는데, 서독은 동독의 부채와 자산 실태에 대해 자세히 모르고 있다고 했다.

화폐통합 실시 전까지 동독에는 실물경제 여건과 금융관

계에 관한 자료가 전무하거나, 있어도 매우 빈약한 상태였다. 중앙 통제에 의한 계획경제였기 때문에 가격 및 원가구조가 항상 왜곡·조작되었다. 동독 경제 전체 및 산업 각 분야별 노동생산성과 주민들의 소비유형에 대한 자료가 부족했으며, 동독기업의 자산·부채비율 등 재무관련 자료도 거의 전무한 상태였다. 서독 대비 동독 국민경제의 생산성은 어떤 수치를 기준으로 하느냐에 따라 30%에서부터 80%까지 큰 격차를 보였다. 국제경쟁력의 경우 대서방 수출품에 대해서는 외화 획득을 위해 국가의 보조 하에 저렴한 가격으로 수출되었기 때문에 정확한 평가가 어려웠다. 프리드만 연방은행 대외경제국장에 따르면 교역상의 동·서독마르크 간 환율은 1:1이었으나 동독은 1동독마르크의 수출 가격당 3.40마르크의 보조금을 지급했기 때문에 실제 환율은 1:4.4였다.[67]

적정 교환율 결정을 위한 고려사항

동·서독 간 기존 환율을 적용할 수도 없고, 기준으로 삼을 만한 객관적 자료도 없었던 상황에서 적정한 교환율을 어떻게 결정해야 했을까? 화폐통합 조약을 협상하는 과정에서 고민했던 첫번째 과제는 화폐통합에 따른 인플레 위험을 최소화하는 것이었다. 동시에 동독 기업체들의 경쟁력 약화를 방지하는 한편, 동독 주민들이 수용할 수 있는 임금 수준을 보장하는 교환율을 책정해야 했다. 또한 서독 정부로서는 교환율에 따른 국고부담금을 가능한 한 줄여야 할 입장이었다.

첫째, 역사적으로 물가 안정을 중요시해 온 서독은 교환 비율이 물가에 미칠 영향을 우선적으로 고려하지 않을 수 없었다. 특히 관대한 교환비율의 결정으로 동독 주민들의 자본수익이 커질 경우, 수요가 증가하여 물가 인상을 부추길 가능성이 높았기 때문이었다. 또한 동·서독 간 무역규제 철폐와 특정 소비재에 대한 과세와 보조금 철폐로 동독의 물가구조와 수준이 서독에 근접해 갈 것으로 예상되었다. 40여년 동안의 강제적 소비 억제에 대한 반작용으로 동독 주민의 소비가 급격히 상승할 것이라는 예상은 차치하고, 동독 가계가 소비 바구니를 종전 수준 그대로 유지한다고 가정해도 15% 정도의 즉각적 가격상승 효과가 나타날 것으로 예상되었다.

화폐교환이 물가 상승률에 미치는 압력의 정도는 화폐통합 후 동독의 실제통화량이 동독에서 서독 수준의 물가 안정을 달성하는 데 요구되는 동독의 적정화폐량을 초과하는 정도에 달려 있었다. 독일연방은행은 동독 지역의 적정화폐량을 산출해 보았다. 이를 위해 화폐통합 후 동독 지역의 화폐유통 속도는 서독의 경우와 동일하다고 가정하고, 동독의 노동생산성서독 수준의 30~50%을 기준으로 추정한 동독의 명목 GNP는 서독의 10~13% 수준으로 잡았다. 동독 GNP를 서독의 10%로 할 경우, 구동독의 적정화폐량은 서독의 기초화폐량1만 2,555억 마르크의 10%인 1,256억 마르크로 산정되었다.

이러한 가정 하에서 서독경제에 인플레이션을 야기하지 않는 적정교환비율은 서독의 중심통화지표인 M3현금통화+요구불예금+불특정 저축예금+단기성 정기예금+4년 미만 은행차입금를 기준으로 할 경우, 1마르크=1.5~2.0M동독마르크로 계산되었다. 화폐통합 시 실제 평균교환비율은 1마르크=1.7~1.8M로 나타났다. 화폐교환의 실시로 인한 통화량M3 증가는 동독 주민들이 기존예금을 채권, 주식, 장기적금 등 이자율이 높은 투자로 전환할 가능성을 감안할 때, 약 10%로 예상되었다. 이는 마르크 적용 영역의 확대로 인한 재화와 용역의 공급확대 예상률보다 높은 수준이 아니었다.

둘째, 서독 정부는 화폐교환비율이 동독기업의 경쟁력, 동독 지역의 실업률 및 경제성장에 미치는 영향에 지대한 관심을 가졌다. 동독기업들은 우선 그들의 제품 가격을 종래 마르크에서 서독마르크로 조정해야 하는 만큼 가격경쟁력에 불리한 영향을 받게 되었다. 동독의 기업들이 중앙집권적 계획경제의 틀에서 벗어나 국제시장에 개방될 경우, 경쟁력을 가질 수 있느냐 여부에 따라 실업률과 경제성장이 좌우될 것으로 보았다. 한편, 서독 주민들은 동독 주민들에 대한 실업수당 등 재정지원에 따르는 부담 증가를 우려했다.

경쟁력과 관련하여, 기업부채와 임금에 대한 교환율이 기업의 재무구조와 자본비용에 미치는 영향이 결정적으로 중요했다. 자본 '스톡stock'의 교환비율은 기업의 부채부담과 이자 지급액을 결정하기 때문에 동독 기업의 자본비용과 사유화에 지대한 영향을 미치게 된다. 특히 경제구조 전환과정의 핵심인 기업 사유화를 성공적으로 추진하기 위해서는 해당 기업의 순자산가치가 플러스로 되어야 하며, 국가 소유로 남는 기업체도 추후 정부 보조가 없더라도 살아남을 수 있기 위해서는 교환 후의 자산비율이 높아야 했다. 자본 스톡 교환율에 대해, 1990년 4월 독일 5대 경제연구소[68]는 구동독 기업 부채의 100% 탕감을 권유했으나, 연방은행은 1:1 교환을 제시했다. 왜냐하면 기업들이 자산보다 부채가 많은 재무구조를 가지는 것은 선진국에서도 흔히 있는 일이며, 부채 탕감은 정부에게 막대한 재정 부담을 가져오기 때문이었다. 부채에 대해 1:2 교환율을 적용할 경우 기업부채가 감소하여 동독기업의 평균 자기자본 비율이 20~37%로 되기 때문에 일부 기업의 사유화가 가능할 것으로 보았다. 그러나 동독기업의 순채무당시 약 2,000억 동독마르크로 추산는 화폐통합 후에 2:1 교환비율의 경우 1,000억 마르크로 축소되지만, 과거에는 거의 무시되었던 이자 부담이 서독 수준의

금리 적용으로 더욱 가중되어 경쟁력을 약화시킬 것으로 전망되었다.[69]

한편, 임금교환비율의 책정은 교환율에 따라 동독기업들의 경쟁력뿐만 아니라 동독 주민들의 이주 여부에도 결정적인 영향을 미치므로 신중하게 결정되어야 했다. 동독 기업의 경쟁력을 우선적으로 결정하는 것은 임금수준, 임금인상 추이, 이자 부담 등이었다. 임금 분야의 적정교환율은 동독 지역 투자를 유도하고 산업이 경쟁력을 가질 수 있도록 임금수준이 생산성에 상응하도록 결정해야 하기 때문에 너무 높지 않아야 했다. 그렇지만 그것은 동독 노동자들의 서독 이주를 막을 수 있을 만큼 충분히 높아야 했다.

그런데 교환율은 화폐통합 시의 기존 임금협약에 따라 지불되는 임금뿐만 아니라 통합 이후의 임금에도 계속 영향을 미치게 되어 있다. 만약 하향 경직성을 갖는 임금에 대한 교환비율이 노동생산성에 비해 높게 책정될 경우, 기업의 임금비용을 높이고 경쟁력을 약화시키며 그 결과 대량실업을 초래하는 등 부정적 영향을 미치기 때문에, 경제적 측면에서는 동독의 평균생산성 이하로 임금수준을 통제해 주는 교환비율이 바람직했다. 낮은 임금수준에서 시작함으로써 동독 지역 노사 간 임금협상이 더 원활해지고, 그간 생산성의 차이를 고려하지 않은 거의 획일적 임금체계였던 동독 임금구조에 부문별

생산성 차이를 감안한 차별적 임금조정이 가능해질 수 있기 때문이었다.

화폐통합 이전 동독 근로자의 월평균 임금은 약 1,250마르크로 서독의 3,192마르크와 비교할 때, 교환비율이 1:1일 경우, 사용자측의 사회보장 기여금 부담을 포함한 월평균 임금비용은 서독의 37%에 달했다. 따라서 동독노동자의 생산성이 서독의 30~50% 수준이므로 1:1 교환 비율에 의거한 동독 노동자의 임금이 생산성에 비해 높지 않은 수준으로 판단되었다. 단, 이러한 가정은 통합 후의 임금협상에 따른 임금인상을 고려하지 않을 경우에 타당한 것이므로, 통합후의 임금협상 결과에 따라 동독 지역 기업의 경쟁력과 실업 및 투자 등이 크게 영향을 받게 되었다.

만약 화폐교환비율을 1서독마르크 : 2동독마르크또는 1:3로 책정할 경우 소비 유형이 동일하다고 가정한다면, 동독 노동자의 실질소득은 통합 이전에 비해 약 57%1:3의 경우 70%가 감소하는 결과를 초래하게 된다. 이와 같이 동독마르크의 교환비율이 낮게 책정되어 동·서독 간 임금격차가 클 경우, 동독인의 서독 이주를 촉진시켜 서독의 노동시장과 주택시장에 대혼란이 야기되는 한편, 동독 경제 재건을 위해 필요한 숙련된 인적 자원을 고갈시킬 수 있다는 부정적 측면도 간과할 수 없었다. 특히 폴란드 같은 다른 동구 국가와 달리 동독 주민들은 서독으로 이주·취업·정착하는 데 아무런 법적 장애가 없었기 때문에 노동력 유출에 대한 우려는 더욱 클 수밖에 없었다. 그러나 교환비율이 너무 높게 책정되어도 동독기업의 경쟁력을 약화시켜 실업자가 늘어나고, 그 결과 서독 이주가 다시 늘어날 가능성도 배제할 수 없었다.

셋째, 동독으로 부富의 이전 및 서독의 재정부담을 고려해야 했다. 동·서독 주민 간 또는 기업 간에는 재정상 상호 연계 관계가 없었기 때문에 부의 이전 효과가 없었다. 금융기관의 자산과 부채 간 불균형적 교환비율채권·채무 1:2, 일정 한도 은행예치금 1:1 에 따른 차액을 서독 정부가 부담할 경우 이 '차액보전기금'만큼 부의 이전 효과가 발생하게 된다. 불균형적 교환비율로 인한 차액보전을 위해 동독 정부동독 금융기관들이 차액보전청구권을 담보로 연방은행으로부터 리파이넌스를 제공받으므로 사실상 서독 정부는 약 500~1,100억 마르크의 추가 재정부담을 안게 되었다. 연방은행이 작성한 1990년 5월말 현재 가상대차대조표상의 차액보전청구권은 264억 마르크였다. 그러나 금융기관은 자기자본 마련을 위한 추가 차액보전 청구가 가능하기 때문에 전체 청구액수는 이보다 더 늘어난 500~1,000억 마르크로 추정되었다.[70] 실제로는 최종적으로 750억 마르크가 지급되었다.

기업부채에 대해서도 예금 및 현금과 같이 1:1 교환비율을 적용할 경우, 정부는 760억 마르크의 추가 재정부담을 지게 되는 것으로 추정되었다. 이 부채는 주로 서독의 납세자들이 부담하므로 1인당 약 1,230마르크를 동독으로 이전하는 효과가 발생하여 서독 주민들이 수용하기 어려운 부담이었다.

교환율에 대한 연방은행의 입장

1990년 3월 동·서독이 동의할 수 있는 화폐교환법 초안을 제시해 달라는 서독 정부의 요청에 대해 '연방은행 자문위원회 Zentral-bankrat'는 임금 및 연금에 대한 2:1의 교환을 권유했다. 화폐통합 실시 이전에 주요 소비재에 대한 국가의 가격보조금 철폐 등 가격구조 개혁을 단행하고, 이에 따른 가격상승을 보전해 주기 위한 임금 인상을 실시한 이후에 정기적인 소득을 2:1 비율로 교환하자는 것이었다. 이 경우, 임금인상 이전의 동독마르크 임금과 서독마르크 임금간의 실제교환 비율은 1.2:1 정도가 되며, 임금비용은 사용자측의 사회보장기여금 분담을 포함하여 서독 수준의 약 1/3 정도가 된다. 이로써 임금비용과 노동생산성 간의 균형을 이룰 수 있다는 것이었다.

현금 및 예금에 대해서도 2:1 교환비율을 적용하되, 특수한 사회적 상황을 고려하여, 주민 1인당 최고 2,000동독마르크까지4인 가족의 경우 최고 8,000마르크까지는 1:1 비율로 교환해 줄 것을 제안했다. 예금에 대한 2:1 교환으로도 동독 예금자들이 고급품을 종전보다 저렴한 가격으로 구입할 수 있으므로 예금의 실제가치가 높아지는 셈이었다.

기업부채에 대해 1:1 교환비율이 책정될 경우 동독 정부는 주택사업 관련 부채와 국가 부채를 마르크로 상환해야 하며, 정부 부채가 이미 위험수위에 달했기 때문에 이는 감당하기 어려운 부담이었다. 더구나 동독 금융기관의 자산항목에 대해 2:1, 부채항목주로 예치금에 대해 1:1 비율을 적용한다면, 국가에 대한 동독 금융기관의 차액 보전청구가 500~1,000억 마르크에 이르고, 부채항목에 대한 이자도 현실 금리를 적용해서 지불해야 하는 만큼 부담이 더욱 가중된다고 보았다.

'연방은행 자문위원회'는 마르크가 동독에 도입됨으로 해서 동독 경제의 경쟁력이 약화되어서는 안 된다는 점을 특히 강조했다. 왜냐하면 마르크의 도입으로 동독은 완전 태환이 가능한 통화를 구비하게 되어 동독 경제가 모든 산업 국가들과 경쟁해 나가야 하며, 마르크의 안정을 지속적으로 유지해 나가는 문제가 연방은행의 주 관심사이기 때문이었다.

또한 임금 및 연금에 대해 교환비율이 동독 경제의 경쟁력 확보에 중요한 역할을 하는 바, 만약 임금이 1:1로 교환되고, 왜곡된 가격구조 역시 정상화될 경우, 생필품 가격인상과 이로 인한 노조측의 임금인상 요구라는 악순환이 초래될 가능성에 대해 경고했다. 자문위는 대부분 동독기업들이 노후 상태에 있어서 비생산적으로 조업 중인데, 임금비용까지 높아질 경우 산업경쟁력이 약화되어 도산에 직면하게 되고 결국 대량 실업이 불가피할 것이라고 주장했다.

1:1 교환율은 잘못된 결정인가?

독일 연방은행이 2:1 교환율을 권유했음에도, 서독 정부는 임금과 일정량의 예금에 대해 1:1 교환율을 결정했다. 화폐통합 이후 동독 경제가 급속히 붕괴된 원인을 둘러싼 논쟁에서 1:1 교환율에 의한 지나친 동독화폐의 평가절상이 지적되어 왔다.[71] 1:1 교환을 비판하는 자들은 더 적절한 화폐교환 비율의 설정을 통해 동독경제의 생산, 소비 및 해외무역을 균형화시켜 동독 경제를 과거와 같은 상태로 유지하는 가운데, 경우에 따라 점진적 구조조정을 통해 경제의 안정성을 유지할 수 있었다고 주장했다. 예를 들어, 만약 3:1로 교환비율을 정했다면, 앞서 언급한 가격과 비용이 주는 압박을 피할 수 있었을 것이고, 서구 제품의 가격이 상대적으로 비싸지기 때문에 이에 대한 소비가 감소했을 것이며, 동독제품은 동구 국가에서 가격경쟁력을 유지할 수 있었을 것이라는 논리이다.

그러나 문제는 화폐교환비율의 결정이 국민경제에서 가장 중요한 가격인 임금부문에서 동·서독 간 격차에 직접적인 영향을 미친다는 점이다. 화폐통합 이전 동독의 월임금은 서독의 1/3 수준이었는데 만일 교환율이 1:3으로 이루어졌다면, 근로소득의 격차가 1:9로 더욱 벌어지게 되었을 것이다. 이는 화폐통합으로 단일화된 노동시장에서는 임금이 낮은 동독인의 계속적인 서독 이주 또는 원거리 통근자들의 급증을 초래하여, 서독 지역에서 고용, 성장, 생산성의 측면에서 심각한 문제를 야기하였을 것이다. 또한 동독경제에도 고급인력 유출 등과 같은 악영향을 미쳐, 동·서독 양 지역에 사회적·정치적 불안정성이 초래되었을 것이다.

결국, 경제적 효율성과 소득 수준에서 현격한 차이가 나는 두 경제가 일단 통합되면, 균형과 점진적 조정에도 많은 문제가 발생하기 때문에 오히려 조정 방법 그 자체가 정치적으로 결정되고, 정책결정자는 위험 부담이 적은 대안을 택할 것이다.

만약 정책의 목표가, 통합된 두 국가 중 경제력이 약한 쪽의 기업경쟁력을 유지하는 데 있다면, 노동임금은 통합된 국가의 강한 쪽보다 훨씬 낮은 수준에서 결정되어야 하며, 그 결과 약한 쪽의 직장은 유지할 수 있을 것이다. 그러나 동독 주민의 계속적인 서독 이주로 인해 노동력, 특히 숙련 노동자의 고갈을 감수해야 할 것이다. 반대로 정책목표가 양 지역 간 소득격차를 줄이는 데 있다면, 경제력이 약한 지역의 기업들은 생산성에 비해 높은 임금 때문에 경쟁력이 낮아져서 파산 위기에 직면하게 될 것이다. 그 결과 대규모 실업이 발생하게 되며 정부는 실업수당 등 사회적 비용을 부담해야 할 것이다.

서독의 정책결정자들은 베를린 장벽 개방과 동독 경제의 붕괴를 초래한 핵심 원인이 동독 이주민의 증가로 보았기 때문에 동독 주민들에게 동독에 머물러 있도록 유인책을 제공해야 한다고 판단했다. 콜 수상은 동독 주민들의 서독 이주를 억제하는 데 정책의 우선권을 두었기 때문에 임금과 예금에 대해 기본적으로 1:1 비율로 교환하기로 결정했던 것이다. 3월 18일 자유선거를 통해 구성된 드메지어 정부도 화폐통합 협상 과정에서 저축, 임금, 연금 등에 대한 1:1 교환을 요구했다. 특히 드메지어 수상은 취임 1주일 후 기본법 제23조에 따른 통일 추진을 선언한 정부 성명에서 1:1 또는 1:2 교환율 논쟁에 대해 "우리가 합의할 수 있는 조건은 절대로 동독 주민들로 하여금 2등 국민이 된다는 감정을 갖게 해서는 안 된다는 것이다"라고 강조했다. 프리스니츠 전 내독성 차관은 1:1 교환비율은 경제 논리에 반한 정치적 동기에 의해 결정된 것이라고 말했다. "이는 1,700만 동독 주민의 생활수준을 신속하게 개선하기 위한 결정이었다."[72]

서독 정부가 어떤 교환비율을 선택했더라도 두 가지 대안

연방하원-콜 수상의 화폐통합조약 설명(1990년 6월 21일)

모두 심각한 정책적 딜레마를 내포하고 있어서, 경제 논리에 입각한 낮은 교환율과, 소득균형화와 이주 억제 등을 위한 높은 교환율 간의 선택이 정치적 결정사항으로 귀결될 수밖에 없었다.

물론, 노동 인력의 이주가 반드시 동·서독 간의 임금격차에 의해서만 결정된다고 볼 수는 없다. 즉 집세 및 생계비의 차이, 고향과 가족·친구들에 대한 애착과 타지역 이주에 대한 두려움 때문에 어느 정도의 임금격차가 있더라도 선뜻 서독으로 이주를 결정하기 어려울 것이라는 견해도 있다. 1991년 2월 미국 버클리 대학에서 실시한 여론조사에 의하면 동독 주민의 서독 이주의 가장 중요한 동기가 임금격차보다는 동독 지역에서의 일자리 부족인 것으로 나타났다. 한켈 교수는 1:1 교환율은 동독 주민들을 위한 것이고 그 이하 교환율예를 들어 3:1 등은 기업들을 위한 것이라 어느 누구도 만족할 만한 해결책을 제시할 수 없었을 것이라고 말했다.[73] 그러면서도 그는 동독 기업의 부채를 2:1로 한 것은 심각한 실수였다고 지적하면서 전액 탕감해주었으면 동독 기업의 도산을 어느 정도 막을 수 있었을 것이라고 주장한다. 재원은 국가가 은행에서 차입해서 충당하고 필요할 경우 40년 정도에 걸쳐 상환하도록 할 수도 있었을 것이라고 말했다. 다름슈타트 대학 뤼루프 교수도 동독 기업의 부채 탕감을 주장했다. 그에 따르면 동독은 국내 채무를 사실상 국영기업에 모두 전가했기 때문에 동독 기업 부채의 50% 정도는 국가 부채였다. 화폐통합 후 교환율 2:1에 따라 부채가 절반으로 줄어들긴 했지만 이자율이 서독과 같아서 이자 부담도 컸다. 뤼루프 교수는 동독 기업의 부채를 탕감해주지 않은 것은 큰 실수였다고 지적했다.[74]

결론적으로, 경제적 현실을 고려한 더 바람직한 임금교환율을 적용했더라면 동독경제가 다른 양상을 보였을 것이다. 그러나 1990년의 정치적 상황은 동독의 생활 조건을 신속히 서독 수준으로 개선하는 방향으로 정치적 결단을 내리도록 압력을 가하고 있었다. 임금·봉급 및 연금에 대해 2:1 교환비율을 적용하자는 연방은행의 제안이 사전에 누설되어 동독 주민들의 격렬한 반대에 부딪쳤다. 동독의 시위는 1:1 교환율을 요구하는 현수막 일색이었으며, 총파업을 하겠다고 위협하자 임금에 대한 교환비율은 긴급한 정치적 현안으로 대두하게 되었다. 동독 주민들은 임금이 2:1로 교환되면 그들의 임금이 형편없이 낮아진다고 생각했다. 결국은 1:1 교환비율로 인한 높은 임금에서 시작하든 그보다 낮은 비율로 시작하여 더 많은 임금인상을 해야 하든 임금상승 압력 때문에 궁극적으로는 임금수준이 같아질 것이기 때문에, 임금 교환비율에 문제가 있는 것이 아니라 노조와 지리적 특성거주 이전의 자유 등에 문제가 있었다고 볼 수 있다. 즉 대안이 있었다면 서독의 노동조합

모델을 동독에 그대로 도입하지 말았어야 하는 것이다. 서독 및 동독의 노조들은 동독의 노동생산성에 상관없이 서독과의 임금 균형을 목표로 했기 때문에 설사 2:1 교환비율이 결정되었다 하더라도 동독 주민들의 반발이 거세져 금방 임금이 인상됨으로써 결과는 1:1 교환과 마찬가지였을 수도 있다.

임금 등에 대한 1:1 교환율 적용은 서독 수준으로 소득이 향상되는 데 대한 동독 주민들의 강한 열망을 반영한 정치적 결정이었다. 40여년 동안 실업이라는 개념을 모르고 살아온 동독 주민들은, 높은 임금이 기업의 경쟁력을 약화시키고 파산을 초래해 결국 대량 실업이 발생한다는 사실을 잘 이해하지 못했다. 또한 동독 주민들은 집세와 수도 요금과 같은 공공 요금이 서독에 비해 현저히 낮은 덕분에 동독 내에서 서독마르크의 구매력이 서독에서보다 현저히 높다는 것을 간과했던 것이다.

벤트만 내무성 국장은 1:1 교환율을 통한 화폐통합은 동독 기업에 부담을 가중시키는 등 동독 경제의 붕괴를 가속화했지만 "정치적 측면에서 올바른 선택"이었다면서, 통일을 위해서는 다른 대안이 없었다고 주장한다.

화폐·경제·사회 통합조약의 체결

동독과 서독은 1990년 5월 18일 '동독과 서독 간 화폐·경제·사회 통합 창설에 관한 조약국가조약'을 체결했다. 이 조약은 1990년 7월 1일부터 효력을 발생했다. 이에 앞서 4월 3일 서독 정부는 임금 및 예금 일부에 대한 1:1 교환을 주요 내용으로 하는 화폐교환 비율을 확정했다.

국가조약은 6장으로 구성되었는데, 기본 원칙으로 서독이 자랑하는 '사회적 시장경제제도'를 공동의 경제 질서로 규정했다. 화폐통합에 관한 규정을 통해 통화지역을 단일화하여 서독마르크화마르크를 공통화폐로 사용하도록 하였으며, 서독의 연방은행이 화폐발행은행이 되었다. 따라서 동독은 통화주권을 상실하게 되었다. 경제통합에 관한 규정에서는 사유재산권의 보장, 경쟁적인 생산 질서의 보호, 자유로운 가격형성의 보호, 노동·자본·재화 및 서비스의 완전한 이동의 자유 등 사회적 시장경제제도의 기본적 여건을 확정했다. 사회통합에 관한 규정에서는 양독 간 노동자의 권익과 사회보장 차이를 해소하기 위한 노동법 및 사회보험 원칙을 확정했다. 또한 국가 예산 및 재정에 관한 규정에서는 동독 재정정책, 국가 지출, 조세 및 재정할당에 관한 원칙을 규정했다. 부속 문서인 '기본방침에 관한 공동의정서'에서 동독은 서독의 법적·제도적 기본 조건을 인수한다고 규정했다.

그 밖에 9개 항목에 걸친 부록이 있는데, 7개 항목에는 1990년 7월 1일부터 화폐·경제·사회통합을 실현하기 위한 예비조건으로서 동독에서 고려해야 할 법적 개정이 규정되어 있다.

화폐통합은 동독의 통화 고권을 서독연방은행으로 귀속시켜 일원화한다는 의미를 넘어 통일의 실질적 달성을 상징했다. 동독 경제를 위한 화폐가치의 안정과 동독기업의 경쟁력 제고라는 대전제 하에 서독마르크를 공동통화로 하는 단일 경제지역이 형성되었다.

국가조약에서 합의된 대로 1990년 7월 1일부터 서독마르크가 동독 지역에 법정 통화로 도입되었다. 화폐교환율은 정치적·사회적으로 수용 가능하고, 동독 기업의 경쟁력 유지를 위해 일률적으로 동일한 교환율이 아니라 대상별로 상이한 교환율을 적용하기로 결정했다. 동독 주민의 임금, 봉급, 보조금, 연금, 집세, 임대료 및 기타 정기적 지급은 1:1 비율로 교환키로 했다. 장기간에 걸쳐 논쟁의 대상이 된 이 교환율은 경제적 측면에서는 동독의 임금 수준과 노동생산성을 일치시킴으로써 나온 결과였다. 즉 서독 대비 임금 수준은 취업자당 1/3, 생산 능력은 취업자당 40~50%로 산정되었다. 동독마르크로 된 채권, 채무의 교환율은 원칙적으로 2:1로 책정했다. 다만 동독 주민의 저축을 보호해야 한다는 사회정책 상의 이

유로 동독거주자의 개인예금은 절충안을 택하여, 연령에 따라 2,000마르크$_{0~14세}$, 4,000마르크$_{15~59세}$ 및 6,000마르크$_{60세 \ 이상}$까지는 1:1로 교환하고, 이 금액을 초과하는 저축액은 2:1로 교환키로 했다. 동독 외 지역 거주자의 경우 1989년 12월 31일 이전 예금은 2:1, 이후 예금은 3:1로 교환키로 했다. 화폐 교환은 동독 내의 은행계좌를 통해서만 이루어지도록 했다. 연방은행 쾨니히 국장에 따르면, 통화 교환 당시 동독 주민과 기업이 가진 국립은행$_{Staatsbank}$의 계좌 수는 약 2,500만 개였으며, 우체국에 개설한 계좌를 통해서도 교환을 해주었다.[75]

독일 연방은행의 통화정책 권한이 동독 지역까지 확대되었다. 따라서 통화정책의 모든 권한은 연방은행에 귀속되었으며, 통화정책과 관련한 중요한 의사 결정은 독일연방은행 이사회가 수행하게 되었다. 동독 재무장관은 연방은행 이사회에 출석·발언할 수 있으나 의결권은 없었다. 따라서 통화정책 결정에 아무런 영향력도 책임도 없게 되었다. 동독 정부의 재정정책을 통하여 통화정책에 손상이 가는 것을 방지하기 위해 재정정책의 수립과 집행을 제한했던 것이다. 동독 정부는 통화 공급에 영향을 미칠 수 있는 정책을 결정할 경우 연방은행과 사전에 협의해야 하며, 중요한 조치를 취할 때에는 각료회의에 연방은행 총재를 초빙할 것을 의무화하였다. 동독 국가부채 규모를 증가시킬 경우에도 연방 정부의 동의를 필요로

하였다. 따라서 재정의 자율성이 동독 정부에서 서독 재무성에 귀속되었던 것이다.

동독 국립은행의 모든 권한은 연방은행에 이관되었으며, 이는 동독 국립은행의 사실상 해체를 의미했다. 연방은행은 동독 정부·행정기관 및 금융기관을 상대로 거래업무를 수행하기 위해 동베를린에 연방은행이사회 직속 임시관리국과 동독 지역에 15개소 이내의 지점을 설치했다. 이를 위해 필요한 토지·건물은 동독 정부가 제공하며 외국공관에 준하는 지위치외법권 등를 보장키로 했다. 동독측은 연방은행의 통화정책 추진을 효과적으로 뒷받침하기 위하여 경쟁적 상업은행제도를 도입하고 자유로운 금융·자본시장을 형성하기로 했다.

경제통합을 통해서 동·서독은 사유재산제, 자유경쟁, 자유로운 가격 등 시장경제원리에 입각하여 인력·자본·재화·서비스의 완전 자유 이동이 보장되는 공동의 경제지역을 구축하게 되었다. 경제통합의 중요한 내용은 우선 자유시장가격의 원칙이 포함된 것이다. 이에 따라 과거 주민들의 기본적 수요를 위해 동독 정부가 지원한 가격보조금 제도가 폐지되었다. 또한 국가에 의한 부과금이 서독의 조세제도에 의해 대체된 것이 특별한 의미를 갖는다. 이로써 국가에 의한 경제 간섭과 고액의 생산비 부담이 종료되고 주로 가치 창출과 소득을 기준으로 하는 조세제도가 도입되었다. 그 밖에 국영기업의 구조조정을 통해 기업의 생산성을 강화하고, 사적 자치의 발전을 위한 기본적 여건을 창출하도록 규정했다. 이를 실현하기 위해 동독의 국유기업을 서독 회사법에 의해 전환시켜야 했다. 국영기업을 매각하거나 경쟁력 있는 기업으로 정비하여 사유화하는 업무를 수행하기 위해 1990년 3월에 신탁청이 설치되었다.

베를린 협정1951년 9월 20일에 의한 청산 결제 방식이 폐지되고 내독 거래에는 서독마르크를 사용하게 되었다. 또한 빠른 시일 내에 동·서독 경계선 통제를 완전히 철폐하기로 했다. 동독은 GATT의 제반 원칙에 부합하도록 대외거래제도를 재편하되, 기존의 대외경제관계, 특히 COMECON 회원국에 대한 계약상 의무는 존중을 받도록 했다.

국가조약 협상 과정에서 동독의 드메지어 정부는 사회통합을 국가조약의 일부로 포함시키기를 원했으며 서독 연방재무성도 체제 전환 과정에서 받는 경제적 충격을 완화하기 위해서 노동, 사회보험 등의 사회 분야 통합을 병행해야 한다는 입장이었다. 따라서 사회통합을 국가조약에 포함하기로 합의했다. 다만, 연금, 사회보장 및 보험제도, 노동법 분야에서 동독 측이 과도기적 특별규정을 둘 것을 요구했으나, 조속한 정치 통합을 고려하여 서독의 법규를 그대로 도입하기로 합의했다.

사회통합은 노동법적, 사회정책적 측면에서 이룰 통합을

내용으로 하며, 그 취지는 동·서독 내 사회적 복지 기준의 통일에 있었다. 사회통합의 분야는 노동법, 사회보험연금·의료·산재·실업보험, 고용촉진, 보건위생 및 사회부조 등이다.

노동법 질서의 원칙으로 단결권, 임금자주결정권, 노동쟁의권, 노동협약, 노사공동결정권, 해고 보호 등을 규정하고 있으며, 이러한 원칙을 서독법에 따라 실현하도록 했다. 사회정책적 측면에서 규정한 사회보장의 원칙은 다음과 같다.

① 각 보험은 국가의 법적 감독 하에 공법상의 자치행정기관을 통해 실시된다.

② 연금·의료·실업 보험의 부담금은 서독의 부담률에 준해서 사용자와 노동자가 각각 절반씩 부담하며, 산재보험은 사용자가 부담한다.

③ 보험급여는 보수 수준에 따라 결정한다.

④ 가능한 한 1991년 1월 1일까지 연금·의료·산재 보험을 위한 독자적인 운영체가 설립된다. 이 운영체의 설립 목적은 서독과 일치하는 사회보장의 조직 구조를 만드는 데에 있다.

⑤ 과도기 동안은 동독의 사회보장제도를 유지할 수 있다.

⑥ 과도기 중 동독의 보험기금과 정부 보조금으로 필요경비를 다 충당하지 못할 경우 서독이 동독에게 잠정적인 재정보전을 한다.

동독 지역에서의 국가조약 적용

동독 정부는 시장경제체제로의 이행을 보장 또는 지원하는 방향으로 경제관련법을 수정했다. 생산수단의 사유화를 금지한 동독 헌법 제12조를 폐지하고, 1990년 6월 17일 신탁법을 공포했다. 이로써 1990년 3월 1일자 공유재산 신탁관리청신탁청 설립 결의안은 폐지되었다. 신탁청의 기능은 약 320개에 달하는 콤비나트중앙정부 직영: 170개, 지방정부 운영: 140개 등를 주식회사로, 콤비나트 산하 국영기업을 유한회사조합 및 기타 형태의 예외 인정로 전환하되 이를 국내외에 공모매각할 때까지 신탁·관리하는 것이었다. 신탁청의 조직은 5인의 이사로 구성되는 이사회집행기구, 20인으로 구성되는 감사회당연직: 동독국립은행 총재·재무장관·경제장관, 임명직: 5년 임기로 동독의회에서 경제전문가 선출 및 17인으로 구성되는 행정 위원회를 두었다.

또한 동독기업의 대외경쟁력을 강화하기 위해 외국인 투자를 유치하고 국영기업을 민영화하기 위한 조치를 단행했다. 비거주자의 100% 자본참여를 허용하고, 1,000만 마르크 이상 출자 시에는 동독 경제성에 신고하도록 의무화했다. 이로써 외국인 자본참여를 48%까지 제한한 모드로 정부에서 입안된 합영법은 폐지되었다. 기계 등 설비 투자에 대해서 1991년 6월말까지는 투자액의 12%, 1992년 6월말까지는 투자액의 8%에 상당하는 투자보조금을 보조하기로 했다. 창업 및 시설근대화 자금에 대해서는 유럽부흥계획자금ERP 등으로 융자금을 지원했다. 직접투자 및 민영화 기업에 대해서는 부가가치세를 1990년 12월말까지는 14%에서 11~5.5%로, 1991년 3월말까지는 11~5.5%에서 6~3%로 경감하고, 이익 적립금에 대해 10년간 비과세하는 등 각종 특혜를 부여했다.

기존 동독의 국립은행법, 외국환법, 외국무역법 등 금융관련 법령을 폐지하고, 서독의 해당 법률을 도입했다. 동독 지역에 적용되는 서독의 금융 관련 법률은 연방은행법, 신용조직법은행법, 연방지준예치법, 보험감독법 등이었다. 이들 관계법규는 1990년 6월 21부터 동독에 확대 적용되었고, 은행감독원이 동독에서 업무를 시작했다.

동독은행을 이원화하여, 시장경제 원칙에 입각한 시중은행제도를 구축했다. 이미 1990년 4월초에 중앙은행인 동독 국립은행을 사실상 해체하여 독일신용은행과 베를린 국립은행으로 분리했다. '독일신용은행Deutsche Kreditbank: DKB'을 설립하여 종래 국립은행이 담당하던 국내 기업들과의 거래 업무를 인수케 했다.

동독에 지점을 두고 있는 서독 금융기관의 지원을 받아 원시적인 동독의 금융체제를 경쟁 원칙에 입각한 금융조직으로 재편하였다. 또한 서독 금융기관들도 동독 지역에 합작사업을 하거나 자체 지점을 개설했다. 예를 들면, 서독의 도이체 은행과 드레스드너 은행은 동독 국영 상업은행인 신용은행과 합작을 통해 상업은행제도의 경험과 노하우를 제공하는 대신, 지점 부지, 사무기기, 인력약 1만 3,000명 등을 지원 받았다.

동독은 동독 세법을 서독의 소득세법, 법인세법, 재산세법 내용과 부합하는 방향으로 개정했다. 법인세율을 종래 100%잉여금의 전액 국고 납입에서 누진으로 최고 50%로 조정하고, 자영업의 경우에는 최고 소득세율을 30%로 제한했다. 이외에 상법, 민법, 원자력법, 회사법 등에 대한 경과 규정을 제정하여 구체적으로 동·서독의 어떤 법률조항이 적용되는지를 상세히 규정했다.

한편, 1990년 7월 1일부터 동독 금융기관의 대차대조표가 화폐교환방식에 따라 조정됨으로써 불균형적 교환율에 따라 발생하는 자산 부분의 차액을 보전하기 위해 1990년 5월에 '차액보전기금Ausgleichsfonds'을 설치했다. 이 기금은 은행 대차대조표 부채 부분의 예치금 대부분이 1:1로 교환1990년 5월 31일자 자료 기준: 1,821억 동독마르크가 1,234억 마르크로 교환되어 평균교환율은 1,475:1이었다되는 반면에 자산 부분의 채권은 2:1로 상이한 비율로 교환됨으로써 발생하는 차액 조정을 위해 금융기관들이 동독 정부에 대해 갖는 청구권이었다. 이 차액보전청구권 계정은 금융기관의 대차대조표 자산 부분에 설정되었다. 따라서 차액보전청구권은 정부가 동독 금융기관에 지게 되는 부채에 해당된다. 동독 은행제도의 특수성으로 인해 차액보전청구액은 금융기관마다 차이가 있으나, 연방은행은 은행들이 청구하게 될 차액보전청구금액이 약 570억 마르크에 달할 것으로 추정했다. 그러나 통일 후 은행과 기업들로부터 차액보전청구를 심사한 결과, 1992년말까지 약 650억 마르크에 달했으며, 1995년부터 신설된 '구채무변제기금Erblastentilgungsfonds'에 이관된 청구권은 약 1,200억 마르크 정도인 것으로 추정되었다. 차액보전기금에 대한 은행의 청구권은 시장금리가 적용되는 은행 자산으로서, 동 기금에 의해 인정된 경우 연방은행에 대한 리파이넌스 요청 시 담보물로 사용할 수 있었다. 따라서 국립은행은 다른 은행과는 반대로 차액보전기금에 대한 조정 항목이 부채 부분에 설정되었다. 또한 이 기금은 프랑크푸르트 국내은행 제공 이자율FIBOR Rate을 적용하여 매 분기 말마다 은행에 이자를 지급하며, 원금의 경우 연 2.5% 이자와 함께 1995년 7월 1일부터 40년간 분할 상환하기로 했다.

서독 정부와 연방은행의 조치

화폐통합은 동독경제가 서독경제로 편입되는 것을 전제로 한 것이므로 서독측의 경제와 금융구조를 조정할 필요는 없었다. 서독측은 서독 영역 내로 제한되었던 각종 관련 법규 및 정책이 동독 지역에까지 확대 적용되도록 제도를 정비했다. 금융·조세·사회보장 관련법은 일부를 수정한 후에 동독 지역에 그대로 적용했다. 서독 정부는 연방의회가 화폐·경제·사회 통합조약을 비준했을 때 조약 체결에 따른 일괄법률개정안을 동시에 상정했다. 총 35개조로 구성된 이 법률안은 연방은행법 등 각종 금융관련법, 세법, 사회보장법의 개정과 독일통일기금의 설치 근거 조항을 포함했다.

과거 서독 정부의 동독 관련 재정 지출은 도로사용료 등 동·서독 교류 관련 비용을 중심으로 이루어졌다. 그러나 화폐통합 이후에는 동독 경제를 시장경제체제로 전환하기 위한 구조조정 비용이었기 때문에 서독 정부가 동독의 경제정책에 적극적으로 개입할 수밖에 없었다. 1990년 상반기 동안 2차에 걸쳐 추가경정예산을 편성3월: 68억 마르크, 6월: 47.5억 마르크하여 동독 지역의 사회간접자본 확충을 중점 지원하였다. 1990년 7월에는 연방각의에서 의결된 1991년 예산안세입: 2,927억 마르크, 세출: 3,240억 마르크, 재정 적자: 313억 마르크과 중기재정계획1992~94년 을 취소하는 한편, 통일에 대비하여 동독 예산을 포함하는 통일 독일전체 예산안을 새로 작성했다.

독일 연방은행은 화폐통합에 관한 국가조약 제10조 제7항에 의거하여 동베를린 구 제국의회 건물에 임시관리소를 개설하는 한편, 동독 국립은행 건물에 15개소의 지점을 설치했

화폐통합 조약 서명 시 콜 수상의 연설 장면(1990년 5월 18일)

다. 연방은행은 동독 지역에 1만여 개의 화폐교환소를 설치하고, 화폐자동지급기, 컴퓨터 등 사무기기를 서독에서 동독으로 옮기고, 서독마르크화를 동독으로 수송하는 등 화폐교환을 준비했다.[76] 기존 동독은행과 협조하여 화폐통합 이틀 만에 서독마르크를 동독에 유통했다. 이를 위한 준비 작업들은 화폐통합 조약 체결1990년 5월 18일 며칠 전부터 발효일인 7월 1일까지 약 2개월 동안 집중적으로 이루어졌다. 연방은행 베른트 베셀 관리실장은 2개월 동안 다음 열 가지 업무를 준비해야 했다고 말했다.[77]

① 동독 지역 내에 15개의 지점 확보, 후에 18개로 확대
② 필요한 지폐 및 주화의 생산과 준비
③ 현금 수송 및 보관
④ 1,600만 동독 주민에게 2일 이내에 현금 공급
⑤ 효력을 상실한 동독 지폐와 주화의 환수 및 통제
⑥ 비현금거래에 대한 서독 제도의 도입
⑦ 직원 채용동독 지역 900명, 서독 지역 250명
⑧ 업무 준비에 관한 직원 교육
⑨ 동독의 금융기관과 연방은행 지점에서 필요한 업무용 장비 준비
⑩ 통신 수단 설치

베셀 국장은 20여대의 연방은행 무장 수송차와 민간회사 차량주화수송용으로 270억 마르크460톤의 지폐와 2억 마르크750톤의 주화를 수송하는 것이 가장 힘든 작업이었다고 회고했다. 지폐는 10~20kg 포장주머니에, 주화는 250~500kg 컨테이너를 사용하여 경찰의 호송을 받아 수송했다.

화폐교환 실시 후 주민들의 초기 현금 인출액은 원래 동독 마르크화 예치액보다 낮은 안정 현상을 보였다. 화폐통합 조약에 명시된 대로 전체 독일지역의 유동성을 효율적으로 조절하여 통화의 안정성을 보장하기 위하여 1990년 8월 1일부터 동독 금융기관에 대해 지불준비금 예치를 의무화했다. 초기에 동독 금융기관들이 너무 많은 금액을 연방은행에 예치해 놓음으로써 금융시장에 일시적 자금 부족 현상이 나타났으나, 금융시장 자체의 조정에 의해 정상화되었다.

한편, 공공부문에서 발생하는 통화정책 교란 요인을 최소화하기 위해 연방은행은 동독 정부의 예산정책 자율성을 제한했다. 화폐통합으로 동독 정부는 재정고권을 상실하게 된 것이다. 연방정부가 동·서독 정부 간에 합의된 동독 정부 및 공공기관의 재정차입 한도1990년 하반기: 100억 마르크, 1991년: 140억 마르크 내에서 국공채를 발행할 경우에도 원칙적으로 연방은행을 그 발행 주체로 하고, 경우에 따라서 연방은행의 동의를 얻어 해당 기관이 발행토록 제한했다. 그러나 여건이 급격히 변화할

화폐통합 조약 발효에 따라 환전하는 동독 시민들(1990년 7월 1일)

경우에는 서독 재무장관의 승인을 거쳐 초과차입이 가능하도록 했다_{국가조약 제27조 제1항}. 동독 정부에 대한 대출도 8억 마르크 이내의 당좌대월 및 재정증권 매입 형식의 단기대출로 엄격히 제한했다. 화폐통합 이전에는 동독 정부가 발권은행인 국립은행에서 직접 차입하여 재정 적자를 보전해 왔다.

화폐·경제·사회 통합이 미친 영향

화폐통합이 초래한 심각한 문제는 첫째, 동독 산업의 경쟁력을 크게 약화시킨 것이었다. 특히 1:1 교환율로 인해 임금 비용이 높아지고 수출이 줄어들고 부채 부담이 커져 동독 산업이 급격하게 붕괴한 것이다. 브란덴부르크 주의 산업 구조조정과 고용 촉진을 담당하고 있는 볼프강 쿠비체크 사장은 회사에 따라 차이가 있지만 화폐통합 교환율 때문에 비용 부담이 300~400% 증가하여 경쟁력이 약화되었고, 직장의 70%가 사라졌다고 말했다.[78] 그에 따르면 브란덴부르크 주의 경우 제조업 분야 취업자가 1989년 320만 명에서 1993년 130만 명으로 줄어들었다. 그는 "독일 역사상 최초의 대규모 실업"으로서, "1930년 경제 대공황 때도 이렇게 심하지 않았다"면서, 일례로 화폐통합 전에 1만 2,500명을 고용했던 전자 단지가

1991년 폐쇄되면서 3,500명만 실업을 피할 수 있었다고 했다. 더 심각한 문제는 대량 실업사태가 구동독 지역에 사회적, 심리적 부작용을 초래한 것이었다. 구동독 지역 주민들은 국가가 평생고용을 보장해주었기 때문에 국가의 보호 하에 심리적 안도감을 느끼고 살았다. 그러나 통일 후에는 직장을 스스로 찾아야 하고, 직장을 잃을 수도 있다는 불안감을 갖고 살아야 했다. 구동독 기업들은 유치원, 장학금 지급, 휴가·요양 보장, 연극과 같은 문화행사 등 사회적 기능을 갖고 있었는데, 기업의 붕괴와 함께 이러한 제도적 장치도 다 사라지게 되었다. 한마디로 동독 주민들은 사람 사이에 인정이 없는 무미건조한 경쟁 사회에 직면하게 되었던 것이다.

1990년 12월경 구동독 지역의 산업 생산량은 1989년 수준의 46%로 떨어졌다. 특히 화폐통합 실시 후 한 달 만에 구동독 산업생산량은 35%나 떨어졌다. 1990년 상반기 대비 1991년 산업 생산량은 1/3 수준으로 떨어지고, GDP는 35% 가량 감소했다. 이는 대부분의 동독 기업들이 감당하기 어려울 정도로 임금 비용이 급격히 상승했기 때문이다. 또한 동독 소비자들이 동독산 소비재나 투자재보다 서구 제품을 선호했기 때문이었다. 공급 측면에서는 동독의 낮은 기술 수준과 노후화된 시설과 장비로 인해 동독 제품의 품질이 서구 제품에 비해 현저히 떨어져 서구 제품과 경쟁할 수 없었다.

1:1 교환비율에 의한 임금의 과대평가와 화폐통합 이후 노동생산성을 훨씬 초과하는 급격한 임금상승으로 가격경쟁력이 약화되었다. 1990년 동독 지역의 임금은 평균 17.4% 인상되었지만 생산성은 4% 감소되었으며, 1991년 중 임금은 37% 대폭 인상되었지만 생산성은 10.9%밖에 증가하지 않았다. 화폐통합 이후 임금이 상승한 요인을 살펴보면, 첫째, 가격보조금 철폐 및 사회보장기여금 인상에 대한 보상, 둘째, 동·서독 지역 간의 임금균형이 정당하다는 동독 노동자들의 생각, 셋째, 임금인상을 위한 노동조합의 투쟁이었다. 정부가 최종 임금을 기준으로 관대한 실업수당을 지급했기 때문에 실직 또는 단축 조업에 처하게 될 경우에 대비하여 임금을 올리려고 했던 것이다. 넷째 요인은 서독 노조가 동독 지역의 임금 인상을 적극 지원했기 때문이다. 동독 지역의 임금인상이 동독 노동자의 서독 이주를 막아, 서독 노동자들의 임금인하 압력을 줄일 수 있고, 임금인상에 따르는 높은 실업수당은 이주를 억제하는 요인이 되기 때문이었다.

　동독 기업의 생산성이 낮은 주된 이유 중 하나는 동독 노동자들은 천천히 일하는 습관에 배어 있어서 서독의 능률, 효율성 위주의 일에 적응할 수 없었기 때문이다. 에버트재단의 피셔 교수가 1990년 7월에 조사한 바에 따르면, 응답자의 31%가 하루에 2시간 이상 기계가 서 있었다고 답변했다고 한다.

화폐통합조약 발효로 동독 가게에서 꿈에 그리던 서독 제품들이 판매되었다.

또한 주부 취업자는 오후 4시만 되면 나가서 쇼핑하는 것이 통례였다. 피셔 교수는 이런 근로 태도를 하루아침에 바꾸기는 어려울 것이라고 말했다.[79]

한편, 수요 측면에서는 동독 주민의 서독제품 구입 선호와 전 수출의 70% 이상을 차지하고 있던 동구 시장의 붕괴 때문에 동독기업들이 심각한 판매 부진으로 어려움을 겪게 되었다. 화폐통합 후 서독 제품에 대한 동독 주민들과 기업들의 수요가 급격히 늘어났다. 따라서 화폐교환을 위해 동독으로 들어간 서독마르크화는 대부분 서독제품 구입을 위해 사용되었다. 이는 동독 제품이 다양하지 못하고, 품질이 서독 수준에 비해 조악했기 때문에 서독 제품을 선호했을 뿐만 아니라, 대부분의 소매상점이 동독 제품을 거의 내놓지 않았기 때문이었다. 구동독 시절에 구입할 수 없었던 제품에 대한 호기심과 서독 텔레비전의 대대적인 상품 선전서독업체들은 1990년 하반기 동안 추가 광고비로 4억 7,500만 마르크 투입도 동독 주민의 서독 제품 구매를 부추긴 요인이었다. 특히 통합 이전에는 구입이 불가능했거나 가격이 너무 비쌌던 자동차와 전자제품에 대한 수요가 급증하여, 1990년 9월 동독 주민의 지출의 21%가 이들 제품 구입에 사용되었다. 동독 주민들의 오랜 숙원은 서독제 자동차를 소유하는 것이었는데 화폐통합으로 이 소원이 달성되었다. 그래서 자동차 홍수가 날 정도였는데 정작 동독의 지방자치단체들은 주차장이나 교통망 체계가 준비되지 않았다.[80] 소매상에서 동독 제품이 차지하는 비율을 상품별로 보면, 커피 및 카카오 4%, 초콜렛 6%, 치즈 12%, 설탕 24%, 세제 29%, 마가린 65%였다. 1990년 9월에 총 24억 마르크 어치의 제품이 서독에서 동독으로 반출되었는데, 이것은 1989년 9월 대비 277%가 증가한 수치였다.[81]

한편, 동구 사회주의 국가의 경제가 붕괴했기 때문에 동독 기업들은 전통적인 해외 시장을 잃었다. 게다가 동구 사회주의 국가들과의 교역에서 비태환성 대체 루블을 사용하다가 1991년 1월 1일부터 경화를 사용했기 때문에 동독제품에 대한 수요가 감소했다. 화폐통합으로 동독마르크가 340% 평가절상되어 동독 제품의 수출 가격이 3배나 인상된 것이 수요 감소의 주된 요인이었다. 동구 사회주의 국가의 구매자들은 이제는 서독마르크나 달러 등 태환성 통화로 동독 물건을 사야 하는데 그럴 능력이 없었다. 동독 제품에 대한 수요가 급격히 감소하자 동독 기업의 완제품 재고가 쌓이게 되었다. 이에 따라 기업들은 단시일 내에 생산량을 절반으로 줄이지 않을 수 없었고, 운전 자금이 부족하여 경쟁력이 더욱 약화되었다.

둘째, 화폐·경제·사회 통합으로 서독 정부의 재정 부담이 가중되었다. 이 국가조약은 동독이 적당한 시간 내에 서독과 비슷한 수준으로 노동 및 생활조건이 개선될 것이라는 콜 정부의 약속과 책임을 내포한 것이었다. 따라서 서독은 동독 사회구조의 재조직, 경제의 재건 및 체제 전환에 따르는 비용의 대부분을 세금 인상이나 재정 차입을 통해 부담해야 했다. 원래 콜 정부는 세금을 인상하지 않고 재정차입만으로 이러한 비용을 조달할 수 있다고 공언했다. 1990년 5월 1일 서독과 동독 정부가 화폐통합 방식에 합의한 다음날 콜 수상은 하노버 산업박람회 개회식에서 7월 1일부터 경제통합, 화폐통합, 사회통합이 실현된 후에 독일의 경제적 통일이 상당한 정도의 성장동력을 가져다 줄 것이기 때문에 세금을 인상할 "하등의 이유가 없다"라고 잘라 말했다. 그러나 연방 정부는 정치적 통일 후 세금을 인상하지 않을 수 없었다.

화폐통합에 따른 동독의 마르크 도입과 이로 인해 가속화한 은행제도 이원화로 연방정부는 크게 세 가지 측면에서 재정부담을 안게 되었다. 첫째, 자산과 부채 간에 상이한 화폐교환 비율에 따른 일반 시중은행들의 대차대조표상 형평을 조정하기 위한 차액보전청구권을 이자와 함께 부담했다. 채무자는 동독 정부였는데 이는 결국 연방정부가 부담해야 했다. 이 부담에 대한 재정지원을 위해 차액보전기금을 설치했으나, 차액보전기금은 통일 후 '채무청산기금Kreditabwicklungsfond'에 포함되었다.[82] 둘째, 조합은행 등 민영화된 신용기관들이 고객들의 예치금 인출 수요를 충족시키는 한편, 자신들의 이자수익을 노려 프랑크푸르트 소재 독일조합은행에 투자하기 위해 국립은행에서 예치금을 인출하게 되었다. 이에 따라 베를린 국립은행은 차액보전을 위해 국가보장채권을 발행하지 않을 수 없게 되었다. 그 결과 1991년 5월까지 자본시장으로부터 약 800억 마르크를 차입했다. 셋째, 베를린 국립은행의 대차 대조표상 자산에서 가장 큰 비중을 차지하고 있는 항목이 일반 신용기관들의 적립금으로 이는 신용기관들이 국립은행을 통해 기업들에게 제공해 준 신용대부인 바, 결국 연방정부의 부담으로 귀속되었다.

일반신용기관들이 독립함에 따라 베를린 국립은행이 부담해야 할 부채상환 업무의 일부가 독일신용은행을 통해 신탁청으로 이관되었다. 약 1,350억 마르크 상당의 기업부채에 대한 이자 지불은 연이율 9%를 적용할 경우, 연간 최고 120억 마르크에 달했다. 이 중 신탁청이 소속 기업들의 부채상환의 일환으로 독일신용은행에 지불해야 할 이자상환액만 1991년의 경우 약 70억 마르크에 달했다.[83]

셋째, 화폐통합은 대규모 실업 사태를 불러왔다. 그러나 서독으로의 이주민은 감소했다. 화폐통합 후 동독 경제는 예상보다 빨리 붕괴했다. 특히 화폐통합 후 수개월 동안 산업 생산량은 1990년 상반기 평균 생산량의 60%로 감소했으며, 1990년말에는 49%로, 1991년은 전년도 수준의 30%로 감소했다. 이러한 산업 생산량의 급격한 감소는 대량의 실업사태를 초래했다. 〈표 3-3〉에서 보듯이 1991년 2월에는 노동력의 약 30%가 실업 또는 단축조업 상태에 있었다. 고용창출조치 해당자 및 직업연수 참가자를 포함한 실질실업률단축조업 근로자 제외은 1990년 7월 7.2%에서 1991년 봄 25%, 1991년말 약 30%로 높아졌다.

생산성을 초과하는 임금인상과 과다 고용된 공공 분야의 인력감축으로 실업자는 더욱 늘어났다. 1989년까지 약 980만 명에 달하던 취업자 수가 1990년말에 887만 명으로, 1991년 말까지 약 718만 명으로 줄어들었다.

〈표 3-5〉는 화폐통합 전후 동·서독 간 이주 현황을 나타낸 것인데, 화폐통합이 약속된 이후인 1990년 3월의 동독 이주민 수는 전년도 11월의 1/3에도 못 미치는 수준으로 줄어들었고, 4월에는 전월 대비 거의 절반으로 줄어들어 감소 추세는 당분간 계속되었다. 〈표 3-6〉에서 서독으로의 순 이주자 수유출-유입를 연도별로 보면 1989년 38만 3,300명에서 1990년에 35만 9,100명, 1991년에는 16만 9,500명으로 감소하였고, 1992년 상반기에는 4만 2,800명으로 감소했다. 동·서독 간의 임금격차와 더불어 동독의 높은 실업률은 서독 이주를 촉진할 것으로 예상되었다. 그러나 화폐통합과 독일 통일로 동독 주민들의 서독 이주가 언제라도 가능하다고 인식하게 되어

이주민 수가 감소했다. 구동독 주민들은 취업자나 실업자 공히 서독으로 가서 직장을 구하기보다는 동독에 남아 새로운 일자리를 구하는 것을 선호하는 것으로 나타났다.

〈표 3-3〉 화폐통합 전후 동독 실업자 현황

시기	실업자 (천 명)	실업률 (%)	단축조업자 (천 명)	단축조업률 (%)
1990년				
2월	11.0	-	-	-
3월	38.3	-	-	-
4월	64.8	-	-	-
5월	94.8	-	-	-
6월	142.1	1.6	-	-
7월	272.0	3.1	656.3	7.4
8월	361.3	4.1	1,499.9	16.9
9월	444.9	5.0	1,728.7	19.3
10월	536.8	6.1	1,703.8	19.1
11월	589.2	6.7	1,709.9	20.1
12월	642.2	7.3	1,795.4	20.5
1991년				
1월	757.2	8.6	1,856.0	21.1
2월	787.0	8.9	1,900.0	21.5

출처: George A. Akerlof, et. al., "East Germany in from the Cold: The Economic Aftermath of Currency Union," William C. Brainard and George L. Perry (Ed.), *Brookings Papers on Economic Activity, 1/1991* (Washington. DC: Brookings Institution, 1991), p. 8.

<표 3-4> 화폐통합 후 동·서독 등록 실업자수(1990~94년)

(단위: 1,000명)

연 도	서 독	동 독	독일 전체
1990	1,883	240	2,123
1991	1,890	912	2,601
1992	1,808	1,170	2,978
1993	2,300	1,150	3,450
1994	2,570	1,100	3,670

출처: 연방고용청(볼프강 쿠비체크 사장 제공 자료). 1994년도는 킬 세계경제연구소 추정치.

<표 3-5> 화폐통합 전후 동·서독 간 이주 현황

(단위: 명)

	동독 집계[1]		서독 집계[2]
	유 출	유 입	유 입
1989년 10월	34,308	61	57,024
11월	70,868	176	133,429
12월	54,200	494	43,221
1990년 1월	41,413	539	73,729
2월	45,062	151	63,893
3월	44,094	71	46,241
4월	24,052	136	24,615
5월	13,940	265	19,217
6월	13,616	437	10,689
7월	27,323	353	-
8월	24,537	581	-
9월	18,150	688	-

[1] 동독에서 유출은 서독으로의 출국을 신고한 동독 주민의 수, 유입은 서독으로부터의 입국을 신고한 사람 수로 외국을 경유한 출·입국자는 제외.

[2] 유입은 동독으로부터 이주해 서독에 입국 신고를 한 사람 수.

출처: George A. Akerlof, et. al., "East Germany in from the Cold: The Economic Aftermath of Currency Union," William C. Brainard and George L. Perry, Eds., Brookings Papers on Economic Activity, 1/1991 (Washington. D.C.: Brookings Institution, 1991), p. 45.

<표 3-6> 연도별 동·서독 간 이주 현황

(단위: 1,000명)

연 도	서독에서 동독으로	동독에서 서독으로	서독으로의 순 이주자
1989년	5.1	388.4	383.3
1990년	36.2	359.3	359.1
1991년	80.3	249.7	169.5
1992년 (상반기)	50.8	93.6	42.8

출처: Statistisches Bundesamt, *Zur Wirtschaftlichen und Sozialen Lage in den neuen Bundesländern*, Juli, 1993, p. 56.

또한 화폐통합 직후에는 실업 후 1년간 최종 실질임금의 68%자녀가 없을 경우에는 63%에 해당하는 실업수당을 지급했기 때문에 구태여 서독으로 이주해야 할 필요성을 느끼지 않았던 것도 이주민이 감소한 요인이었다. 물론, 동독 지역 산업이 붕괴한 결과로 1991년 상반기 중 동독 지역의 숙련공 수만 명은 더 좋은 일자리를 구하러 서독 지역으로 이주했다.

마지막으로 화폐통합은 예상과 달리 동독 지역에서 심각한 인플레이션을 유발하지 않았다. 이는 동독 주민들이 서독 제품을 선호하기는 했으나 예상했던 과열 소비 현상이 심하지 않았고, 상당액의 서독마르크를 실업을 대비해 저축했기 때문이었다. 식품, 임대료, 교통요금 등에 대한 정부보조금 철폐로 소비자 물가가 인상될 것으로 예상되었다. 그러나 많은 공산품과 사치품 가격의 인하로 1990년 중 종합 소비자 물가

지수는 화폐통합 이전과 거의 변동이 없었다. 다만, 1991년 1월 1일부터 철도요금 보조금과 난방용 가스·전기 등에 대한 보조금이 일부 폐지되어 1991년 1월 소비자 물가상승률이 약 7.4%에 도달했다.

화폐통합 직후 통화량 M3가 약 1,800억 마르크로 증가했는데, 이는 당시 서독 통화량 M3의 15% 정도에 해당된다. 그러나 시간이 지남에 따라 자금이 장기이자보장 자산으로 이동하고, 유동성 자본은 서독 제품의 구입에 사용됨에 따라 동독 지역의 통화량이 감소했다. 1990년 하반기의 동독 지역 통화량은 1,635억 마르크로 감소했다. 이러한 감소에 결정적인 기여를 한 것은 동독 주민들의 저축이었다. 화폐통합 후 2개월 동안 동독 주민들의 저축률이 마이너스로 떨어졌으나 1990년 하반기 평균저축률은 종전보다 높은 수준약 13%이었으며, 1991년에 들어서서도 1989년 수준 정도약 12.7%로 유지되었다. 반면, 서독 지역 통화량은 동독으로부터의 수요 증대에 따른 경제활동 속도 증가와 동독으로부터의 자본 유입에 힘입어 계속 증가했다. 독일 전체 통화량이 증가하자, 1990년 11월 연방은행은 롬바르트 금리를 8%에서 8.5%로 인상했으며, 1991년 7월에는 1991년 통화팽창 목표를 3~5%로 낮추었다.

한편, 한켈 교수는 통화량 증가와 인플레이션을 억제할 수 있었던 방안으로 단계적 화폐 교환을 제시했다. 그는 일시에 모두 교환해줌으로써 소비, 특히 서구 제품 소비로 돈이 흘러가서 동독 기업의 파산을 가속화했다고 주장한다. 따라서 그는 초기 교환액 한도를 4,000마르크 또는 5,000마르크로 정하고 일정 기간 동안 단계적으로 교환해 주는 대안을 제시했다. 이렇게 함으로써 1:1 교환이라는 정치적 결정을 유지하면서도 통화량 증가와 인플레이션을 막을 수 있다는 것이다.[84] 한반도 통일의 경우 참고할 가치가 있는 아이디어다.

제4장

정치적 통일이 이루어지다

동독 공산당의 변신과 민주 정당의 출현

1989년 10월 민주화 시위가 드레스덴, 할레, 동베를린 등으로 확산되고, 공산당원들이 정국의 변화를 의식하여 대거 탈당하게 되자 동독 공산당인 '독일사회주의통일당sed'은 급격하게 변화하지 않을 수 없었다. 10월 18일 호네커 공산당 서기장이 실각했으며, 11월 8일에는 모든 정치국원이 사퇴했다. 정책 변경과 인물 교체만으로 만족하지 못한 공산당원들은 12월 특별전당대회를 개최하여 당의 이름을 '독일사회주의통일당-민주사회당sed-pds'으로 바꾸고 지도부를 개편하는 등 새로운 상황에 부합할 수 있는 사회주의 정당으로의 변신을 모색하였다. 공산당은 1990년 2월 4일 이름을 다시 한 번 '민주사회당pds'으로 바꾸었다.

한편, 동독 공산당의 위성 정당들도 민주 정당으로 탈바꿈을 시도하였다. 흔히 '제휴 정당Blokpartei'이라 불리는 기민당, 자민당, 국민민주당, 민주농민당 등은 그동안 공산당의 주도하에 소위 '인민전선'으로 결속하여 국민에 대한 효과적 통제, 정치적 동원, 사회적 통합, 종교계와의 원만한 관계 유지 등을 꾀해 왔다. 정치적 상황이 급격히 변해 나가자 이들 위성 정당들은 기존 공산당에 협조하고 종속되던 관계에서 벗어나 당면모를 쇄신하기 시작했다. 당지도부를 전면 개편하고 정강정책을 수정하고 골수당원들을 축출하였다. 기민당은 제휴 정당으로서는 최초로 사회주의 노선 추구를 거부하고 '인민전선'에서 탈퇴하였다.

이러한 기존 정당의 변신과 더불어 새로운 정당들이 출현하기 시작했다. 그동안 동독 지역에서 교회를 중심으로 인권 운동을 적극적으로 전개해 온 개신교 교직자, 사회운동가, 학자들이 창당 발기인으로 참석하여 1989년 10월 7일 동독 '사민당SPD'을 창당하였다. 이들은 기존 위성정당과 구별되는 다원적 의회민주주의 정당의 건설을 시도하였다. 동독 기민당을 비롯한 여타 정치세력들이 신속하게 선거체제를 갖춰 나감에 따라 동독 사민당도 조속히 체제를 정립하는 한편, 서독 사민당의 자매정당임을 선언하고 서독 사민당과의 협력을 모색했다. 1989년 12월 서독 사민당에서는 동독 사민당 지도부의 뵈메와 메르켈현재 독일연방 수상을 본으로 초청하여 그들의 입장을 청취하였다. 독일 통일에 관한 사민당의 공식 입장은 단계적 통일이었으나, 당내 일부 인사들은 그와 같은 정책으로는 급격한 상황 진전에 부응할 수 없다는 입장을 표명하기도 하였다. 1990년 2월 동독 사민당은 제1차 전당대회를 개최하여 뵈메를 총재로, 전 서독 수상 브란트를 명예총재로 선출하였다. 1946년 동독 공산당이 사민당을 공산당에 강제로 통합한 이후 45년 만에 사민당이 재탄생하여 서독 사민당과 제휴하게 된 것이다.

1989년 11월 급진 환경정당으로 '동독 녹색당Grüne Partei'
이 창당하였으며, 1차 전당대회 시 당원이 약 5,000명에 이르
렀다. 1990년 1월에는 민권운동단체인 '노이에스 포럼' 회원
중에서 주로 정치세력화를 주장했던 드레스덴 지역 회원들이
탈퇴하여 '독일포럼당DFP'을 설립하였다.

원탁회의의 구성과 활동

1989년 10월, 11월을 지나면서 동독 지역의 상황은 무정부
상태로 발전해 유혈 사태를 우려할 정도로 위태로웠다. 매일
2,000명 이상의 주민이 서독으로 이주하고, 동독 내에서는 시
위에 참가하는 시민이 갈수록 늘어났다. 11월 4일 동베를린
중심의 시위에는 100만 명이 참가했는데, 이는 동독 건국 이
후 최대 규모였다. 더구나 공산당 지도체제는 통제력을 상실
했으며 당원들은 당의 지도력에 대한 신뢰를 잃고 당을 떠나
고 있었다.

12월초에 라이프치히 국가보위부 건물을, 1월 중순에는
베를린 국가보위부 본부를 각각 시위 군중이 점거함으로써,
공산당에 의한 전체주의 통치의 상징이 붕괴하기 시작했다.

원탁회의 장면 - 동베를린 니더쇤하우젠 궁전(1990년 1월 22일)

이러한 권력의 붕괴와 내부 혼란을 수습하기 위한 방안의 일환으로 시민운동을 주도한 단체들은 모드로 정부와 원탁회의를 구성하기로 결정했다. 처음에는 참여를 거부했던 시민운동 단체들은 신교연합회EKD의 중재로 국가의 위기를 구한다는 명분 하에 참여하기로 했다. 1989년 12월 7일 첫 회의를 개최한 원탁회의는 변혁기의 위기 상황을 극복하기 위해 결성된 공적 감시기구라고 정의되었다. 1990년 1월 28일 모드로 수상의 제안으로 원탁회의 참여 단체 대표와 정부 대표 들로 '민족책임정부'가 구성되었다. 집권한 측에서 공산당 및 위성정당 등 5개 정당, 재야측에서 사민당, 녹색당, 노이에스 포럼 등 7개 단체 및 정당이 참여했으며, 의결권은 양측이 15석씩 동수로 가지기로 하였다.

1990년 1월말 과도 거국내각을 구성한 후에는 원탁회의가 준입법기관화하여 선거법, 언론방송법, 노조법 등을 제정하였으며, 민주동독 헌법 초안도 마련하였다.[85] 동독 최초의 자유 총선거에 참여할 것인지 여부를 둘러싸고 원탁회의 참여 재야 단체 간에 이견이 발생하였다. 사민당, 기민당, 민주혁신당 등의 정당들이 원탁회의 운영보다는 선거 준비에 치중하게 됨에 따라 원탁회의 중요성이 점차 감소하게 되었다.

원탁회의는 동독의 위기 상황에서 민주적 대의기관이 성립되기 전에 사회 제분야의 개혁 요구를 대화를 통해 평화적으로 해결하려고 노력했다. 그 결과 동독 시민들의 폭력화 가능성을 차단할 수 있었다. 원탁회의는 텔레비전을 통해 방영되어 100만여 명의 시민들이 시청했다. 티어제 전 하원의장은 원탁회의가 "시민들에게 민주주의가 어떻게 돌아가는지를 보여준 계기가 되었다"라고 말했다.[86] 특히 원탁회의를 통해서 시민들에게 그들의 목소리가 받아들여지고 있다는 것과 사태가 완전히 통제 불가능하지 않다는 생각을 갖게 했다. 가장 큰 성과는 첫 회의에서 동독 최초의 자유 총선거를 1990년 5월 6일에 실시하고 새 헌법을 기초하는 데 합의한 것이었다. 또한 원탁회의는 동독 공산당의 과거 죄행과 부정을 폭로하는 한편, 국가보위부슈타지의 후속 정보기관을 설치하려는 모드로 수상의 시도를 막아냈다. 1989년 12월 27일 원탁회의는 새 정보기관의 구성을 자유선거가 끝날 때까지 중지할 것을 요구했으나 모드로 수상은 1월 11일 인민의회에서 새 정보기관을 설치할 생각이라고 말했다. 그러나 건설노동자와 택시기사들의 파업과 위성정당들의 연립정부 탈퇴 위협에 직면한 모드로는 1월 15일 원탁회의에 직접 참석하여 자유선거 전까지는 어떤 정보기관도 설치하지 않겠다고 약속했다.

원탁회의는 정보기관 해체를 위한 국가위원회 관리들의 증언을 통해서 과거 슈타지의 활동에 관한 정보를 효과적으로 공개하고, 슈타지 문서보관소를 보전하는 데 기여했다.

이와 같이 원탁회의가 평화적, 민주적 체제 전환에 기여한 점은 높이 평가할 수 있으나, 동독 일반 주민들의 정서를 충분히 이해하지는 못하였다. 동독의 신생 정당과 단체들은 통일보다는 동독의 개혁을 추구했다. 개혁을 통해 서독의 사회주의적 대안, 이른바 '제3의 길'을 개발하는 데 정치적 초점을 두었다. 따라서 이들은 서독과의 신속한 통일을 바라는 동독 주민들의 요구를 만족시켜 주지 못한 한계점을 드러냈다.

동독 최초의 자유 총선거

1989년 12월에 들어와 동독 주민들이 신속한 통일을 요구하기 시작하고, 서독으로 이주하는 주민들이 급증하게 되자 서독 정부는 가능한 빠른 시일 안에 자유선거를 실시해야 한다는 입장을 취하게 되었다. 동독 주민들에게 미래에 대한 희망을 줌으로써 동독에 머물도록 유도하고, 자유선거를 통해 정통성있는 정부를 구성하여 국가의 완전한 붕괴를 방지하고자 했다.

모드로 수상은 1990년 1월 28일 원탁회의와 협상한 끝에, 동독 주민들의 서독 이주를 막고 동독의 정치적, 경제적 상황을 안정시키기 위해 당초 5월 6일로 예정되었던 선거를 3월

18일로 앞당겨 실시하기로 합의하였다. 특히 사민당으로서는 여론 조사에서 우세한 것으로 나타났기 때문에 선거를 앞당겨 실시하는 데 반대할 이유가 없었다. 또한 티어제 전 하원의장에 따르면, 사민당은 하루 빨리 총선거를 통해 합법적인 정부를 출범시켜 동독 공산당과 같은 기득권 세력을 빨리 제거해야 한다고 판단했다.[87] 원탁회의 전면에 민주 세력이 있었지만 여전히 동독 공산당과 슈타지가 영향력을 행사하고 있었기 때문이었다. 국가의 권위를 상실하고 파업과 휴업으로 경제 상황이 점차 악화되는 등 동독의 위기 상황이 가속화해 선거를 앞당겨 실시하지 않을 수 없었다. 동독 인민의회 의원 선거가 앞당겨지자, 집권 여당인 기민당 등 서독의 정당들은 동독 정당을 지원하는 방식으로 동독 선거전에 직접 개입하게 되었다.

1990년 1월까지만 해도 서독 기민당은 동독 총선에서 동독 기민당, 독일사회연맹DSU: Deutschland Sozialistische Union, 민주혁신당DA: Demokratischer Aufbruch 중에서 어느 당을 지원해야 할지 의견이 통일되지 않았다. 동독 기민당은 동독 공산당의 제휴 정당에 가담했었다는 도덕적 취약점을 갖고 있었지만, 넓은 조직망을 가지고 있었고 기독교에 기반을 두고 있었다. 또한 서독 기민당이 동독의 첫 자유선거에서 영향력을 행사하기 위해서는 같은 이름을 사용하고 있다는 장점을 포기할 수 없었다. 더구나 동독 기민당은 1989년 12월 16일 임시전당대회에서 시장경제체제와 독일 통일에 찬성한다고 선언했다. 독일사회연맹과 민주혁신당은 동독의 구체제와 전혀 연관이 없는 도덕적 선명성을 지닌 인물이 있었다. 그러나 신생 정당이라 단시일 내에 중앙 정치력을 행사할 수 있을지는 미지수였다.

정당 정치의 귀재인 콜 수상은 동독 기민당과 신생 정당들이 세력을 규합해야만 총선거에서 승산이 있다고 판단하고 선거 연합을 결심하게 되었다. 연합을 위한 협상에는 서독 기민당에서는 당수인 콜 수상과 뤼에 사무총장이 참석했으며 동독 기민당 대표로는 변호사인 드메지어가, 독일사회연맹에서는 에벨링Hans-Wilhelm Ebeling 목사가, 민주약진에서는 변호사인 슈누어Wolfgang Schnur가 참석했다. 1990년 2월 5일 마침내 동독 기민당, 독일사회연맹, 민주혁신당이 '독일동맹Allianz für Deutschland'을 결성했다. 이 자리에서 콜 수상은 '독일동맹'의 결성을 환영하면서 서독 기민당은 '독일동맹'을 최대한 지원하겠다고 말했다.

동독의 거의 모든 정당들은 서독의 지원에 의지할 수밖에 없었다. 서독의 정당들은 유세 차량, 컴퓨터, 복사기 등 물자를 제공하고, 정당조직, 선거운동 관련 전문 인력을 파견하였으며 신문광고 비용을 지원해주기도 했다. 동독의 신생 정당들에게는 서독의 자유 민주 정치체제에 소속될 수 있다는 정치적 의미의 지원도 중요했다. 이들 정당의 지도자들은 정치에 대한 실질적인 경험이 없었다. 그 결과 대량 이주 사태로 동독의 경제가 붕괴되어 가는 상황에서도 동독의 미래에 대해 일관성 있고 매력적인 비전을 제시하지 못했다. 또한 동독의 유권자들로서는 늘 숨어 있던 동독 정치가들보다는 서독 텔레비전을 통해 서독 정치가들기민당의 콜 수상, 사민당의 빌리 브란트, 수상 후보감이던 오스카 라퐁텐, 자민당의 겐셔 등을 더 잘 알고 있었으며, 서독 정치인들을 더 믿었다. 모드로 수상과 원탁회의가 서독 정당의 동독 선거운동 개입과 동독 정당에 대한 재정 지원을 금지했지만, 콜 수상을 비롯한 서독 정치인들은 이에 별로 신경을 쓰지 않았다.[88] 따라서 동독의 총선거는 서독 정치인들의 대리전 양상을 띠게 되었다.

'독일동맹'은 선거전에서 서독 기민당의 전폭적인 지원을 원했으며, 콜 수상은 선거 유세에 적극적으로 참여하였다. 콜 수상은 에어푸르트, 할레, 드레스덴, 라이프치히를 비롯한 동독의 주요 도시를 순회하면서 총 여섯 차례의 선거지원 유세를 했다. 이 유세 과정에서 100만 명 이상의 동독인들이 그의 연설을 직접 듣게 되었다. 그는 유권자들에게 독일 통일에 대한 희망을 심어주는 위대한 지도자로서의 이미지를 강하게 심어주었다. 동독 기민당은 선거 일주일 전에 통일이 천천히

동독 최초 자유선거에 투표하러 온 주민들

되기를 원했던 기존 입장을 포기하고 서독 헌법 제23조에 의한 조기 통일 방식을 받아들였다. 따라서 보수적인 '독일동맹'은 탁아소, 낮은 임대료, 체제에 순응하는 사람에게 보장되는 직장과 같은 동독식 사회보장은 없지만 광범위한 서독의 사회보장망을 가진 신속한 통일을 공약으로 내세웠다.

반면, 서독 사민당은 동독 사민당을 자매 정당으로서 적극적으로 지원하였다. 브란트 명예 총재 등 당 지도부가 선거지원 유세에 나섰으며, 유인물과 선거 관련 자재도 지원했다. 서독 사민당은 헌법 제146조에 의한 통일방식을 지지하여, 동독의 정체성을 유지하고 서독의 사회보장을 헌법상 확대하는 단계적 통일을 지지했다. 서독의 정치인들이 동독의 자유선거를 적극적으로 지원하지 않을 수 없었던 요인은 1990년말 또는 1991년초에 연방의회 총선거가 실시될 예정이었기 때문이다. 동독 자유선거는 동독의 새로운 유권자들에게 선거유세, 투표 등 민주주의 방식을 학습시키는 좋은 기회가 되었다.

동독 주민들은 조기 통일을 선택했다

1990년 1월말 동독 내에서 실시한 최초의 여론 조사 결과에 의하면, 3월 자유 총선거에서 동독 사민당이 54%라는 절대다수로서 선두를 달리고 있었다. 여타 조사 결과도 사민당이 36~44% 득표로 승리할 것으로 예측했다. 그러나 선거 결과는 '독일동맹'의 압도적인 승리로 나타났다. 그 다음날 서독의 유력지인 〈슈피겔〉이 "콜의 승리"라는 헤드라인으로 보도했듯이, 선거 결과는 콜 수상에 대한 절대적 지지의 표출이기도 했다. '독일동맹'은 192석, 사민당은 88석, 동독 공산당의 후신인 민주사회당PDS은 66석을 차지했다. 득표율로 보면 '독일동맹'은 41.04%를 얻었으나, 사민당은 21.8%, 민사당은 16.4%밖에 얻지 못했다.

이런 선거 결과가 나타난 첫째 이유는 무엇보다도 동독 유권자들이 '독일동맹'이 내세운 서독마르크의 즉각적인 도입과 신속한 통일 공약을 선호했기 때문이다. 동독 유권자들은 콜 수상의 정책으로 그들의 삶에 근본적인 변화가 일어날 것을 기대했던 것이다. 조기 통일과 서독마르크의 동독 도입에 대한 콜 수상의 약속은 동독 유권자들에게 경제생활 향상에 대한 기대감을 갖게 했다. 둘째, 사민당이 독일 국민 다수가 1990년 내에 통일을 원한다는 여론을 간파하지 못하고 동독 국민들에게 민생문제와 통일에 대해 매력적인 정책을 제시하지 못했기 때문이다. 특히 서독 사민당의 수상 후보인 라퐁텐은 동독 유권자들에게 동독에 머물러 있으면서 통일의 속도를 늦추는 것이 그들에게 이익이 될 것이라고 말했다.

기민당은 조기 통일을 바라는 동독 유권자들의 심리를 최대한 활용하는 선거 전략을 구사했다. 동독 주민들은 빈곤에서 해방되어 서독과 같은 풍요한 생활을 누리고 싶어 했다. 베를린 장벽이 개방되기 전까지 동독 주민의 최대 요구는 '자유'였고, 장벽 붕괴와 함께 자유의 욕구가 채워지자 '통일의 내셔널리즘'으로 바뀌었다. 동독 경제상황이 악화되고 화폐통합을 시작으로 한 통일의 방향이 가시화되자 이들의 요구는 '물신주의' 경향으로 나타났던 것이다.[89] 기민당은 '사회주의는 절대 반대'라는 슬로건을 내걸고, 유권자들의 마음속에 동독 공산당과 사민당을 동일시하는 감정을 강화하려고 노력했다. 동독 주민들은 "원래 모습이든 개혁된 것이든 어떤 종류의 사회주의적 실험에도 반대"하고 이미 성공적인 것으로 증명된 서독의 경제적, 정치적 모델을 도입하는 데에 표를 던졌던 것이다. 슈타지 비밀경찰의 인권탄압 사건과 동독인들의 끔찍한 삶의 실상들이 공개되면서 동독 주민들은 그동안 좌익 계열의 정당이나 시민단체들이 주창했던 '인간적인 얼굴을 가진 사회주의'나 '제3의 길'에 대해 더는 환상을 갖지 않게 되었다.[90] '동맹 '90'과 같이 1989년 시민 혁명을 주도했던 시민단체들은 투표의 5%밖에 지지를 얻지 못했다. 이들 단체들은 선거운동에서 구동독을 그대로 유지하는 가운데 개혁을 하는 제3의 길을 내세웠다. 그러나 동독 주민들은 이미 통일을 갈망하고 있었다. "동독 주민들은 사회복지, 경제생활 향상 등 통일의 장점만을 보고 있었다. 이들은 실업 등 단점은 생각하지 못했다."[91]

1990년 2월 12일 월요 시위에서 등장한, "서독마르크가 우리에게 오지 않으면 우리가 거기로 간다"라는 구호는 그들의 조속한 통일 요구가 분출한 것이었다. 콜 수상은 동독 선거 유세에 나타나서 기민당만이 동독의 경제 부흥을 실현할 수 있다고 강조하면서 모두 잘 살 수 있도록 해 주겠다'는 약속을 했다. 그는 동독을 "번영하는 지역Bluehende Landschaften"으로 만들겠다고 장담했던 것이다.

총선에서 승리한 '독일동맹'의 주도 세력인 기민당은 사민당과 함께 대연립내각을 구성했다. 자유선거를 통해 구성된 동독 인민의회에서 4월 12일 기민당 당수인 로타 드메지어가 수상으로 선출됨으로써, 민주적 정통성을 갖춘 정부가 탄생하게 되었다. 동·서독 정부는 화폐·경제 통합과 법적·정치적 통합을 위한 협상을 거쳐 독일 통일 과정의 대내적 측면을 해결해 나가게 되었다.

동독의 자유 총선거 결과는 독일 통일의 대외적 환경을 해결하기 위한 국제관계에도 큰 영향을 미치게 되었다. 특히 자유민주적 선거를 통해 탄생한 새로운 동독 정부가 서독으로 신속히 편입되기를 원했기 때문에 소련으로서는 동독 정부를

드메지어 동독 수상 인민의회 연설

통해 통일의 속도를 늦추어 보려는 희망을 포기해야만 했다. 당시 부시 대통령의 국가안보보좌관인 스코우크로프트는 고르바초프가 동독 총선거 결과를 보고 조기 통일의 불가피성을 수용한 것으로 판단하고 있다. 또한 영국과 프랑스도 독일 통일의 불가피성을 인식하고 평화조약 체결을 더 이상 주장하지 않게 되는 등 독일에 대해 협조적인 태도를 보이기 시작했다.

통일조약의 헌법적 근거

독일은 화폐·경제·사회 통합조약국가조약과 선거조약, '2+4 조약,' 통일조약을 체결함으로써 통일을 평화적이고 민주적으로, 국제사회의 지지를 받는 가운데 달성하게 되었다. 통일조약은 독일 통일을 달성하기 위한 헌법적 전제로서 자유민주적, 법치국가적인 서독의 기본법을 상정하고 있었다. 따라서 기본법 제23조에 의거해 동독 지역의 주州들이 서독 연방에 가입함으로써 통일이라는 목적이 빠르게 달성될 수 있었으며, 기본법 적용 영역이 새로 편입된 동독 지역으로 확대되었다.

독일연방공화국서독의 기본법에는 통일로 가는 두 가지 헌법적 근거를 규정하고 있었다. 제23조에서는 '기본법은 당분간 바덴, 바이에른, 브레멘 등 서독 지역의 주에만 적용되고 독일 기타 지역에 대해서는 그들이 가입한 후에 효력을 발생한다'라고 규정하고 있다. 한편 제146조에서는 '이 기본법은 독일 국민의 자유로운 결정에 따라 의결된 헌법이 효력이 발생하는 날에 그 효력을 상실한다'라고 규정하고 있다. 즉 제23조가 규정하고 있는 "가입Beitritt"의 방법 또는 제146조가 규정하고 있는 새로운 헌법 제정에 의한 방법에 따라 국가 통일을 달성할 수 있는 것이다.

기본법의 효력을 확대 적용할 것인가 또는 새로운 통일헌법을 제정할 것인가 하는 문제를 둘러싸고 격렬한 논쟁이 벌어졌다. 제23조에 의한 통일을 주장하는 사람들은 주로 헌법학자와 기민당·기사당에 가까운 학자들이었다. 이들은 1955년 주민들의 투표 결과에 따라 기본법 제23조에 의하여 자를란트 주가 프랑스 통치에서 벗어나 1957년 1월 서독 연방공화국에 가입했듯이, 동독이 인민의회의 결의에 의해 서독 연방에 가입하기만 하면 통일이 달성된다고 주장했다. 서독으로 이주하는 동독인이 증가하고 동독의 정치적·경제적·사회적 불안이 증대하는 격변기에 통일헌법을 제정하기 위한 길고도 심각한 심의 과정은 오히려 통일을 지연시킬 우려가 크기 때문에 헌법적 안정성을 유지하기 위해서라도 기본법을 확대 적용하는 것이 타당하다고 주장했다.

비록 통일 후에 확인된 사실이지만, 경제적인 시각에서 볼 때에도 기본법 제146조에 따른 통일은 상당한 예측 불가능성과 위험을 내포하고 있었다. 왜냐하면 통일에 앞서 통일 독일의 새로운 헌법에 대해 정치적 논의를 시작했다면, 화폐·경제 통합 과정에 2~3년간의 불확실한 기간이 들어섰을 것이다. 이 경우 구동독의 경제구조 조정이 어려워졌을 뿐만 아니라 불확실한 헌법 규정들로 인해 생길 위험 때문에 서독 내에서의 투자도 위축되었을 것이고, 이에 따라 구동독 지역으로의 재정 이전에 어려움이 더 많았을 것이기 때문이다.

한편 제146조에 의한 통일을 지지하는 사람들은 주로 법학자, 사회과학자, 철학자, 자민당과 사민당의 비보수계 학자들이었다. 이들은 무혈민주혁명에 의해 공산주의 통치를 종식시킨 동독 국민들의 자존심을 존중하여 이들에게 병합을 강요할 수 없다고 주장했다. 또한 지금까지 성공적인 성과를 보인 민주주의적 방법을 공개 토론을 통해 더욱 확대해 나가야 하며, 동·서독 국민이 동등한 입장에서 통일을 추구해야 하기 때문에 새 헌법을 제정해야 한다고 주장했다. 이들은 기본법 전문에 "독일 국민 전체가 함께 미래의 정치체제에 관하여 스스로 결정한다"라고 규정되어 있으므로 제23조에 의한 통일은 동독을 식민지화하는 것과 다름없다고 주장했다. 이들은 3월 18일 동독 최초 자유 총선거의 정당성과 합리성에 의문을 제기하는 것이 아니라 단지 전체 독일 국민의 공개 토론 없이

제23조에 의해 동독을 병합하는 것은 민주주의 원칙에 위배된다고 본 것이었다.

콜 수상은 1990년 2월초 동독 이주민의 증가를 막고 동독의 붕괴에 따른 대내외적 위기를 방지하기 위한 가장 현실적인 방법으로 기본법 제23조에 따라 동독이 서독 연방에 가입함으로써 가능한 한 빨리 통일을 달성하기로 결정했다. 자유 총선을 통해 구성된 동독 인민의회가 독일연방 가입을 의결하면, 서독 국민에 의한 찬반 투표와 같은 동의가 필요하지 않기 때문에 제23조에 의한 통일이 가장 현실적이고 이상적이라는 여론이 어느 정도 형성되었기 때문이었다. 그러나 예상치 않게 연립정부 파트너인 자민당은 기본법은 독일 전체를 위한 것이 되어야 한다고 주장하면서 제23조에 의한 통일이 아닌 다른 방법을 선택하겠다고 했다. 야당인 사민당은 처음에는 새로운 헌법 제정에 의한 통일을 주장했으나, 제23조에 따른 통일 방법이 대세가 되자 통일을 한 후에 제146조에 따라 새 헌법을 통과시키자는 대안을 내놓기도 했다.

콜 수상이 이끄는 기민당이 적극적으로 지원한 '독일동맹'이 동독 자유 총선거에서 승리함에 따라 제23조에 의한 통일이 추동력을 갖게 되었다. 제23조에 따른 통일을 선거 공약으로 내세운 '독일동맹'의 승리는 동독 주민들이 서독의 풍요롭고 자유로운 민주주의 체제로 신속히 편입되는 것을 선호

함을 입증해 주었다. 이들에게는 단계적 통일을 위한 시간적 여유가 허용되지 않았으며, 새로운 통일헌법을 제정할 여력이나 인내심이 없었다. 서독의 집권 연립정부는 1990년 3월 22일 기본법 제23조에 의거하여 동독이 기본법의 관할지역_{독일} _{연방공화국}에 가입하는 방식에 의한 통일을 추진하기로 공식 결정했다. 자유총선 결과에 따라 구성된 드메지어 동독 정부도 4월 19일 성명을 통해 "기본법 제23조에 따라 조약에 합의하는 방식으로 통일을 달성하겠다"라고 발표했다.

1990년 8월 23일 동독 인민의회가 찬성 294표, 반대 62표, 기권 7표에 따라 1990년 10월 3일자로 동독이 서독 기본법의 적용 영역에 가입한다고 의결함으로써 통일을 위한 헌법적 조건이 달성되었다. 인민의회는 "통일조약의 심의가 10월 3일 전에 끝나고, '2+4 회담'에서 독일 통일의 대외적, 안보정책적 조건을 해결하고 10월 14일 동독 주의회 선거가 실시되기 위해 신연방주가 형성되어야 한다"라는 전제조건을 달았다. 기본법 규정은 기본법이 적용되지 않던 동독으로 하여금 독일연방의 일부로서 가입할 수 있는 권한을 부여하는 것이었는데, 물론 이것은 가입이 자의에 의한 민주적이고 합법적인 결정에 따른 것임을 전제로 한다. 1990년 10월 3일부로 기본법은 신설 연방주 및 동베를린 지역에 그 효력을 발생하게 되었으며 바로 이 시점으로부터 국가로서, 그리고 국제법 주

체로서의 독일민주공화국둥둑은 소멸되었다.[92]

　기본법 제23조에 따른 통일이 진행되기 시작하자 논의의 초점은 제23조 이외에 제146조에 의한 방법도 허용될 수 있는지 여부로 옮아갔다. 즉 제23조에 따라 통일이 된 후에도 헌법제정회의 또는 헌법제정국민회의에 의해 새로운 헌법이 의결되고 국민투표에 의해 새로운 통일헌법이 확정되어야 하는 것이었다. 이 문제는 동독과 서독이 체결한 통일조약을 통해 해결되었다. 통일조약은 원칙적으로 기본법이 전체 독일국민에게 확대 적용되도록 했다.[93] 통일 후에 기본법 제23조는 그 존재 목적이 달성되기 때문에 폐지되었고, 제146조는 "독일의 자유와 통일이 이루어진 후 전체 독일국민에게 적용되는 이 기본법은 독일국민의 자유로운 의사에 따라 의결된 새로운 헌법이 효력을 발생하는 날에 그 효력을 상실한다"라고 개정되었다. 이에 따라 기본법은 통일 후 개정 또는 보완되거나 새로운 헌법이 제정될 때까지 그 효력을 유지하게 되었다. 다만, 여기서 다시 문제가 된 것은 통일조약이 과연 기본법을 개정할 수 있는 법률의 자격을 가지느냐 하는 것이었다. 통일조약은 국제법상의 조약이자 특별한 조약으로서 연방의회의 2/3 이상의 찬성을 획득했기 때문에 기본법 개정을 위한 법률이 될 수 있으며, 따라서 통일조약이 헌법 개정의 성격을 갖는 것으로 해석되었다.[94]

통일조약의 협상 과정

동·서독은 1990년 5월부터 사전 접촉을 통해 쇼이블레 서독 내무장관과 크라우제 동독 수상실 정무차관이 국가조약에 관한 기본방침을 서로 교환했으며, 7월 6일부터 본격적인 협상에 들어가 8월 6일 조약 초안이 완성되었다. 서독측은 6월말 내각의 '독일통일위원회'[95]에서 동독의 연방 가입에 필요한 법적 조치를 통일조약에 문서화하기로 공식 합의하고, 합의 작업은 내무성이 동독과 협상하도록 전권을 위임했다. 통일조약에 관한 동·서독 정부 간 협상이 7월 6일 동베를린에서 시작되었다. 자유선거에 의해 탄생한 민주적 정통성을 갖춘 동독 정부는 '조기 통일'이라는 동일한 목표를 완수하기 위한 서독의 동반자였다. 크라우제 차관은 "우리는 경제적 통일만 이룰 수 없으며, 화폐통합 이후의 경제적 통일이 불완전하기 때문에 정치적 통일도 완수해야 한다. 서독의 재정지원뿐만 아니라 민간투자와 공공투자도 절대적으로 필요하며 이것은 정치적 통일이 완수되어야만 가능하다"라고 강조했다.[96]

서독측 대표단장은 쇼이블레 내무장관이, 동독측은 크라우제 수상실 정무차관이 맡았으며, 서독 대표단은 각 부처 사무차관으로 구성되었다. 주州정부 간 재정균형화 문제는 중요한 의제였으며 교육·문화 분야도 주정부 소관사항이었기 때문에 각 주의 정무장관이 주대표로 대표단에 참석했다. 또한 의회 원내교섭 단체政黨의 대표들도 대표단에 참여하도록 했다. 동독도 같은 수인 50여명의 대표단을 구성하고 정부 부처 대표와 주정부 대표들이 참석했다. 유럽공동체의 대표도 통일 협상에 참석했다. 서독 각 부처는 동독의 현행 법률을 수집하여 체계적으로 분석했다. 그 과정에서 모든 서독 법규를 전체 독일 지역에 적용할 수 있는지 여부도 조사했다. 이들 부처는 관련 동독 부처와 협의하여 통일조약 조문을 작성해 나갔다.

서독측 협상 대표단장인 쇼이블레 장관은 1990년 내에 통일을 달성해야 한다는 목표를 정하고 통일조약 협상의 기본 원칙을 정했다. 첫째, 주정부와 정당 대표들을 대표단에 참여시켰다. 각 주정부 대표들과 상·하원 의원, 정당 대표들을 협상 대표단에 포함시킨 것은 통일조약이 동·서독 의회에서 2/3 이상의 찬성을 필요로 한다는 사실을 고려한 조치였다. 통일조약 협상 과정에서 각 주정부들과 정당들과의 협의가 필요했으며, 또한 협상 과정에 참여한 이상 통일조약에 반대하기는 어려울 것이라고 판단했기 때문이다. 그러나 그는 공식 협상 당사자인 동독과의 협상보다는 두 정치권 안에서의 게임, 즉 각 주정부와 정당 들과의 협상이 훨씬 더 어렵고 복잡했다고 회고했다. 연방하원 총선거가 연말로 예정되어 있었기 때문에 각 정당과 주정부가 중요한 문제에 서로 경쟁적인 태도를 보이고 있어서 서독측의 통일된 의견을 모으기 위해 힘든 논쟁과 설득 작업이 있어야 했기 때문이다. 특히 야당인 사민당이 집권하고 있는 주에서는 재정균형화 원칙의 동독 적용 문제를 둘러싸고 통일조약 협상을 결렬시키겠다고 위협하기도 했다.

둘째, 통일조약에 반드시 포함시킬 필요가 없거나 조약 비준에 장애를 조성할 가능성이 있는 사안들은 배제했다. 통일조약에 포함되면 통일조약 자체의 비준에 지장을 줄 수 있는 논란이 심한 문제는 잠정적인 해결책만 제시하고 최종적인 결론은 통일 후 의회에서 결정하도록 했다. 왜냐하면 통일조약은 조목별로 통과되는 것이 아니라 전부 수락되거나 아니면 전면 거부되기 때문이었다. 통일조약은 누구에게나 유리하게 적용될 수 있어야 통과될 수 있기 때문에 조약에 명시하여 불필요한 논란이 야기되는 것을 피했던 것이다. 따라서 서독 내에서 정당 간에 의견이 대립된 낙태수술 문제는 과도기적으로 동독법을 계속 적용하고, 통일 독일의 수도 결정과 같은 논쟁이 많은 문제들은 통일 후에 통일의회에서 확정하도록 유보했다. 통일 독일의 수도 문제에 대해서는 동독측은 베를린을, 서독의 일부 주정부들은 본을 수도로 주장했다. 결국 베를린을 수도로 하되 의회와 행정부의 소재지는 통일 후에 결정하기로 했다.

셋째, 통일조약이 지금까지 서독에서 적용되던 법률 또는 헌법을 개정하기 위해 이용되는 사례는 철저히 배격했다. 쇼이블레 장관은 "통일은 지금까지 수 십년간 관철하지 못했던 사항을 뒷문으로 슬쩍 통과시키려는 그러한 야비한 작업은 아니다"라고 못 박았다.[97] 그렇게 될 경우 통일조약 체결에 지장을 초래할 우려가 있기 때문이었다. 통일과 긴밀하게 관련된 부분을 제외하고는 기본법 개정을 허용하지 않았다.

서독 정부는 통일조약을 준비할 인력과 조직이 있었으나, 동독 정부는 신뢰할 만한 인력이 부족했기 때문에 통일조약 초안은 대부분 서독측이 작성하였다. 서독 내무성은 1990년 2월부터 통일에 대비한 법조문 연구를 비밀리에 진행해 왔었다.

조약의 명칭은 '통일조약Einigungsvertrag'으로 합의했다.[98] 이는 협상 첫날에 드메지어 동독 수상이 두 국가 간의 조약이 아니므로 국가조약 대신 통일조약으로 이름 짓자고 제안했기 때문이다. 쇼이블레 장관은 동독으로서는 화폐통합 조약 체결에서처럼 2등 국가로 취급받는 것을 원하지 않았기 때문에 그런 것이라 짐작하고 이를 수용했다. 통일조약은 4차례의 공식회담을 통해 완성되었다. 제1차 회담7월 6일, 동베를린에서는 토의 주제와 협상 계획이 합의되었고, 제2차 회담8월 1~3일, 동베를린에서는 통일조약 공동합의문 초안을 협의했으며, 전독일 총선에 관한 선거법 조약에 서명했다. 제2차 회담에 이어 제3차

독일통일조약 서명(동베를린, 1990년 8월 31일)

회담8월 20~24일, 본에서도 주정부간 재정균형화 문제가 핵심 쟁점이었다. 제3차 회담 후에도 재정문제와 낙태수술허용법, 동독 비밀경찰의 문서처리법 등 큰 정치적 문제들이 여전히 타결되지 않고 남아 있었다. 이를 해소하기 위해 주 정부 정무장관 회의를 통해 이들의 이해와 조건을 최대한 반영하기 위해 노력하겠다고 설득하고, 콜 수상과 각 정당 당수와 원내총무들과의 여야 대표회담을 통해서 미해결 과제들을 협의했다. 제4차 회담8월 30일, 본에서 마침내 통일조약에 관한 협상이 종결되었다. 8월 31일 새벽에 쇼이블레 장관과 크라우제 차관이 통일조약에 완전히 합의하였으며, 통일조약은 오전에 양 독일 국무회의에서 인준된 후, 오후에 베를린으로 장소를 옮겨 쇼이블레와 크라우제가 조약에 서명하였다. 9월 20일 동독의회는 찬성 299명, 반대 80명, 기권 1명으로, 서독 연방하원은 찬성 442명, 반대 47명, 기권 3명으로 통일조약을 가결했다. 9월 21일 서독 상원이 만장일치로 이 조약을 가결했다. 9월 23일 연방 대통령이 조약을 비준했으며 9월 29일부터 법적 효력이 생겼다.

통일조약 협상의 주요 쟁점

통일조약 협상 과정에서 동·서독 정부 간에 또는 서독 내부
^주 정부와 정당 간에서 여러 가지 사안들이 논란의 대상이 되었다.
그러나 여기서는 통일조약 타결에 장애를 줄 정도로 큰 쟁점
이 되었던 몇 가지 대표적인 문제들을 살펴보기로 한다.

첫째, 서독법을 동독에 적용하는 문제였다. 서독 내무성은
통일 후 얼마 동안 동독법을 존속시키고 서독법은 예외적인
경우에만 적용하자는 입장이었다. 당장 서독법이 적용되면,
과도기의 긴박한 경제적, 사회적 재건에 필요한 신속한 처리
를 방해할 가능성이 있었기 때문이다. 그러나 서독 법무성은
서독법을 동독에 즉시 적용하고 동독법은 예외적인 상황에서
만 일정 기간 적용하자는 입장이었다. 통일 후 동독 사회주의
법이 계속 적용되면, '법'이라는 이름으로 통용하는 데 문제가
있으며, 통일 후 독일에 하나의 법규정만 있어야 한다는 근본
원칙에 위배된다는 것이었다. 또한 서독의 기업들은 동독에
대한 투자를 위해서는 동독법의 불확실성이 없어야 한다는
경제적 이유에서 서독법의 일률적 적용을 주장했다.

한편 동독 정부는 1,600만 동독 주민의 이익을 보호해야
한다면서 동독법이 유효한 것으로 존속하고, 예외적인 경우에

만 서독법을 적용하면서 서서히 서독법을 동독으로 이전하자는 입장이었다.

결국, 법무성의 의견대로 서독법을 즉시 적용하고 예외적 상황에서만 동독법을 과도기적으로 적용키로 합의했다**통일조약 제9조 및 부속서 I, II에 규정**. 또한 통일 이후에도 동독 지역의 여러 가지 서로 다른 법 적용에 따라 얼마 동안은 기본법과 일치하지 않아도 무관하다고 합의함으로써 기본법과 양쪽 지역의 법 해석의 차이를 인정했다**통일조약 제4조 제5항**. 통일 시 서독의 전체 법률체계를 동독 지역에 즉각적으로 확장 적용하는 것은 단시일에 변화가 불가능한 동독 지역의 사법 현실상 불가능했다. 과도기적 효력을 지니는 동독 법률은 모자보건법, 낙태허용법, 동성연애법 등이었다.[99]

둘째, 동독 지역의 주들에게 재정균형화 원칙을 적용하는 문제였다. 기본법 제107조는 주정부 간 수평적 재정균형화 Finanzausgleich 원칙을 규정하고 있었다. 통일 시 동독 5개주도 기본법의 동 조항 적용 대상이 되었다. 서독 11개주는 만약 동독에도 이 원칙이 적용되면 그동안 서독에서 재정지원을 받아오던 가난한 주들**자를란트, 슐레스비히-홀슈타인 등**이 재정이 더 취약한 동독 주들에 대해 오히려 지원을 해주는 주가 되어야 하므로 이 원칙을 동독에 적용하는 것을 반대했다. 또한 각 주의 인구

수에 비례하여 배분하는 부가가치세 수입의 분배도 구매력이 약한 동독 주에 대해 동일하게 적용하는 것에 반대했다. 동독 협상대표는 서독 기본법 제107조에 따라서 동독 주에도 재정 균형화 원칙을 적용할 것을 요구했다. '독일통일기금'의 보조만으로는 동독의 재정이 절대적으로 모자라기 때문에 추가적인 재정지원을 원했던 것이다.

동독의 입장에서는 경제 재건을 위해 가능한 한 충분한 재정을 확보하려고 노력했다. 그러나 서독 주정부의 입장에서는 동독에 대한 긴급한 재정지원을 거부하지는 않았지만, 연방정부가 주정부에 많은 통일 비용 부담을 강요할 것을 염려하고 있었다. 이 문제는 정치적으로 해결할 수밖에 없었다. 화폐통합 협상이 마지막 단계에 이르렀던 5월 16일, 연방 정부와 주정부는 동독 5개주에 대한 재정균형화 원칙 적용을 1994년 말까지 유보하는 대신 '독일통일기금'으로 동독을 지원하기로 합의한 바 있었다. 1990년부터 1993년까지 1,150억 마르크의 기금을 조성하되, 200억 마르크는 연방예산 절감을 통해서 조달하고, 나머지 950억 마르크는 자본시장에서 차입하여 연방과 서독 주가 각각 반반씩 상환하기로 합의했다. 따라서 주정부들은 이 기금이 있으므로 더는 지원할 수 없다고 버텼으며, 쇼이블레 장관은 기본법의 동독 적용이라는 새로운 상황에서 재정균형화 제도가 동독에도 적용되어야 한다고 설득했다. 그러나 결국에 가서는, 종전에 합의한 대로 1994년말까지는 재정균형화 원칙의 적용을 유보하고, 대신 동독 주정부에게 직접 배당하는 특별재정지원의 비중을 종전 '독일통일기금' 연간 배당액의 50%에서 85%로 증가시키기로 합의했다.[100] 다름슈타트대 뤼루프 교수는 독일통일기금은, 재정균형화 원칙을 도입하기에는 동·서독 주들 사이에 재정 상태의 격차가 너무 컸기 때문에 차선책으로 도입한 일종의 '눈가림 Taschenspieltrick'이었다고 주장했다.[101] 부가가치세 분배 문제는 전체 주정부에 귀속된 총세금 수입의 35%를 16개주에 분배할 때, 동독 주에 대해서는 분배 비율을 1991년에는 서독 주의 55%에서 매년 5%씩 인상하여 1994년에는 70%까지 높이기로 합의했다통일조약 제7조 제3항. 그러나 통일 후 1991년 2월 28일 연방 및 주 정부 수상회의에서는 이를 수정하여, 모든 주에 공평한 부가세 분배를 즉각 시행하기로 합의했다. 이러한 조치의 결과로 1993년 5월까지 가장 많이 부담한 주는 헤센 주와 바덴-뷔르템부르크 주, 함부르크 주였는데, 구동독 5개 주는 모두 수혜자였으며 서독 주로서는 브레멘 주가 이익을 보았다.[102]

    셋째, 재산권을 원소유주에게 반환할 것인지 보상할 것인지에 관한 문제였다. 재산권 처리 문제는 화폐통합 협상 과정에서도 합의를 보지 못한 매우 어려운 문제였다. 동독의 경제 재건을 위해서는 재산권 문제가 명확히 해결되어야 했으나 이해관계가 복잡하게 얽혀 있어서 쉽게 결론을 내지 못했다. 왜냐하면 기본법에 보장된 사유재산 보장조항과 동독 지역에 새로운 투자 붐을 일으키려는 정책적 의도가 서로 대립했기 때문이다. 결국 이 문제는 추후 다시 논의하기로 하고 화폐·경제·사회 통합에 관한 국가조약이 체결되었다.

1990년 3월 1일 동독 정부는 재산권 문제에 관한 성명을 통해 동·서독 간 화폐통합을 위한 협상 과정에서 제2차 대전 이후 동독 지역에서 형성된 재산권 관계가 문제시되어서는 안 되며, 특히 40여 년간 법적 관련을 맺어 온 동독 시민의 소유권, 임차권 및 용익물권이 보호되어야 한다고 주장했다. 모드로 수상은 이러한 내용이 포함된 서한을 콜 수상과 고르바초프 대통령에게 보냈다. 자유선거 결과에 따라 구성된 연립 내각은 4월 12일 토지개혁 및 기타 몰수조치의 결과로 형성된 소유권 관계는 인정되어야 한다고 주장했다. 다만 불법적 몰수조치는 필요한 경우 보상을 검토할 수 있다는 입장이었다. 특히 드메지어 수상과 개혁인사들은 재산의 상당 부분이 서독인에게 반환되면 남는 것이 별로 없어, 동독인은 '패배자' 또는 '2등 국민'의 감정을 가질 것이라고 주장하면서 재산 반환에 반대했다. 야당인 사민당도 '반환보다는 보상 우선'원칙을 주장했다.

1990년 3월 27일 소련 정부는 소련의 지원을 요청한 모드로 수상의 서한과 관련, '동·서독 화폐통합과 독일 통일로 동독의 소유권 관계의 합법성이 문제시되어서는 안 된다'라는 입장을 제시했다. '2+4 회담' 과정에서 소련측은 1945~49년간 소련의 점령권 및 점령고권에 근거한 몰수조치의 합법성이 독일 법원 또는 기타 국가기관에 의해 수정될 수 없다는 내용을 '2+4 회담'에 포함할 것을 요구했다.

동독과 소련의 민감한 감정과 서독의 헌법적 의미 때문에 콜 수상은 킨켈 법무차관으로 하여금 재산 몰수와 관련된 문제를 검토하도록 지시했다. 킨켈 법무차관 등은 동독측과, 카스트루프 외무성 국장 등은 '2+4 회담'을 계기로 소련측과 각각 재산권 문제에 대한 협상을 가졌다. 내독관계성은 미해결 재산권의 반환 및 보상 문제를 검토하기 위해 수상실, 재무성, 법무성, 경제성, 내무성 관계전문가들로 태스크포스를 설치했다. 물론 부처 간에 상당한 이견이 존재했으나 회의를 통해 '보상보다 반환 우선' 원칙을 결정했다. 이러한 원칙이 장차 동독 경제재건 과정을 지연시킬 우려가 있으나, 기본법 제14조의 사유재산권 보호 규정과 서독 내 원소유주들의 헌법소원 제기 가능성을 고려하여 이렇게 결정했다. 다만, 소련의 통치기간 중에 몰수된 재산에 대해서는 반환하지 않기로 했다.

동·서독은 미해결 재산 문제의 처리를 위한 협상 결과를 1990년 6월 15일 공동성명으로 발표했다. 그 내용은 다음과 같다. 첫째, 1945~49년간 행해진 소련점령지역에서의 몰수 조치는 원상회복되지 아니한다. 둘째, 몰수 또는 국가관리로 전환된 재산은 원칙적으로 원소유자 또는 그 상속인에게 반환되며, 원소유자는 원상회복 대신 보상을 선택할 수 있다. 다만, 긴급하고도 확정적 투자 목적 또는 고용 효과가 큰 재산의 경우 반환하지 않는 것으로 했다. 공동성명의 내용은 통일조약의 일부제4조 제5항, 제41조를 구성했으며 성명 자체는 '부록 III'으로 통일조약에 포함됨으로써 헌법적 효력을 갖게 되었다. 토지소유권과 관계된 전승국 조치의 합법성을 인정한다는 내용을 '2+4 회담'에 포함해야 한다는 소련측의 요구는 관철되지 않았다. 서독측은 소유권에 관한 사안은 '2+4 회담'의 의제에 포함되지 않는다는 입장을 견지했다. 그 대신 동·서독 외무장관이 6월 15일자 공동선언 내용이 포함된 공동 서한을 '2+4 조약' 서명일9월 12일에 4대국 외무장관에게 전달하는 것으로 타결되었다.

넷째, 동독 정부를 위해 스파이 활동을 한 사람들을 사면해 줄 것이냐 하는 문제였다. 쇼이블레 내무장관은 200만 동독 공산당원이 통일 후에 국가 기관과 공공단체에 취직하는

브란덴부르크 비망록

것을 원칙적으로는 금지하지 않는다고 발표했다. 쇼이블레는 40년 이상 지속된 전체주의적 사회주의 체제의 정치적·도덕적 청산 작업은 그 여파가 오랫동안 작용할 것이며, 만약 두 개의 독일이 균형 있게 성장하려면 역사적 진실을 흑백논리의 정치적 논쟁에서 찾으려 해서는 안 된다고 생각했기 때문이다. 내무성은 동독을 위한 첩보 행위가 단지 정보 수집에만 국한되었을 경우 통일 후에 형사 처벌할 수 없다고 주장했으며 법무성도 이에 동의했다. 분단이 초래한 위법 행위는 형사 처벌해서는 안 된다는 입장이었다. 서독의 정보기관도 동독 첩보원이 동독을 위한 활동을 중지하고, 다른 어떤 첩보기관에 정보를 제공하지 않는다면 사면할 것을 약속했다. 형법학자들도 '통일 독일에서 어떤 법적 근거로 과거 동독의 질서를 위해 한 행위를 처벌할 수 있겠는가?'라는 의문을 제기했다.

따라서 법무성에서 '국가 반역죄와 국가 대외안전위협 범죄에 관한 사면령' 초안을 작성했다. 동독에 거주하는 독일인이 서독에 대해 단지 정보수집 첩보활동만을 한 경우에는 처벌되지 않고, 또한 동독 비밀경찰에 정보를 제공한 서독 국민도 사면해주기로 한 것이었다. 그러나 국회와 동·서독 국민들의 반대가 대두되어 만약 이것을 조약에 포함시키면 통일조약 자체의 비준이 어려워질 것이 우려되자, 이 사면령은 결국 통일조약에서 제외되었다.

독일 통일의 날 축제(제국의회 앞, 1990년 10월 3일)

통일조약의 내용과 의의

통일조약은 전문, 본문 9장 45조, 각 조의 적용 기준을 명시한 의정서, 서독법 적용에 관한 특별 경과규정부록 I, 동독 법률의 효력 지속에 관한 특별 경과규정부록 II, 미해결재산권에 관한 양독 정부의 공동성명부록 III, 동 조약의 이행을 위한 양독 정부 간 합의서로 구성되어 있다.

전문은 국제공동체의 동등한 일원으로서 평화와 자유를 바탕으로 통일을 완성하고, 양독 국민의 소원이 법치주의와 민주주의가 지배하는 사회복지 연방국가임을 강조하였다. 또한 동독 국민이 평화적인 방법으로 자유의 돌파구를 마련한 점을 높이 평가하였으며, 통일독일은 유럽의 통합과 평화질서를 확립하는 데 기여하겠다는 의지를 표명했다. 장章별 내용은 제1장 가입에 따른 효력, 제2장 기본법, 제3장 법규 적용, 제4장 국제법적 조약 및 협정, 제5장 행정과 사법, 제6장 공공재산과 채무, 제7장 노동, 사회, 가족, 여성, 보건 및 환경 보호, 제8장 문화, 교육, 과학, 체육, 제9장 경과 및 최종 규정으로 되어 있다.

내용을 구체적으로 살펴보면, 제2장제3-7조은 기본법이 동독 지역에 적용되는 것을 규정하였다. 특히 제4조는 동독의 가입과 관련된 기본법의 개정을 규정하고 있는 특별한 조항이다.

제10조에서는 유럽공동체와 관련된 국제조약과 국제적 합의 사항들, 유럽공동체법에 근거하여 서독에서 제정된 법률도 동독 지역에 적용되도록 하였다. 제8조에서는 연방법을 동독과 동베를린 지역에 확대 적용하기로 규정하였다. 다만, 동독 지역의 특수성을 감안하여 연방의 각 부처는 동독 지역에 적용하지 않는 법률, 개정 또는 폐기해야 할 법률, 별도 기준에 따라 적용되는 법률을 확정하여 '부록 I'에 수록하였다. 이에 따라 연방 법률과 시행령의 상당수 조항이 개정·폐기·보완·유보되었다. 제9조에서는 동독법의 계속 적용에 관하여 규정하고 있다. 동독법이 기본법의 권한배분 질서에 의하여 주법에 해당하는 것이나, 연방법에 해당하더라도 연방 전체에 걸쳐 통일적으로 규율되지 않은 사항에 대한 것이면 예외적으로 주법으로서 계속 유효하도록 하였다. 또한 주법으로서 계속 효력을 갖게 된 동독법은 상위법 체계인 기본법과 유럽공동체법, 연방법에 배치되지 않는 한도 내에서 효력을 가지도록 규정했다. '부록 II'에서는 기본법의 권한배분 질서에 의하여 연방법으로서 효력을 가질 동독의 법률을 모두 열거하고 있다. 이러한 동독 법률은 대부분 국가조약 체결을 전후하여 제정된 것으로 각 부처 소관마다, 계속 적용되는 법률, 개정 또는 폐지한 법률, 별도 기준에 따라 적용되는 법률 등으로 구분하여 정리해 두었다.

통일조약의 의미를 살펴보자. 독일의 통일은 국가로서의 동독이 소멸하고 이 지역의 주들이 서독의 기본법 적용 지역으로 가입하는 방법으로 달성되었다. 따라서 통일조약은 구동독의 법률 체계를 서독의 법률 체계로 동화시켜 전체 독일에 동일한 법을 적용하고 동일한 생활수준을 이룩하기 위한 문서였다. 법적 성격으로 볼 때 통일조약은 국제법상의 조약이며 실체법상의 내용으로 볼 때는 국가조약이라 할 수 있다. 동시에 통일조약제2장 제4조은 서독에게 헌법인 기본법을 개정할 의무를 부과하는 조약이다.

통일조약의 헌법적, 국제법적 특수성은 조약 당사자 중 일방동독의 소멸이라는 법적 효과와 함께 통일을 달성한다는 두 가지 목적 설정에 있다. 이와 관련하여 좌파 일부에서는 '국가해산조약' 또는 '청산조약'이라고 비판했다. 이러한 비판은 '동독의 연방 가입이 동등한 입장에서 이루어져야 한다'라 는 정신과 달리 통일조약이 서독측에 의한 '일방적인 강요'였다는 주장을 근거로 하고 있다. 특히 화폐통합 이후 동독의 경제 사정이 더욱 악화되어 동독측으로서는 더욱 굴욕적인 자세를 취하지 않을 수 없었다는 것이다. 이는 주권을 가졌던 동독이 서독의 정치 체계로 일방적으로 흡수되었기 때문이라는 것이다. 그러나 조약 찬성론자들은 독일 통일이 두 개의 국가를 해체하여 하나의 새 국가로 결합한 것이 아니라 붕괴 상태에 놓였던 사회주의 체제 국가 안의 주州들이 자유의사에 따라 자유민주주의 연방국가에 가입함으로써 이루어진 것이라고 정당화하였다. 동독의 법적인 소멸에도 불구하고 동독 지역 5개 주는 연방 상원에서, 통일 이전 동독인민의회에 당선된 의원은 연방하원과 연방정부에서 각각 의회와 행정부 활동을 하게 되어 법적, 정치적 연관성을 확보하고 있다. 그밖에 통일조약은 광범위한 경과 규정을 통해 기존 동독법의 일부가 일정 기간 계속 적용된다고 규정하고 있다. 심지어 통일 후에도 양독 지역에 법 적용이 다를 수 있으므로 새로 통합된 동독 지역의 법 적용이 기본법과 차이가 날 경우, 일치하지 않는 법률의 적용을 과도기적으로 인정해주기로 했다.

흔히 독일 통일을 서독에 의한 동독의 흡수통일로 규정하곤 한다. 그러나 동독의 국민들이 자결권에 따라 스스로 연방국가로 가입한 것으로 보는 것이 타당한 설명이다. 동독이라는 주권국가의 국민들이 민주적 절차에 따라 자유·비밀 총선거를 통해 선출한 의회가 1990년 8월 23일 서독 기본법의 적용 영역으로 가입Beitritt하기로 의결했기 때문이다. 즉 동독 주민들이 스스로 결정한 것이었다. 통합 이론의 측면에서 볼 때는 서독 기본법 제23조에 따라서 동독 지역의 주들이 서독 연방에 가입하는 합법적 근거와 동·서독 간의 통일 조약과 선거법 조약을 통해 통일을 달성함으로써 '연방주의적 접근'을 보였다.[103]

동·서독 의회 '독일통일위원회' 구성

1989년 11월 28일 콜 수상은 '10단계 통일방안'에서 동·서독 간 국가연합적 구조의 일환으로 동독에서 자유선거를 실시한 이후에 공동의회를 구성할 것을 제안했다. 1990년 2월 사민당의 포겔 원내의장도 콜 수상의 제의에 동의하여, 연방 상원과 하원에 독일 통일 과정을 담당할 기구를 설치하자고 제안했다. 통일 과정이 시작되면서부터 독일 연방하원은 의회 차원에서 통일에 법률적으로 대비해야 한다는 것을 인식하게 되었다.

1990년 4월 30일 서독 연방하원과 동독 인민의회 의장단은 공동회의를 갖고 통일 문제를 논의하기 위해 39명의 의원과 39명의 대표로 구성되는 '독일통일위원회Ausschuß Deutsche Einheit'를 구성하기로 합의했다. 서독 연방하원은 기민·기사당 의원 18명, 사민당 14명, 자민당 4명, 녹색당 3명으로 '독일통일위원회'위원장 리타 쥐스무스 하원의장를 구성하고, 1990년 5월 11일 콜 수상이 참석한 가운데 제1차 회의를 개최하였다. 동독 인민의회도 기민·민주혁신당 의원 16명, 사민당 9명, 민사당 7명, 자유연합 및 동맹 '90, 녹색당 각각 2명, 민주농민당·독일민주여성당 1명으로 '독일통일위원회'위원장 버그만-포올 인민의회 의장를 구성하였다. '독일통일위원회'의 회의에는 정부 대표뿐만 아니라 주의회 대표도 참석하였으며, 각 정당은 특별한 경우에

동·서독 의회 공동회의 - 서베를린 제국의회 의사당(1990년 4월 30일)

는 의원 대신 전문가를 참석시킬 수도 있었다.

1990년 5월 23일 동·서독 의회의 '독일통일위원회'는 콜 수상이 참석한 가운데 제1차 공동회의를 본에서 개최하고 공동 사업계획을 의결하였다. 1990년 6월 20일 동베를린 인민의회에서 제2차 공동회의를 개최하였으며, 제3차 공동회의를 7월 26일 본에서 개최하고, 전독 총선거 실시 방안에 합의하였다. 1990년 8월 23일 동독 인민의회는 1990년 10월 3일을 기하여 동독이 서독 기본법의 적용 영역으로 가입할 것을 의결했다. 이 가입은 찬성 293, 반대 62, 기권 7표로 가결되었다. 이로써 독일 통일이 완수되는 시점이 분명해졌다. 콜 수상은 하원에서의 환영사에서 지금 벌어지고 있는 일은 전쟁이나 유혈 혁명이나 폭력이 전혀 없이, 우방국, 파트너 국가와 주변 국가들의 전적인 동의 하에 이루어지고 있다고 강조했다.

9월 5일 서독 연방하원 '독일통일위원회'는 8월 31일에 서명된 통일조약에 대한 제1차 독회를 가졌으며, 그 후 독일과 4대 전승국 간의 베를린과 동독에서의 군대 철수에 관한 협정과 유럽공동위원회의 권고안도 심의하는 등 통일관련 활동을 수행하였다. 9월 20일 양독 의회가 통일조약을 가결하고, 그 다음날 연방하원이 통일조약 실천과 해석에 관한 동·서독 정부 간 추가 합의서를 의결함에 따라 '독일통일위원회'는 활동을 마쳤다.

선거조약의 체결

통일조약 체결을 위한 동·서독 정부 간 협상 과정에서 통일의회 구성을 위한 전독 총선 방안을 논의하였다. 연방 내무성은 통일의회 총선거를 위해 아래의 세 가지 모델을 준비하여 공개 토론을 벌이고자 했다.

① 기본법에 의거 1990년 12월~1991년 1월 중순 예정된 연방하원 총선을 현행 서독 선거법에 따라서 동·서독에서 같이 실시 동독이 서독으로의 가입을 의결할 경우 기본법을 개정할 필요 없이 서독 연방하원 총선을 통일의회 총선으로 대체하여 실시할 수 있으나, 만약 이 기간 이외의 시기에 선거를 실시하려 할 경우에는 기본법 개정이 필요했다.

② 통일 전에 현 동·서독 선거법에 의한 동·서독 선거구역에서 분리 선거 실시

③ 동·서독 간 '선거조약Wahlstaatsvertrag'을 체결, 통일 후 공동선거법에 기초하여 단일 선거구역에서 단일 총선거 실시

통일조약 협상 과정에서 세 가지 모델에 관해 비공식적인 의견을 교환하였다. 드메지어 동독 수상은 초기에 제②모델에 의한 분리 선거를 주장하였으나, 통일된 전독일의 국민대표기

관의 선출이라는 관점에서 두 개의 선거법에 의한 분리 선거는 헌법적으로 생각할 수 없는 것이었다. 통일 독일의 연방의회는 통일된 법적 토대 위에서 통일된 선거법에 따라 선출되어야 했다. 1990년 7월 22일 동독 인민의회는 선거조약 체결을 통해 연말에 전체 독일의 단일 총선거를 실시하는 방안을 의결하였으며, 서독의 연방하원은 이를 수락하였다. 이와 함께 인민의회는 동독 정당에게 서독 정당과의 통합을 허용하도록 정당법을 개정하였다.

그러나 8월 3일 드메지어 동독 수상은 기자회견을 통해 제1차 전독 선거를 1990년 10월 14일로 예정된 동독 5개주 의회선거와 함께 실시할 것을 제안하고, 이 제안은 콜 수상과 이미 합의했다고 발표하였다. 8월 1일 드메지어는 콜을 만나 동독의 경제 사정이 날로 악화되어 큰 혼란이 우려되기 때문에 동독 인민의회가 서독으로의 조기 병합을 의결하고, 전독 총선거를 조기에 실시하자고 제안했었다. 콜 수상도 조기 총선에 동의하였으나, 10월 14일에 총선거를 실시하려면 개헌이 필요했으며, 이를 위해서는 사민당의 동의가 필요하였다. 그러나 사민당은 12월 2일 이전의 조기 총선에 강력히 반대하였다. 그 결과 전독 총선거는 예정대로 1990년 12월 2일에 실시할 수밖에 없게 되었으며, 8월 13일 서독 대통령이 이를 공고하였다. 선거는 예정대로 치를 수밖에 없게 되었지만, 조기 총선 논의는 통일을 10월 3일로 앞당기는 데 기여하였다. 동·서독 통일조약 협상 대표단이 선거조약을 협상하였는데, 서독측은 연방 내무성에서 조약 초안을 마련하여 원내정당들이 동 초안에 관해 토론하였다.

통일조약 체결을 위한 제2차 회의_{1990년 8월 1~3일, 동베를린}기간 중인 8월 3일 「독일 연방하원 전독 선거 준비와 실시를 위한 동·서독 간 조약」에 합의하고 서명하였다. 선거조약의 주요 내용을 살펴보면, 동 선거조약으로 연방선거법의 적용 영역이 동독 지역까지 확장되었다. 선거 영역의 확대로 연방선거법이 당연히 개정되어야 했다. 연방선거법 중 개정된 부분은 연방의회 의원의 숫자 증가, 동독 주에 대한 관할권 규율, 선거 준비 활동, 선거권자의 결정과 관련된 조항 등이었다. 또한 전독 총선거 시 동독에도 서독 선거법을 적용하기로 했다_{선거조약 제1조 제1항.}

동독 지역 주민수에 비례하여 72개의 선거구를 확정함으로써 통일 독일의 선거구가 총 328개로 증가하였다. 이는 서독 선거구의 평균 주민수 22만 6,000명을 기준으로 하였다. 동독 지역의 신연방주별 선거구 수는 동베를린 5개, 멕클렌부르크-포어포메른 9개, 브란덴 부르크 12개, 작센-안할트 13개, 튀링엔 12개, 작센 21개로 확정되었다. 선거구 증설에 따라 연방하원 의원수도 144명_{선거구당 직선의원 1명, 비례대표 의원 1명}이 늘어나게 되었다.

선거조약 협상 과정에서 가장 진통을 겪은 문제는 5% 제한 규정에 관한 것이었다. 연방 선거법은 의회 진출을 위한 5% 제한 규정을 두고 있었는데, 1990년 3월 18일 동독 자유 총선에서는 신생 군소정당에게 의회 진출의 기회 균등을 보장하기 위해 5% 제한 규정을 실시하지 않았다. 사민당, 자민당 등 서독의 정당들은 구동독 공산당의 후신인 민사당의 의회 진출을 막기 위해 통일의회 첫 총선에 5% 제한 규정을 전체 독일에 적용할 것을 강력히 주장했다. 그러나 서독의 공화당, 녹색당, 동독의 민사당과 동맹 '90 등은 이를 적극 반대하였다. 서독 정부 내에서도 내무부는 5% 제한 규정을 전독일에 실시하는 것은 위헌이라고 주장한 반면에 법무부는 헌법상 아무런 문제가 없다고 주장하였다.

서독에서 득표할 가능성이 낮은 동독 지역 정당이 전독 의회에 진출하기 위해서는 양독 인구 비례를 계산할 때 동독에서 약 22.4%를 득표해야 했다. 이 숫자는 동독 인민의회 선거와 자치단체 선거에서 동독 사민당도 자유민주당도 동독 공산당도 도달하지 못했다. 선거조약은 5% 제한 규정을 전체 독일에 적용하는 대신, 이를 보완하기 위해 통일 후 첫 총선에 한해서 특정 주에서 같이 출마하지 않은 정당 간에는 공통의 비례대표 후보자 명단을 구성할 수 있게 하고, 베를린만 예외

독일의회 제1차 전체회의 - 제국의회(1990년 10월 4일)

로 하였다. 그러나 1990년 8월말~9월초 동독의 민사당, 동맹 '90과 서독의 공화당, 녹색당 등이 5% 제한 규정의 동·서독 공동 적용을 규정한 선거조약이 기회균등 원칙에 위배된다고 헌법 소원을 제기하였다. 9월 29일 연방헌법재판소는 동·서독 선거조약을 위헌이라 선언하고, 통일의회 첫 총선에서만 5% 제한 규정을 동·서독 지역에 분리 적용할 수 있다고 판결 하였다. 헌법재판소의 판결에 따라 10월 5일 연방하원이, 10월 8일 연방상원이 연방 선거법 개정안을 의결했다. 동법 제1조 에 대해, 제12대 의회에 한해서 5% 제한 규정을 통일 이전의 동·서독 지역에 분리 적용할 수 있도록 하였다. 베를린을 제 외한 동독 지역에 그 소재지를 두는 정당 및 정치단체는 공동 의 비례대표 후보자 명부를 제출할 수 있도록 하였다.

동독 인민의회 해산과 연방의회 통합

통일조약 제42조는 동독 인민의회가 정당별 의석 비율에 의거 144명의 의원을 선출하여,[104] 전독 총선까지 활동하는 제11대 연방하원에 동독 지역 대표로 보낼 것을 명시하였다. 3월 18일 동독의 총선은 지역선거구가 없는 비례대표제에 의한 선거였 기 때문에 정당별로 대표를 선출하여, 9월 28일 연방하원에 대표로 파견하였다. 1990년 10월 3일 통일을 기해 독일은 하나의 의회와 정부를 갖게 되었다. 10월 4일 베를린의 제국의회 의사당에서 하원이 첫 회의를 개최하였는데, 쥐스무스 의장이 개회사를 하고 콜 수상이 연설을 하였다. 연방하원은 동독 지역 의원 144명이 추가되어 총의원수가 519명에서 663명으로 증가하였으며, 연방상원은 신연방주 대표 5명이 증가하였다. 의원수가 늘어남에 따라 연방하원은 연방상원의 동의를 얻어 중재위원회 위원수를 상하원 의원 각각 11명에서 16명으로 증원하였다.

통일조약 제43조에 의거하여 동독에 부활한 5개 신연방주는 10월 14일 동독 5개주_{베를린 제외} 의회선거에 의해 주지사가 선출될 때까지 주 전권대표를 연방상원에 파견하였다. 1990년 5월 니더작센 주 선거에서 사민당이 집권함에 따라 상원은 사민당 29석, 기민당·기사당·자민당 20석으로 의석 분포가 바뀌었다. 1990년 10월 14일 구동독 지역의 5개 신연방주의 상원의원 선거 결과 4개주에서 기민당이, 1개주에서 사민당이 집권하게 되었다. 총 68개 상원의석 중에 연립여당이 35석, 사민당이 33석을 차지함으로써, 기민·기사 연립여당이 다수의석을 되찾게 되었다.

동·서독 정당의 통합

독일의 통일을 앞두고 첫 번째 통일의회 구성을 위한 총선거에 대비하여 각 정당은 통합 전당대회를 개최하여 동·서독 자매 정당 간에 합당을 완료했다.

기민당은 1990년 10월 1~2일 함부르크에서 통합 전당대회를 열고 동·서독 지역의 당원 규모에 따라 750명은 서독 기민당에서, 250명은 동독 기민당에서 파견한 대의원으로 구성했다.[105] 동독 대의원 중에서 154명은 주(州)전당대회에서 선출되었으며 나머지 96명은 중앙당에서 확정했다. 대의원의 98.5%의 지지로 콜 수상이 통합기민당의 초대 당수로 선출되었으며, 신연방주를 대표하여 드메지어 전 동독 수상이 부당수로 선출되었다. '독일동맹'에 속했던 민주혁신당(총재 에펠만)도 기민당 통합전당대회 직전에 특별전당대회를 개최하여 기민당으로의 편입을 결정했다.

사민당은 9월 27~28일 베를린에서 통합 전당대회를 개최하였다. 대의원 500명 중 400명은 서독 출신으로, 100명은 동독 출신으로 구성했다. 당원 규모에 따라 구성할 경우 동독 사민당은 당원이 3만 명(서독은 90만 명)밖에 안 돼 대의원수가 20명에 불과하기 때문에 구동독 지역을 배려하여 100명으로 구성했으며 포겔이 당수로 선출되었다. 자민당은 8월 11~12일

하노버에서 통합 전당대회를 열고, 서독 자민당 402명, 자유민주동맹 160명, 동독 자민당 55명, 독일포럼당 45명 등 총 662명의 대의원으로 구성했다. 자민당의 경우 대의원수를 당원 규모에 따라 결정하지 않고 정치적으로 결정하였다.

전체 독일 총선거와 통일의회 개원

독일 통일 후 첫번째 전체 독일하원 총선거가 1932년 이후 58년만인 1990년 12월 2일 실시되었다. 연방의회 선거는 비스바덴 소재 연방 선거관리위원장의 주관 하에 실시되었다. 연방 선거관리위원장은 연방통계청장이 맡았으며 연방 내무장관이 임명했다. 연방주의 원칙에 따라 주 선거관리위원회에서 모든 선거 관련 통계를 보유하고 선거 실무를 담당하였다. 연방 선관위원장은 연방 통계청과 동독 국가 통계청의 지원으로 동독 지역의 선거구별 유권자 명부를 작성할 수 있었다.[106] 통일 독일 선거에는 1990년 10월 8일 개정된 연방선거법을 적용하여 제2투표정당 투표 결과 동·서독으로 구분된 선거지역에서 5% 이상을 득표하거나 지역구에서 3인 이상의 직선 당선자를 내는 경우 원내 진출이 가능하도록 하였다.

서독은 지방자치단체들이 유권자 명부 등 선거 관련 자료를 관리하고 있었으나, 동독은 중앙집권주의에 따라 모든 선거 관련 자료를 중앙에서 관리하고 있어서 이 자료를 동독 지자체로 이관해야 했다. 연방 선관위와 서독 주 선관위는 직원 연수, 선거제도 및 투·개표 방법에 관한 설명자료를 제공하고, 준비회의를 공동으로 개최하는 등 동독의 자매주 선관위를 적극 지원하였다.

통상 연방의회 선거의 개표 결과는 연방 선관위의 컴퓨터에서 집계해 왔으나, 통일의회 선거 시에는 베를린으로 컴퓨터를 가져가 동독 지역의 개표 결과를 집계하였다. 연방헌법재판소는 최초의 전독일 총선거에 한해서 동·서독 분리 개표를 허용했다. 이것은 연방헌법재판소의 판결에 의거 5% 제한규정을 분리 적용한 데 따른 불가피한 조치였다. 즉 선거는 통일되었으나 개표는 분리 실시하였던 것이다.[107]

통일 독일의 첫 총선거 결과는 662명6석의 초과 의석 발생의 의석 중 기민당이 268석, 기사당이 51석, 자민당이 79석, 사민당이 239석, 민사당이 17석, 동맹 '90·녹색당이 8석을 차지하였다.[108] 득표율을 보면, 기민·기사 연합이 43.8%, 자민당이 11%를 차지한 반면, 사민당은 목표 득표율에 훨씬 못 미치는 33.5% 득표에 그쳤다. 콜 수상의 기민·기사당 연합이 사민당에 압승을 거둔 것은 콜 정부가 추진해 온 통일정책에 대해 독일국민들이 긍정적으로 평가한 것과 함께, 구동독 지역 주민들이 자유민주 체제로의 조속한 전환을 갈망한다는 것을 보여주었다.[109] 사민당은 점진적인 통일 접근을 강조함으로써 신속한 통일을 기대했던 동독 지역 주민들에게서 큰 지지를 받지 못했다. 구서독 지역에서는 37.5%를 득표했으나 구동독 지역에서는 24.3% 득표에 그쳤다. 통일 독일의 첫 총선거에 예외적으로 5% 제한 규정을 분리 적용한 덕분에 민사당전독 2.4%, 동독 9.9% 차지과 동맹 '90·녹색당전독 1.2%, 동독 5.9% 차지도 원내에 진출할 수 있게 되었다.

1990년 12월 20일 통일의회제12대 연방의회가 개원했다. 쥐스무스 연방하원 의장이 통일의회 의장으로 선출되었다. 1991년 1월 31일 독일하원의 상임위원회도 2개 증가하여 23개가 되었다. 내독관계위원회가 폐지되는 대신 가족노인위원회, 여성청소년위원회, 보건위원회가 새로 생겼다. 통일의회의 원내에 진출한 동독 정당들은 연방하원 의사규칙상 원내 교섭단체를 구성하지 못하게 되었다. 동 규칙상 교섭단체 구성을 위해서는 전체 의석의 5%에 해당하는 최소한 34석 을 확보해야 했기 때문이다. 따라서 기민·기사당, 사민당, 자민당만이 교섭단체를 구성하게 되었다. 동맹 '90·녹색당과 선거연합체인 PDS·좌익리스트Linke Liste당은 의사규칙을 개정, 구성 요건을 7석으로 완화함으로써 이들에게도 원내 교섭단체 구성 자격을 줄 것을 청원하였다. 그러나 하원 원로회의는 이 청원을 거부했다. 대신 이들 동독 정당이 모든 상임위에서 소속 의원들이 청원, 발언, 투표권을 가지고, 교섭단체와 마찬가지로 의정 활동에 대한 재정적, 기술적, 인적 지원을 받으며, 동일한 발언 시간을 갖는 등 여러 가지 권한을 부여하였다.

동독 인민의회 의원의 연방의회 편입으로 이미 제11대 연방하원에서 동독 출신 의원들을 유럽의회에 참관인 자격으로 보냈는데, 1991년 2월 21일 통일의회에서도 전독 총선 결과에 따라서 기존 서독 의원 81명 외에 동독 의원 18명을 선출하여 유럽의회에 참관인으로 보냈다.

동·서독 의회의 통합 과정은 1990년 3월 동독 최초의 자유 총선거에서 시작하여, 1990년 12월 전독 총선거로 완성되었다. 통일조약 협상 과정에서 동·서독 대표가 선거조약을 체결함으로써 하나의 선거법, 한 번의 선거에 따라 하나의 의회를 구성하는 발판을 마련하였다.

제 5장

대외적 걸림돌을 제거하다

제2차 세계대전 후 전승 4대국이 독일과 베를린에 대한 권한과 책임을 갖고 있었다. 이러한 전승국의 권한과 책임은 분단 시절 독일의 법적 상황을 결정하는 요인이었다. 베를린을 제외한 독일 내의 점령 정권이 1955년에 폐지된 후 서독과 동독은 각각 점령 세력으로부터 주권을 부여받기는 하였다. 그러나 이 주권은 연합국의 전체 독일과 베를린에 관한 권한과 책임이라는 유보 조항 때문에 제한적인 성격을 띠고 있었던 것이다.

이에 따라 독일의 통일을 위해서는 이들 전승국의 동의가 필요했다. '2+4 회담'은 이러한 대외적 조건을 최종적으로 해결하기 위해 마련된 절차였다. '2+4 조약'이 체결됨으로써 독일은 국내외적 주권을 완전히 회복하게 되었다. 또한 제2차 세계대전 이후 독일에 관한 전후 처리가 법적으로 완결되었다. 이 조약은 독일의 동맹체 소속 문제에 대한 자유 재량권과 1994년말까지 소련군 철수를 보장했다. 또한 통일 독일의 영토가 구서독 지역, 구동독 지역, 동·서베를린으로 구성된다는 국경의 최종적 확정이란 성격이 있었으며, 통일 독일과 폴란드가 국제법적으로 구속력 있는 조약을 체결하여 양국 간의 기존 국경을 확정할 것도 규정했다.

포츠담 선언에서 독일을 대표하는 정부가 수락할 강화 절차를 준비한다고 규정한 이래 45년 만에 전후 처리를 법적·정치적으로 완결 지은 것이다. 물론 제2차 대전의 적대 행위가 종식되어 실질적 전쟁 상태는 이미 종결되었으므로 강화조약 ^{평화조약}의 형태가 아니라 최종 해결 조약으로 전쟁 상태에서 비롯된 문제를 매듭짓게 된 것이었다. 이 조약은 1991년 3월 15일 발효되었다. 따라서 비준 절차 때문에 이 조약이 1990년 10월 3일 통일의 날에 발효될 수 없었기 때문에 1990년 10월 1일 뉴욕에서 4대 전승국은 통일 시점부터 조약 발효 시까지 4대 전승국의 권한과 책임이 종료된다고 선언했다.

'2+4 조약'을 통해 전승 4대국의 권한과 책임이 종결되고 독일이 완전한 주권을 회복하게 됨으로써 독일 통일의 대외적 측면이 해결되었으며, 이로써 화폐·경제 통합과 법·정치 통합 등 내적 측면과 함께 독일 통일의 완전한 조건을 갖추게 되었다.

독일 통일에 대한 전승 4대국의 입장

동독의 상황과 서독의 입장

동독 내부 상황이 날로 악화되고 동독 시민들이 통일을 요구하고 있었으나 서독 정부는 독일 통일을 공개적으로 거론할 수 없는 입장이었다. 왜냐하면 독일에 대한 4대 전승국의 권한과 막강한 통일 독일의 출현에 대한 이들의 우려를 고려하지 않을 수 없었기 때문이다. 앞에서 살펴본 바와 같이 1989년 10월까지도 동독 주민의 탈출 사태에 직면한 서독 정부의 정책 목표는 통일보다는 동독의 개혁이었으며, 대외적으로 독일의 통일은 유럽 통합 과정 속에서 추진할 것임을 거듭 천명하였다. 콜 수상은 11월 22일 스트라스부르의 유럽의회에서 "유럽 통합이 진일보해야만 독일 통일이 완성될 수 있다"라고 말했다.

특히 독일은 유럽 통합, 나토와 소련의 관계, 동·서 진영 관계를 포함한 유럽 정치의 전체적 변화의 틀 안에서 독일 통일이 전개될 것이며 이러한 과정에서 소련을 불안하게 하지 않을 것이라는 입장을 강조했다. 그러나 동독 이주민이 증가하고 동독의 내부 상황이 날로 악화되자 콜 수상은 1989년 11월 28일 '10단계 통일방안' 제안을 통해 독일 통일에 관한 여론을 주도해 나가기 시작했다. 콜 수상의 제안은 전승국의 권한에 대한 프랑스와 영국의 우려를 초래했다. 셰바르드나제 소련 외상도 이것은 동독에 대한 "직접적인 명령 행위"나 마찬가지라면서 인위적으로 통일을 가속화하는 데 대해 경고했다. 또한 소련은 두 개의 독일이 존재하며 동독은 바르샤바조약기구의 회원국으로 남아 있어야 한다면서 콜 수상의 제안을 비난했다.

이러한 주변국의 우려를 의식하여 콜 수상은 미국의 지지에 크게 의존하였으며, 서독이 나토와 유럽공동체 등 서방 동맹 체제에 강하게 결속할 것을 거듭 강조했다.

미국의 입장

베를린 장벽 개방을 전후하여 전승 4대국 중에서 독일 통일을 지지한 나라는 미국뿐이었으며, 소련, 영국, 프랑스는 부정적이었다. 부시 대통령은, 대처 영국 수상과 미테랑 프랑스 대통령은 독일 통일을 우려했지만 자신은 그렇지 않았고, 미국은 독일 통일을 지지한다는 과거의 약속을 지켜야 한다고 생각하고 콜 수상의 주도를 따르고 지지했으며, 상황을 악화시킬 수 있는 말은 피했다고 회고했다. 당시 "미국의 전략적 목적은 유럽공동체와 나토의 틀 안에서 독일의 통일을 추구함으로써 자유와 민주주의라는 가치를 확산시킬 뿐만 아니라 평화와 안보를 증진시키는 것"이었다. 따라서 1989년에서 1990년까지 미국은 정부 차원에서뿐만 아니라 국민들 사이에서도 독일인의 자결권과 통일을 지지했다. 독일 통일에 대한 부시 행정부의 지원은 미국인 88%의 지지를 받았으며 이러한 미국인들의 지지는 통일 독일이 더 큰 국제적 책임을 지게 될 것이라는 기대와 연관되어 있다고 볼 수 있다. 미국은 영국과 프랑스에게도 독일 통일을 지원하도록 공식적, 비공식적으로 촉구했다. 또한 미국은 서독과의 긴밀한 협의를 통해 소련과 폴란드에 대해서도 설득 작업을 벌였다. 그러면서도 미국은 서독에게 소련과 영국, 프랑스의 우려를 이해하고 이들을 신중히 배려할 것을 주문했다.

부시 대통령은 1989년 9월 18일 〈워싱턴 포스트〉 지와의 인터뷰에서 "통일은 독일인들이 스스로 결정할 문제이며, 통일 독일이 서유럽의 평화에 위협이 된다는 정서가 있지만, 나는 그렇게 생각하지 않으며, 그것을 결코 우려하지 않는다"라고 밝혔다. 또한 11월말 부시 대통령은 워싱턴을 방문한 겐셔 독일 외상에게 미국은 독일의 자결과 동독의 민주화 촉진을 추구하는 서독의 입장을 전적으로 지지한다고 말했다.

1989년 12월 2~3일 몰타Malta 미·소 정상회담에서 부시 대통령은 콜 수상의 통일방안은 구체적 시간표가 없는 장기적 구상으로서, 서독이 통일을 서두르지는 않을 것이라고 말하면서 고르바초프가 독일에서 진행 중인 변화를 수용할 것을 촉구했다. 이어서 브뤼셀에서 개최된 나토 정상회담에서도 '독일의 나토 잔류 및 유럽 통합 틀 안에서의 통일 실현'을 포함한 독일 통일 4개 원칙을 제시했으며 영국과 이탈리아를 제외한 모든 회원국들이 이 원칙을 지지했다. 나머지 3개 원칙은 '자결 원칙—결과에 대한 편견 배제' '유럽의 안정을 위해 평화적·점진적·단계적 통일 추진' '국경 문제에 관한 헬싱키 최종 의정서 원칙 존중'이었다.

1989년부터 1990년 통일 시까지 콜 정부와 부시 행정부 간의 밀월 관계는 확고했으며, 두 정부 간에는 최고 지도자에 서부터 외상, 대사급에 이르기까지 수많은 회담과 서신 교환, 전화 대화를 통해 긴밀한 공조와 협력을 하는 좋은 인간적 관계와 신뢰를 갖고 있었다. 미국으로서는 탈냉전 신세계 질서 구축을 위해서 과거 영국과 같은 세계의 '지도적 위치의 파트너'로 유럽공동체의 최강국인 독일이 필요했다.[110] 독일은 이제 45년 전의 전쟁에 패한 적대국이 아니라 안정되고 민주적인 강대국으로서 서구 동맹의 최강자로 부상했기 때문이었다. 특히 미국으로서는 통일 독일의 나토 회원국 잔류가 자국의 안보 이익상 절대적으로 중요했다. 따라서 서독이 나토 잔류에 동의하는 한 독일 통일을 전적으로 지원한다는 입장이었다. 정치·경제·안보 정책적인 분야에서 서독의 비중과 책임이 커진 국제역학적인 변화뿐만 아니라, 콜 수상과 겐셔 외상의 활발한 외교가 이러한 미국의 인식을 더욱 강화하는 데 기여했다.

영국의 입장

독일 통일을 가장 우려한 우방은 영국이었다. 영국의 대처 수상에게는 1989년 12월까지 독일 통일은 전혀 고려의 대상이 아니었다. 독일의 재통일은 영국의 국가 이익에 부합하는 것이 아니었다. 영국에게는 독일이 통일된다는 것은 곧 독일이 EC의 주도국이 되는 것을 의미했기 때문이다. 콜은 독일 〈슈피겔〉 지1996년 9월 30일자와의 인터뷰에서 대처에 대해 "같은 세대의 다른 사람들처럼 독일인에 대해 깊은 불신을 가지고 있었다. 그녀는 금세기에 두 번의 세계대전에서 실패한 독일이 바로 금세기 말에 승자가 되는 것을 도저히 용납하려 하지 않았다"라고 털어 놓았다.

대처 수상으로서는 독일 통일을 막지 못한다면 가급적 그 속도라도 최대한 늦춰야만 했다. 독일의 통일 과정이 영국의 희망대로 그렇게 오랜 시일을 끌어주지 못하면 전승 4대국과 함께 나토, 유럽공동체 및 헬싱키 선언에 서명한 35개국이 독일 통일을 함께 결정하도록 할 작정이었다. 12월 8일 스트라스부르 EC 정상회담에서 대처 수상은 독일 통일을 저지 또는 늦추기 위한 영·프 이니셔티브를 미테랑 대통령에게 요청했으나, 행동 계획에 합의하지 못했다. 따라서 대처 수상은 동구의 민주화 개혁 촉진에 정책의 우선권을 두었으며, 독일의 재통일이 소련의 안보 이익을 해치거나 고르바초프의 국내 개혁을 위태롭게 해서는 안 된다는 입장을 취했다. 자신의 회고록에 따르면 대처 수상은 1989년 9월 고르바초프를 만나, 영국은 동독의 민주화를 희망하며 독일 통일은 "독일의 이웃 국가들의 소망과 이해가 충분히 고려되어야 할 별개의 문제"라고 주장했다. 이러한 맥락에서 대처 수상은 부시 대통령에게 나토뿐만 아니라 바르샤바조약기구도 유지되어야 하며 독일의 운명은 자결의 문제만은 아니라고 말했다.[111]

독일 통일에 대해서 영국 여론의 반응은 부정적으로 변화하고 있었다. 1989년 10월 여론조사 결과 70%가 독일 통일에 찬성하고 16%만이 반대한 것으로 나타났다. 그러나 1990년 1월에는 45%만 찬성하고 30%가 반대하는 것으로 나타났다. 1990년 2월 13일 오타와 선언 이후에야 영국 허드 외무장관은 "우리는 독일 통일을 무조건적으로 지지한다고 이제 말할 수 있게 되었다"라고 밝혔다.

프랑스의 입장

프랑스의 외교는 서독이 서유럽에서 차지하고 있는 정치적, 경제적 잠재력을 유럽 통합 노력을 통해 억제하려고 했다. 독일 통일에 대한 미테랑 대통령의 입장은 다소 유보적이며 분명치 않았다. 예를 들면, 1989년 12월 6일 키예프에서 고르바초프와 정상회담을 가진 후 기자회견에서 미테랑은 "민주적이고 평화적인 방법으로만 독일 문제가 해결될 수 있다"라면서, "유럽의 어떤 국가도 균형과 현재 상황을 고려하지 않은 채 행동해서는 안 된다"라는 원칙적인 발언만 했다. 그러나 미테랑은 독·프 간의 협력이 프랑스의 유럽 정책의 핵심이라는 확신 때문에 독일 통일에 대한 염려가 대처 수상보다는 약했으며, 프랑스의 여타 여당 지도자들에 비해 독일 통일에 대해 더 큰 인내심을 보였다.

특히 미테랑 대통령은 유럽의 강한 결속을 매우 중요시했다. 따라서 그는 '독일이 유럽의 통일을 촉진하는 한 독일의 통일에 반대하지 않겠다'라는 식으로 독일 통일과 유럽 통합을 연계하는 입장을 취했다. 그는 1989년 11월 30일 파리를 방문한 겐셔 외상과의 면담에서 이러한 입장을 표명했다. 후에 미테랑 대통령은 "대처 수상과 같이 통일 독일에 대해 역사적 공포심을 갖고 있기는 했지만, 다른 점은 나는 그것이 누구도 변경할 수 없는 확고부동한 현실이라고 판단한 것이었다"라고 회고했다.[112]

미테랑 대통령은 미국과 마찬가지로 독일인의 자결권을 존중한다는 입장을 취했으며, 유럽 통합을 위한 콜 수상의 노력을 인정하고 서로 긴밀하게 협력했다. 1989년 11월 22일 콜 수상과 미테랑 대통령은 스트라스부르에서 열린 유럽의회에서 유럽 통합을 위한 견인차 역할을 수행하겠다는 공동의 의지를 재확인했다. 텔칙 보좌관에 의하면 미테랑 대통령은 독일이 통일될 경우 프랑스보다 강한 나라가 되어 독일과 프랑스 간에 유지되고 있던 균형이 깨질 것을 우려했다고 한다. 그러나 1990년 1월 독·프 정상회담에서 콜 수상이 독일의 유럽 통합 정책에는 결코 변함이 없다는 것을 약속한 이후부터 프랑스는 통일을 적극적으로 지원하기 시작했다.

한편, EC 집행위원회 들로어 위원장은 콜 수상과의 친밀한 관계를 바탕으로 독일 통일 과정에 긍정적인 입장을 취했다. 그는 독일 통일 과정에 대해 EC 차원에서 지원을 아끼지 않았다. 1989년 12월 8일 스트라스부르 EC 정상회담에서는 '독일인은 자유로운 자결을 통해서 통일을 달성하며, 이러한 과정은 유럽 통합에 맞추어 추진되어야 한다'는 데 합의했다.

소련의 입장

동독 사태 초기에 소련의 전략적 과제는 자국의 안보 이익을 해치지 않는 가운데 경제 재건에 필요한 대외적 지원을 얻어내는 것이었다. 소련은 서독과 미국에서 독일 통일이 거론되고 있는 데 대해 우려하면서, 동독을 소련 안보의 방패로 유지하려고 했다. 1989년 10월 7일 동독 정권수립 40주년 기념식에 참가한 고르바초프는 평화 유지, 사회주의 발전 등에 있어서 우방으로서 동독의 중요성을 강조했다. 소련은 동독이 전략적 우방이자 바르샤바조약기구의 중요한 회원국임을 강조하면서, 전후 질서를 토대로 두 개의 주권국이며 유엔회원국인 동독과 서독의 존재를 인정해야 유럽의 안정이 보장될 수 있다는 입장을 보였다. 또한 고르바초프로서는 그가 추진하고 있던 개혁 프로젝트인 페레스트로이카의 성공을 위해서도 동독의 안정화와 존립이 매우 중요했다. 몰타 미·소 정상회담1989년 12월 2~3일에서 고르바초프와 부시는 냉전 종식을 선언하고 더는 서로를 적으로 간주하지 않을 것이라고 밝혔다. 고르바초프는 "독일인들이 자결권 행사를 원한다면 소련으로서는 반대할 이유가 없다"라는 진전된 입장을 표명했다. 물론 당시에 고르바초프로서는 독일 통일이 오랜 과정을 거쳐야 할 것으로 보고 있었다.[113]

또한 고르바초프는 1990년 1월 30일 모드로 동독 수상과의 회담에서 비록 모드로의 국가연합 방안에 따른 통일이긴 하지만, 그가 독일 통일을 대비하기 시작했음을 강력히 시사했다. 고르바초프는 "동·서독인들뿐만 아니라 4대 강대국 사이에는 독일의 통일을 믿어 의심치 않는다는 일종의 합의가 원칙적으로 존재한다. 역사가 어느 날 이를 결정할 것이며, 이는 잘못된 역사의 수정이 될 것이라고 믿는다"라고 말했다. 동시에 그는 "통일이 전승 4대국에 대한 의무를 존중하여 유럽 통합 과정의 일환으로서 달성되어야 할 것이다"라는 점을 분명히 하였다.

고르바초프는 독일 통일을 지연시키기 위해 '4대국 대사 회담'과 '평화조약 체결을 위한 회의'를 제안했다. 그러나 1990년 2월 10~ 11일 모스크바에서 개최된 콜 수상과의 정상회담에서 독일 통일을 수용하겠다는 의사를 표명하고 '2+4 회담' 형식에도 동의함으로써 독일 통일의 돌파구를 열어놓았다. 콜 수상은 독일이 빨리 통일될 경우 소련은 더 좋은 제품을 더 싸고 안정되게 공급 받을 수 있을 것이며 통일 독일과의 교역을 통해 EC 시장에 진출할 수 있을 것이라는 경제적 이득을 설명했다. 또한 동독의 상황, 오데르–나이세 국경, 통일 독일의 동맹체 소속 문제, 통일 독일을 유럽 통합 과정에 편입시키는 문제 등에 대해 상세하게 설명했다. 마침내 고르바초프는 "독일 사람들은 어떤 국가 형태로, 어떤 시기에, 어떤 속도로, 어떤 조건 하에서 통일을 실현할지를 스스로 결정해야 할 것"이라고 말했다. 이로써 소련은 수십 년 동안 추진해 온 분단 정책으로부터 통일을 수락하는 정책으로 바꾼 것이다. 냉전시기의 동·서 진영 간 대결 관계를 고려해 볼 때 고르바초프의 결단은 참으로 혁명적인 대전환이었다. 물론 이러한 소련의 정책 전환에는 미국이 독일과의 긴밀한 공조를 바탕으로 소련을 적극적으로 설득한 것이 결정적인 기여를 했다. 예를 들면, 독·소 정상회담에 앞서 2월초 베이커 미국무장관은 겐셔 외상과 긴밀히 협의한 후에 모스크바를 방문하여 고르바초프와 셰바르드나제 외상을 만나서 독일 통일에 관련된 전반적인 문제를 협의했다. 2월 12일 독일의 유력 일간지인 〈쥐트도이체 차이퉁〉 지는 '고르바초프가 콜에게 독일 문제 해결을 위한 열쇠를 넘겨주었다'라고 콜 수상의 모스크바 방문 성과를 대서특필했다.

미국의 강력한 지지와 2월 10일 고르바초프의 독일 통일과 '2+4 회담' 수용의사 표명으로 통일의 대외적 문제 해결을 위한 협상의 토대가 마련되었다. 협상 초기에 소련은 독일의 조속한 통일을 꺼리는 영국과 프랑스를 '전승 4대국 회의' 형식으로 끌어들이려고 노력했으나 실패했다. 왜냐하면 대처 수상이 독일 통일을 지연시키기 위해 프랑스와 공조하는 데 성공하지 못했기 때문이다. 독일 통일에 관해 미국과 서독의 입장이 통일되어 있어서 프랑스를 비롯하여 어느 나토 동맹국도 통일 과정을 방해하거나 이에 대한 우려를 공개적으로 거론할 수 없는 실정이었다.

독일 통일의 국제적 쟁점

독일 통일의 대외적 측면과 관련하여 전승 4대국 사이에, 특히 미국·독일과 소련 간에 이해관계가 엇갈렸던 쟁점은 통일독일의 나토 가입, 오데르-나이세 국경선 인정 문제였다. 따라서 이 두 가지 사안은 대외적 측면에서 독일 통일로 가는 길에 놓인 최대의 걸림돌이었다.

통일 독일의 나토 가입

미국은 시종일관 '통일 독일의 나토 회원국 지위 불변'이라는 입장을 고수했다. 1989년 12월 4일 브뤼셀에서 개최된 나토 정상회담에서 밝힌 '독일 통일 4개 원칙'에 '독일의 나토 잔류 및 유럽 통합 틀 안에서 통일 실현'을 포함시켰다. 12월 12일 베이커 미국무장관에게 콜 수상이 통일 독일의 나토 동맹국 잔류에 동의하자, 베이커 장관은 독일 통일에 대한 적극적인 지원을 재확인했다.

소련은 통일 독일이 나토 동맹체에 잔류해서는 안 되며 나토와 바르샤바조약기구 사이의 중립국이 되어야 한다는 입장을 보였다. 즉 소련은 독일이 통일되어야 하지만 민주적이고 중립적이며 탈군사국가가 되어야 한다고 주장했다. 고르바초프와 모드로 동독 수상은 정상회담1990년 1월 30일에서 평화조약을 통해 나토를 변경하고 독일을 중립화하는 데 합의했다. 그 다음날 겐셔 외상은 "중립화된 통일 독일을 원치 않는다"라면서도, 소련의 우려를 감안하여 나토의 관할 지역이 동독으로 확장되어서는 안 된다는 자신의 입장을 강조했다. 2월 10일 독·소 정상회담을 앞두고 프랑스와 영국은 소련이 제안한 통일 독일의 중립화를 거부함으로써 콜 수상에게 힘을 실어주었다.

2월 10일 독·소 정상회담에서 고르바초프는 통일 독일의 나토 잔류에 대해 다소 신축적인 입장을 내비쳤다. 콜 수상은 통일 독일의 중립화와 같은 특수한 지위는 받아들일 수 없으나 소련의 안보적 이해관계를 고려하여 나토의 관할 영역이 동독 영토로 확장되지는 않을 것이라고 말했다. 이에 대해 고르바초프는 통일 독일의 중립을 받아들일 수 없는 독일의 감정을 이해한다면서 군사적 위상에 대해 앞으로 숙고하고 여러 가지 가능성을 모색해야 한다고 대응했다. 고르바초프는 미국이 통일 독일의 나토 가입에 집착하는 이유에 대해 어느 정도 파악을 하고 있었다. 그는 부시 대통령과 그의 장관들이, 강대국인 독일이 나토에 가입하지 않을 경우 동맹체로서 나토가 존속할 수 없을 것이며, 따라서 유럽 주둔 미군도 마찬가지 결과에 직면하게 될 것이라는 점을 우려하고 있다고 판단했다. 5월 31일~6월 2일 미·소 정상회담에서 고르바초프는 통일 독일의 나토 잔류는 유럽의 균형을 깨뜨릴 것이라면서 반대했으나, 기자회견에서 부시 대통령은 동맹가입 문제는 헬싱키 의정서에 따라 독일이 결정할 문제라는 데 합의했다고 발표했다.

오데르-나이세 국경선 인정

제2차 세계대전 후 스탈린은 소련의 영향력을 서방으로 확대하고 서방에 대한 안보적 완충지대를 확보하기 위해 1937년 독일 영토의 약 절반을 소련의 영향권1/4은 소련점령군 치하, 1/4은 소련 과 폴란드에 병합에 두게 되었다. 소련은 미국과 영국의 동의를 받지 않고 오데르-나이세 동쪽의 독일 영토를 폴란드에게 넘겨주었으며, 이 지역에서 수세기 동안 살고 있던 독일인들을 추방했다. 미국과 영국은 폴란드 병합에 반대했으나, 결국 "폴란드 서부 국경의 최종적 확정은 평화조약을 통해 해결하기로 한다"라는 포츠담 선언으로 폴란드의 잠정적 관할을 묵인하게 됨으로써 독일과 폴란드의 국경선 문제는 통일 시까지 미해결 상태로 남게 되었다. 그러나 동독은 1951년 7월 폴란드와 체결한 괴를리츠Görlitz 조약을 통해 오데르-나이세 선을 독일과 폴란드 간의 국경이라고 규정했다.

1975년 헬싱키 최종의정서에는 "모든 참여국들은 현재 유럽의 국경을 침범할 수 없는 것으로 간주하고, 현재 국경선은 평화적인 방법으로 합의에 의해서 국제법에 따라 변경될 수 있다"라고 규정하고 있다. 소련과 폴란드는 독일 통일의 전제 조건으로 오데르-나이세 국경선의 인정을 요구했다. 특히 셰바르드나제 소련 외상은 1989년 12월 19일 유럽의회 연설에서 '유럽에 현존하는 국경 인정과 독일의 영토 주장 포기'를 언급했다. 미테랑 프랑스 대통령도 폴란드의 오데르-나이세 국경의 불가침성을 분명하게 지지했다. 서독에게는 폴란드 국경선 문제가 통일 과정에서 국제적으로뿐만 아니라 국내적으로도 가장 복잡한 문제 중 하나였다. 독일 통일의 완성을 위해서 오데르-나이세 국경선을 인정해야 한다면, 고향을 떠나야만 했던 오데르-나이세 동쪽 지역 출신 실향민, 특히 아직도 그들의 친척이 그 곳에 살고 있는 사람들에게는 수용하기 쉬운 일이 아니었기 때문이다. 이러한 민족적 정서와 실향민들이 기민당과 기사당의 강력한 지지 기반이라는 정책적 고려 때문에 콜 수상은 오데르-나이세 국경선 인정 문제를 국내 정치상황과 통일의 외적 측면과 연결해 매우 신중하게 접근했다. 예를 들면 1990년 4월 4일 콜 수상은 폴란드 마조비키 수상에게 보낸 서한을 통해 폴란드의 입장도 이해하지만, 독일 통일의 시점에서 독일의 옛 영토를 영원히 포기해야만 하는 독일인들의 쓰라린 심정도 이해해 달라고 간곡히 부탁했다. 또한 동독 총선거에 관한 여론조사에서 동독 사민당이 앞서고 있는 상황에서 콜 수상으로서는 반폴란드 정서를 가진 동독 유권자들을 소외시키기를 원치 않았으며, 국경선 문제를 소련과의 최종 협상 카드로 활용하려는 의도도 있었다. 콜 수상은 국경선 문제는 국내 정치와 당파간 정쟁에 휘둘리기 쉬운 논쟁거리로 선거 전략에 이용되고 있다고 보았다. 콜 수상의 신중한 태도로 인해 그는 독일 영토의 손실을 바라지 않는 유권자에 영합하려는 국내정치적 야심 때문에 국제적 안정을 희생하고 있다는 비난을 받았다. 특히 12월말 바이체커 대통령을 비롯한 기민·기사당 연정 일부 지도자들까지도 그에게 오데르-나이세 국경선 인정을 요구했다. 이에 대해 콜 수상은 전승 4대국이 독일 전체의 국경선을 결정할 권한을 갖고 있기 때문에 이 요구를 수용할 수 없다고 잘라 말했다.

1990년 1월초 폴란드 언론은 연일 독일 통일의 조건으로 오데르-나이세 국경선에 대한 최종 인정을 서독에게 요구해 왔다. 콜 수상은 1990년 1월 17일 파리 국제관계연구소에서 한 강연에서 "독일에서는 아무도 독일 통일과 폴란드 서부 국경의 변경을 연계하지 않는다"라고 말함으로써 국경선 인정을 처음으로 시사하였다.

2월 2일 콜 수상은 동독 자유선거로 선출된 인민의회와 서독 연방의회가 오데르-나이세 국경선을 인정하되 폴란드가 손해배상을 포기하고 폴란드에 사는 독일인들의 권리를 조약으로 규정할 것을 요구하는 성명을 발표하도록 하는 계획을 세웠다. 이를 통해 콜 수상은 국내 정치적으로 오데르-나이세 국경선에 대한 인정을 보장하는 한편, 폴란드의 손해배상 요청을 사전에 방지하고자 했다. 제2차 세계대전 후 독일은 폴란드, 이스라엘과 개인들에게 1,500억 마르크의 전후 배상금을 지불한 바 있기 때문에, 콜 수상은 더 이상 지불할 수 없다는 입장이었다. 국경선 문제는 배상금 문제와 폴란드의 독일 소수 민족의 권리를 조약으로 규정하는 문제와 결부되어 있는 까닭에 여론에 매우 민감한 문제였다. 특히 동·서독 의회의 성명 발표를 통해 콜 수상은 전후 실향민들에 대한 국내 정치적 부담이 해소될 것을 기대했다.

2월 10~11일 독·소 정상회담에서 고르바초프는 국경 문제가 자신에게 핵심적인 문제라고 말했으며, 콜 수상은 오데르–나이세 국경 문제에 관해서는 의구심을 가질 하등의 이유가 없다고 그를 안심시켰다. 2월 25일 캠프데이비드 미·독 정상회담 후 가진 기자회견에서도 콜 수상은 '누구도 독일 통일 문제를 현존하는 국경의 변경과 연계해서는 안 된다'라는 자신의 공식 입장을 재확인하였으며 부시 대통령도 같은 의견이라고 답했다.[114] 3월 6일 기민·기사당 연정회의에서 동·서독 의회가 국경 불가침에 대한 동일 내용의 성명을 발표하고, 관련 조약 자체는 통일 독일 정부와 폴란드 정부 간에 체결하기로 결정했다. 6월 21일 서독 연방하원은 폴란드 국경에 관한 결의안을 의결했다. 폴란드는 독일 통일 이전에 국경조약에 관해 협상을 해야 한다고 주장했으나 독일은 통일로 완전한 주권을 회복한 후에 국경조약을 체결하겠다는 입장이었다. 제3차 '2+4 회담'에서 폴란드와 독일은 독일 통일 후에 가능한 한 빠른 시일 내에 국경선 확정에 관한 조약을 체결하기로 합의했다.

'2+4 회담'이 진행되다

1989년 11월말 동독의 내부 상황이 악화되고 동독 주민들이 통일을 요구하기 시작하자 콜 수상은 '10단계 통일방안'을 제안하는 등 통일을 본격적으로 검토하기 시작했다. 그러자 독일이 통일로 다가가는 속도에 대한 소련의 우려가 커지게 되었다. 소련은 동독 상황을 포함한 독일 통일에 관련된 문제를 전승 4대국 간에 협의하기를 원했다. 그러나 서독은 헬싱키 선언에 규정된 자결권 차원에서 이를 강하게 반대했다. 미국도 전승 4대국 간 협의를 반대하고 동·서독을 포함한 6자회담 형식의 '2+4 회담'을 제안했다. 미국은 독일의 협상 참여 여부와 방법에 관해 4대국 간의 견해차를 해소하고 소련이 '2+4 회담'을 수용하는 데 결정적 역할을 했다.

1989년 12월 8일 고르바초프는 동독의 공공질서 붕괴 등 엄중한 사태의 수습 문제를 논의하기 위한 전승 4대국 대사 회담을 제안했다. 프랑스와 영국은 이 제안에 찬성했으나, 미국은 독일의 내부 문제에 4개국이 개입해서는 안 된다는 자국의 정책과 소련의 제안이 정면으로 충돌한다고 보고, 영국과 프랑스를 설득했다. 대신 미국의 주도로 의제를 베를린의 국제적 지위 격상 방안으로 한정하여 4대국 대사 회담이 개최되었다. 소련은 두 개의 독일 국가가 존재하는 것이 현실이라면서 이 회담을 독일 문제 협의기구로 정례화할 것을 제안했다. 미국은 영국과 프랑스의 동의 하에 이를 거부했으나 서독은 다시는 독일을 배제한 가운데 4대국 간 회담이 개최되어서는 안 된다는 입장을 표명했다.

1990년 들어 소련은 다시 한 번 동·서독 관계의 진전을 협의하기 위한 전승 4대국 회담을 제안했으나, 미국은 이 제안에 긍정적인 영국과 프랑스를 다시 설득하여 하급 외교관 간의 문화·상업적 접촉을 역제의하는 방식으로 거절했다. 1990년 1월 26일 고르바초프는 독일 문제에 관한 내부 대책회의를 통해서 다음과 같이 결정했다. 콜 수상과 협의할 필요성을 인식하면서도—1월 서독의 1억 달러 상당 대소 식량지원 후 고르바초프는 콜을 신뢰하게 되었다—독일 통일의 속도를 지연시키기 위해 영국, 프랑스와 연대를 모색한다는 것이었다. 물론 통일 독일의 나토 회원국 잔류를 수용할 수 없다는 내용도 포함되어 있었다. 1월 30일 동독 모드로 수상과의 모스크바 정상회담에서 모드로가 제안한 중립화를 전제로 국가연합 방식에 의한 통일 추진에 합의했다. 고르바초프는 '평화조약peace treaty'을 통해 나토를 변경하고 독일을 중립화하는 새로운 유럽 질서를 구상한 것이었다. 고르바초프는 부시 대통령에게 동독사태 해결을 위한 최선의 대안으로 모드로의 단계적 통일방안을 지지할 것을 촉구했다. 그는 이 방안이 주변국의 이해를 고려한 것이며, 성급한 통일 추진은 사태를 혼란에 빠뜨리게 할 것이라고 경고하기까지 했다.

미국은 콜 수상이 추진하는 신속한 통일을 지지하면서도 이것을 관철할 외교적 과정을 고안해내지 못했다. 스코우크로프트를 비롯한 백악관 국가안전보장회의 간부들은 소련과 여타 강대국들이 반대 전선을 형성하기 전에 서독과 동독이 사실상 통일을 신속하게 달성하기를 희망했다. 그렇게 될 경우 소련도 어쩔 수 없이 통일을 수용할 수밖에 없을 것이라고 생각했다. 소위 '선 통일, 후 4대국 추인'방식이었다. 그러나 국무부 관리들의 생각은 이와 달랐다. 베이커 장관의 간부들은 통일이 기정사실화한 이후가 아니라 통일 과정에 소련을 참여시켜야 한다는 입장이었다. 물론 소련이 제안한 4대국 회담이나 유럽안보협력회의csce는 백악관과 마찬가지로 국무부도 반대했다. 그러나 미국은 고르바초프가 제안한 '4대국 회담'이나 '평화회담'을 거부할 경우 고르바초프의 국내 정치 기반을 약화시킬 우려가 있었기 때문에 소련의 제안을 완전히 무시할 수 없었다. 고르바초프의 제안을 봉쇄하면서도 명분을 살려줄 수 있는 대안으로 국무부는 동독과 서독에 4대 강국이 참가하는 '2+4 회담'을 고안했다. 그렇지만 서독의 입장을 감안해서 다음 세 가지 사항을 전제로 한 '2+4 회담'을 추진하고자 했다.

① 동독 대표는 동독의 자유선거 결과로 탄생할 새 정부에
서 나올 것

② 동독과 서독이 4개국과 동등한 지위와 자격으로 참가

③ 회담의 목적은 독일 통일의 대외적 측면 해결

국무부는 소련이 회담 형식에는 찬성할 것이나 전제조건
은 쉽게 수용하지 않을 것으로 전망하면서도 서독이 4대국
개입을 수용하도록 설득하기 위해서는 불가피하다고 생각
했다.[115]

베이커 국무장관은 1990년 2월초 모스크바에서 고르바초
프에게 독일 통일 과정에서 외적 측면과 내적 측면을 구분하
고, 외측 측면을 협상하기 위한 틀로서 '2+4 회담'이 유일한
현실적 방법이라고 설득했다. 2월 10일 콜 수상과의 정상회담
에서 고르바초프가 '2+4 회담' 제안을 수용함으로써 독일 통
일의 대외적 측면 해결을 위한 협상 틀이 마련되었다. 독일 문
제의 최종 처리를 위한 회담에 동독과 서독도 전승 4대국과
동등하게 참가하게 된 것이다. 1990년 2월 13일 캐나다 오타
와에서 열린 나토와 바르샤바조약기구 외상 Open Sky 회담에서
동·서독과 전승 4대국 외무장관들은 독일 통일의 대외적 측
면을 해결하고 주변국의 안보 문제를 협의하기 위해 동·서독
외상과 미국·영국·프랑스·소련 외무장관들이 참여하는 '2+4

회담'을 갖기로 합의했다. 겐셔 외상은 유럽안보협력회의 정상회담 이전에 '2+4 회담'이 완료되어야 하며, 그렇기 때문에 3월 18일 동독 선거 직후에 정부 수반과 국가원수급의 '2+4 회담'이 시작되어야 한다고 제안했다.

'2+4 회담' 개최에 관한 오타와 선언은 독일 국민의 여론에도 강력한 영향을 미쳤다. 비록 독일 정부가 기본법 제23조에 의거한 조속한 통일을 결정하고 동독과 화폐통합 협상을 준비하고 있었지만, 동·서독 국민들은 실제적인 통일 가능성에 대해 여전히 의구심을 갖고 있었다. 미국과 서독의 외교적 전략은 통일을 향한 독일 국민들의 동력을 이용하는 데 바탕을 두었기 때문에 4대 강국이 독일 통일을 받아들인다는 것을 이들에게 입증할 필요가 있었다. 따라서 오타와 선언은 통일의 가능성에 대한 강력한 신호를 독일 국민들에게 전달한 것이었다. 당시 베이커 국무장관 보좌관으로 '2+4 회담'에서 주역을 담당했던 졸릭 세계은행 총재는 "나는 그것오타와 선언이 1990년 3월 동독의 자유선거에서 '독일연맹'이 놀라운 승리를 거두는 데 도움을 주었다고 믿는다"라고 회고했다.[116]

6개국은 '2+4 회담'을 위한 예비회담을 두 차례3월 본, 4월 베를린 개최하여 4개 의제독일-폴란드 국경선 문제, 유럽의 안보구조를 고려한 정치·군사 문제, 베를린 문제, 4개국의 권한과 책임 해제에 관한 국제법적 규정 문제에 합의했다.

'2+4 회담'에 대한 서독 정부의 목표

서독 외무성은 '2+4 회담'에 대해 아래와 같은 9가지 중요한 정치적 목표를 설정했다.[117]

① 독일 통일의 대외적 측면 해결: 독일 통일을 유럽 통합 과정과 유럽 안보와 조화 속에서 추진한다. 회담의 의제를 독일 통일의 대외적 측면으로 제한하고, 기본법 제23조동독의 연방 가입 또는 제146조새로운 국제법적 주체로서의 독일에 의한 통일 방법에 관한 헌법적 논의와 같은 대내적 문제는 회담의 의제가 될 수 없다.

② 모든 참가국의 평등권 보장: 동·서독은 통일 과정에서 동등한 권리를 지닌 참가국이어야 한다.

③ 평화조약 체결 반대: 서독 정부는 처음부터 공식적인 평화조약 체결에 반대했다. 대신 전승국과 관련된 국제법적 문제 해결을 주장해왔다. 소련은 독일과의 평화조약 체결을 주장했다. 독일은 평화조약이 제2차 세계대전의 적국이었던 독일에 대한 배상 문제를 야기할 가능성을 고려하지 않을 수 없다. 약 100여국이 요구하게 될 것이며 평화회담 참가국의 범위도 예상하기 어려울 것이다. 한편, 소련은 평화조약이 전체 유럽의 프로세스와 상치

하지 않는다고 주장했다.

④ 전승 4대국 권한의 완전한 종결: 베를린과 독일 전체에 대한 전승 4대국의 권한 및 책임이 완전히 종결되고 통일 독일에게 이전되어야 한다.

⑤ 통일 독일의 완전한 주권 회복: 통일과 함께 독일에 대한 모든 전승국의 권한이 완전히 종료되어야 하며, 전후의 잔여 권한으로 통일 독일에 부담을 주어서는 안 된다.

⑥ 통일 독일의 나토 회원국 잔류: 통일 독일은 나토 회원국으로 남는다. 서독으로서는 나토가 정치적 동맹의 모습으로 지속적으로 발전하는 것이 중요했다. 나토의 전략과 군사적인 구조는 개편되어야 하고, 소련과 중동부 유럽 국가들과 경제분야 협력이 집중적으로 이루어져야 했다. 2월말 미·독 정상회담에서 부시 대통령은 통일 독일의 나토 잔류가 미국에 중요하며 그렇지 않을 경우 유럽의 안정을 해칠 것이라고 말했다. 따라서 미국은 독일에 주둔한 미군을 그대로 둘 것이라고 했다. 소련 군대의 철수와 동시에 자동적으로 미군이 철수해야 하는 사태는 막아야 한다고 말했다.

⑦ 통일 독일에 대한 특수 지위 또는 차별 반대: '2+4 회담'의 결과로 독일에게 특수 지위가 설정되어서는 안 되며 모든 국가가 동등한 권한을 가져야 한다.

⑧ 소련 군대의 철수: 동독 주둔 소련군의 철수군인, 군무원, 가족 포함 38만 명를 서독 주둔 미군의 철수와 연계해서는 안 된다. 미군의 주둔은 나토와 바르샤바조약기구 간의 지리적 불균형을 보충하기 위한 특별한 조치로서 서방에게는 절대적으로 필요하다.

⑨ 독·폴 국경선 문제 해결: 국경선 문제는 전적으로 독일과 폴란드 간의 문제로서 독일 통일 후 3개월 이내에 독·폴 국경조약을 체결, 서명한다는 입장이다.

미국은 '2+4 회담' 추진 전략의 핵심은 소련이 이 회담을 이용하여 미국의 국가 이익을 해치는 것을 저지하는 데 있다고 보고, 회담 대책을 마련했다. 첫째, 쟁점이 될 안보 문제에 관한 한 서독과 우방국 간의 공통된 입장을 마련, 둘째, 독일 통일의 속도는 최대한 빨리하는 한편, '2+4 회담'은 가능한 한 지연, 셋째, '2+4 회담' 의제를 축소, 전승 4개국의 권한 종식에 관한 법적 문제, 동독의 서독 편입에 따른 국제적 의무 처리, 국경선 문제로 제한한다는 것이었다. 이 대책들은 회담 '지연'과 '의제 제한' 전술로 요약될 수 있었다. 이를 토대로 부시 대통령과 콜 수상은 2월 24~25일 캠프데이비드 정상회담에서 다음과 같이 합의했다.[118]

첫째, '2+4 회담' 의제는 가능한 한 축소, 최종 결정은 관련 당사국 간에 타결. 둘째, 서방 진영 간의 정책 협의는 빨리 시작하되, '2+4 회담'은 '지연'원칙에 따라 3월 18일 동독 선거 이후에 개시, 외상 회담은 5월 미·소 정상회담 이전에 개최, 11월 파리 CSCE 정상회담 이전까지 회담 종료. 셋째, 평화조약에는 반대, CSCE 정상회담에서는 '2+4 회담' 결과를 추인. 넷째, 미군의 유럽 주둔 계속, 소련군의 통일 독일 지역 철수. 다섯째, 통일 독일의 나토 회원국full membership 잔류.

정상회담 후에 부시 대통령은 대처 수상과 미테랑 대통령, 고르바초프 대통령에게 회담 결과를 설명했다.

제1차 회담: 1990년 5월 5일, 본

제1차 회담에서 독일 민족의 자결권에 입각한 신속하고 질서 있는 독일 통일 추진에 합의했다. 지난 몇 개월 동안 소련이 독일 통일 과정이 너무 속도를 내고 있다는 우려를 표명했던 점을 고려하면 이러한 합의는 소련의 태도 변화를 의미했다. 또한 예비회담에서 합의한 4개의 의제를 '2+4 회담'의 의제로 채택하고, 1990년 9월까지의 4차례 회담 일정에 합의했다.

2+4 외무장관 회담(본, 1990년 5월 4~5일)

그러나 핵심 쟁점인 통일 독일의 나토 회원국 가입에 대해서는 별 진전을 보지 못했다.

미국, 영국, 프랑스, 서독 등 서방측은 기존 나토 전략의 수정과 나토의 정치기능 강화를 조건으로 통일 독일의 나토 회원국 가입을 제안하고, 나토 속에 편입된 통일 독일이 소련의 안보에 위협이 되지 않으며, 오히려 다른 대안보다 더 안전하다는 주장을 되풀이했다. 그러나 소련은 통일 독일이 나토 회원국이 되는 것에 반대하고, 양 동맹체제에서 탈퇴하여 중립국 지위를 가져야 한다는 기존의 입장을 고수했다. 또한 통일 독일이 나토에 잔류하지 않는 조건으로 동독 주둔 소련군의 완전한 철수가 가능하다는 입장을 표명했다. 소련은 심지어 통일의 대내적 측면과 대외적 측면을 분리하여 내적 통일이 달성된 후에도 새로운 유럽 안보체제가 구축될 때까지 잠정적으로 전승국의 권한을 유지해야 한다고 주장했다. 셰바르드나제 외상은 독일 통일과 각 국가의 대내적 상황을 분리해서 규정할 수 없다면서 소련의 정치적 운신의 폭이 급격하게 좁아진다면 소련의 여론이 용납하지 않을 것이라고 강조했다. 그의 발언은 독일 통일에 대한 소련의 향후 태도가 소련의 대내적 상황에 따라 결정될 것이라는 점을 시사한 것이었다.

한편, '2+4 회담' 전날 콜 수상과 겐셔 외상은 셰바르드나제에게 소련에 대한 유인책으로 독·소 간의 우호·협력 조약 체결을 제안했다. 셰바르드나제 외상은 콜 수상에게 소련의 외환 부족을 해결하기 위한 재정 지원을 요청했다. 콜 수상은 이를 수용하기로 결심하고, 독일 최대 은행들인 도이체 은행과 드레스드너 은행 직원과 텔칙 보좌관을 모스크바로 파견했다. 독일은 1월초에 있었던 대소 긴급 생필품 지원과 이번에 지원할 대소련 차관 제공이 소련의 내부 분위기를 개선하여 정치적으로 중요한 문제를 해결하는 데 도움이 될 것으로 판단했던 것이다. 5월 14일 모스크바에서 가진 회담에서 리시코프 소련 수상은 소련에 대한 동독의 채무 이양과 15~20억 루블당시 환율은 1루블당 1마르크의 단기차관, 100~150억 루블의 장기차관 제공을 텔칙 보좌관에게 요청하였다. 별도 회담에서 고르바초프와 셰바르드나제는 텔칙 보좌관에게 시장경제 개혁과 페레스트로이카를 계속 추진하기 위해서는 재정차입이 절실하다고 설명했다. 텔칙은 콜 수상이 최대한 지원할 것이라고 약속하는 한편, 이 재정지원은 독일 문제 해결을 위한 일괄타결의 일부라는 점을 강조했다.[119] 콜 수상은 고르바초프를 위해서 50억 마르크의 차관을 제공하기로 결정했다.

제2차 회담: 1990년 6월 22일, 동베를린

제2차 '2+4 회담'에서는 유럽의 신평화질서 구축을 위해 CSCE 체제를 제도화할 것과, 이 체제의 테두리 안에서 통일 독일의 정치적, 군사적 지위에 관한 문제를 해결해나가기로 합의했다. 서방측은 통일 독일의 완전한 주권 회복과 나토 회원국 가입 입장을 재확인하였다. 그러나 셰바르드나제 소련 외상은 독일 통일 후 2년간 독일의 태도를 지켜본 후 전승국의 권한 철회 문제를 결정한다는 '잠정적 해결책'을 담은 '독일과 국제법상의 최종 조정을 위한 기본 원칙'을 제안했다. 이 해결책에는 동독이 체결한 모든 국제조약의 5년간 잠정 효력 유지, 통일 후 최소한 5년간의 잠정기간 동안 전승 4대국 군대의 독일 잔류, 독일군 병력의 20~25만 명으로 축소, 전승 4대국 군대의 베를린 철수 등의 내용이 포함되어 있었다. 서방측과 동·서독은 독일이 통일된 뒤에는 어떤 문제도 미해결로 남아서는 안 된다며 소련의 제안에 강력하게 반대했다.

그러나 셰바르드나제가 '2+4 회담'의 최종 결의문이 11월 7일 CSCE 정상회담까지는 완성되어야 한다는 의견에 마침내 동의한 것은 의미가 있었다. 왜냐하면 겐셔 외상은 독일의 통합의회 선거가 12월초에 실시되어야 함을 지적하여 미국과 영국의 지지 하에 이 날짜를 관철시켰기 때문이다.

제2차 2+4회담 - 동독 니더쇤하우젠 성(1990년 6월 22일)

6월 22일 밤, 베이커 미국무장관은 셰바르드나제와 별도 회담을 갖고 소련의 제안은 독일 통일과 독일의 주권을 분리하고 통일 독일의 특별한 지위를 규정하는 등 중대한 문제점이 있다고 지적하고, 셰바르드나제의 진의를 확인했다. 셰바르드나제는 국내 정치 사정상정치·경제적 위기, 외교정책에 대한 거센 반발 등 연설을 그렇게 할 수밖에 없었으나, 이것은 최종적인 것이 아니며 타협이 가능하다고 덧붙였다. 그러면서 그는 소련 지도부가 국민들에게 독일, 미국, 나토의 위협이 없다는 것을 확신시켜 줘야 하기 때문에 런던에서 개최되는 나토 정상회담 성명이 변화를 보여주는 것이 중요하다고 강조했다.[120] 텔칙 보좌관은 이러한 강경한 입장은 7월초로 예정된 소련 공산당 전당대회와 관련이 있을 것으로 판단했다.

나토 특별정상회담: 1990년 7월 5~6일, 런던

제2차 '2+4 회담' 후 EC 정상회담1990년 6월 26일, 더블린, 나토 정상회담, 세계경제정상회담1990년 7월 9~11일, 휴스턴을 통해서 서방측 참가국들은 독일 통일 과정과 자유로운 유럽 통합을 지지했으며, 소련과 동유럽에서의 근본적인 변화를 지원할 의지를 표명했다. 특히 나토 정상회담에서 나토의 전략과 군사 구조 변경 선언과 세계경제 정상회담에서 대소련 경제지원 선언을 통해 소련의 안보 이해와 경제적 이익을 고려한 것은 7월 중순 콜 수상과의 정상회담에 임하는 고르바초프의 운신의 폭을 넓혀 주었다. 한편으로 7월 2~11일까지 개최된 제28차 소련 공산당 대회에서 고르바초프는 직접선거를 통해 3:1의 압도적인 표 차로 서기장에 선출되고 보수파인 리가초프가 참패함으로써 국내적으로도 독·소 정상회담에 유리한 조건이 마련되었다. 독·소 정상회담1990년 7월 14~16일, 모스크바·코카서스에서 고르바초프가 그동안 반대해 왔던 독일 통일 과정의 핵심 사안인 통일 독일의 나토 회원국 가입, 전승 4대국의 전체 독일에 대한 권한과 책임 종결에 동의함으로써 독일 통일의 역사적 전환점이 마련되었다.

나토 정상회담의 공동선언은 동·서 양 동맹 간의 달라진 관계를 분명히 함으로써 통일 독일이 나토 회원국으로 가입하는 것을 보장하기 위한 목적을 갖고 있었다. 미국은 나토와 바르샤바조약기구의 관계, 군사 독트린 수정, CSCE 강화 등 7개항으로 구성된 정상 선언문 초안을 마련하여 6월 21일 부시 대통령 명의의 서한 형식으로 콜 수상, 대처 수상, 미테랑 대통령, 이탈리아 수상 및 나토 사무총장에게 전달했다. 부시 대통령은 소련이 통일 독일의 나토 회원국 잔류 수용 여부를 결정해야 할 역사적 순간에 새로운 유럽에 부응하는 새로운 나토

　　　　　　　　　　　브란덴부르크 비망록

이미지 형성을 위해 미국이 마련한 제안이라고 부연 설명했다. 7개 항은 ① 나토 내에 바르샤바조약기구 회원국의 상주 연락 사무소 설치 및 나토–바르샤바 공동선언 채택나토의 불가침 공약 및 바르샤바조약기구의 상응 조치 권유, ② 유럽 재래식 무기 감축 협상CFE II 참가국의 재래식 무기 감축, ③ 나토 재래식 군대를 평시 다국적 부대로 재편, ④ 유럽 배치 미 핵탄두 제거, 핵무기를 "최후 수단"으로 사용하도록 전략 수정, ⑤ 향후 단거리 핵무기SNF 협상에서 새로운 목표획기적 감축 제시, ⑥ 나토 군사 전략 수정: '신축적 대응', '전진 방어' 개념을 핵무기 사용 제한, 전진 배치 감축으로 수정, ⑦ 분쟁방지센터 등 CSCE 기구 설립 등이었다.

부시 대통령은 대처 수상과 미테랑 대통령과의 서신 교환을 통해 선언문 내용을 조율했다. 부시 대통령의 제안에 대해 서독과 나토 사무총장은 찬성하였으나, 대처 수상은 나토 전략과 연락사무소 설치에 이의를 제기했다. 7월 1일 부시 대통령은 7월 중순 콜 수상의 소련 방문 시 나토가 유럽의 새로운 현실에 맞게 변하고 있다는 확신을 심어 줘야 한다고 대처 수상을 설득했다. 미테랑 대통령은 다국적 군대와 핵전략에 대한 약간의 우려를 제외하고는 대체로 동의했다. 또한 부시 대통령은 벨기에, 네덜란드, 덴마크 수상들에게 전화를 걸어, 미국의 제안에 대한 지지를 확보했다.

런던 나토 정상회담에서 나토 핵전략 수정 문제에 대해 영국과 프랑스가 이의를 제기했다. 대처 수상은 '최후 수단'으로서의 핵무기 사용을 규정한 핵전략은 나토 안보와 방위를 희생시킬 가능성이 있다고 주장했다. 미테랑 대통령은 프랑스가 나토의 군사회원이 아니므로 원칙적인 이의를 제기한다면서, 핵무기는 재래식 전쟁의 최후수단이 아닌 전적으로 전쟁 예방에 기여하는 것이라면서 대처 수상과 같은 입장을 취했다. 콜 수상은 부시 대통령의 전략 수정 제안을 지지했지만 회의 석상에서는 핵문제에 대해 특별한 언급을 하지 않았다. 결국 핵무기를 최후 수단으로 사용한다는 새로운 나토 전략을 채택했다. 부시 대통령은 이러한 전략 수정이 가능했던 현실적 배경으로 긴장 완화와 바르샤바조약기구에 대한 소련의 장악력 약화를 들었다. 그 대신 대처 수상의 요구로 "어떤 상황에서도 군사행동에 대해 핵 보복을 경시해서는 안 된다는 것을 보장함으로써 전쟁을 방지하는 역할을 계속 수행할 것이다"라는 문구를 나토 선언에 삽입했다.

이틀간의 회의 끝에 미국의 제안대로 "런던 선언: 변화하는 북대서양조약기구"가 채택되었으며, '우리는 더 이상 적대국이 아니다'라는 내용의 나토-바르샤바조약기구 공동선언 제안이 포함되었다. 나토 정상회담 진행 과정에서 독일과 미국 간에 긴밀한 공조가 이루어졌고 폭넓은 공감대가 형성되었다. 서독측으로서는 나토 정상회담에 매우 만족했다. 특히 유럽안보협력회의 전체 회원국들을 나토 동맹국의 불가침 조항 준수 의무에 귀속시키는 등 콜 수상의 주요한 제안이 반영되었다. 이로써 런던 선언은 소련과 바르샤바조약기구 회원국들에게 중요한 메시지를 담고 있었다. 나토 정상선언의 주역이었던 부시 대통령은 휴스턴으로 가는 비행기 안에서 나토 동맹국들이 소련의 우려를 반영한 제안에 합의했으며, "나토 선언을 보면 나토가 유럽 전체의 안보 이해를 충족할 수 있다는 것을 확신하게 될 것"이라는 내용이 포함된 전문을 고르바초프에게 보냈다.

나토 정상회담 결과에 대한 소련의 반응은 고르바초프가 나토 정상회담 기간 중에 뵈르너 사무총장을 콜 수상과의 정상회담 직전에 모스크바로 초청한 사실에서 긍정적으로 평가할 수 있었다. 콜 수상에게는 이것이 소련 지도부가 나토 정상회담의 성과를 평가하고 향후 나토를 더 넓게 수용하고자 하는 신호로 보였다. 7월 9일 소련의 언론들은 나토 정상회담 결과는 소련에게 역사적 돌파구를 의미한다고 일제히 보도했다. 이로써 소련의 여론이 통일 독일의 나토 회원 자격을 수용할 수 있는 기반이 마련되었던 셈이다. 런던 선언 소식을 들은 셰바르드나제 외상은 기자회견에서 런던 선언으로 "전체 유럽 대륙의 안전한 미래가 보장되었으며" 특히 나토의 군사전략 수정은 "중요한 결정"이었다고 평가했다. '동유럽을 잃게 된 외교정책 실패에 대한 보수파의 공격'으로 일관했던 소련 공산당대회에서 런던 선언은 고르바초프가 서기장으로 재선되어 영향력을 회복하는 촉매제 역할을 했다. 런던 선언으로 고르바초프는 나토가 변화되어 소련에게 더는 위협이 되지 않는다고 주장할 수 있는 수단을 갖게 되었던 것이다.[121] 고르바초프의 외교정책 보좌관인 아나톨리 체르냐예프는 "당중앙위원회 위원 중 2/3는 고르바초프와 셰바르드나제의 정책에 반대하는 사람이어서 당대회에서 실제로 쿠데타가 일어날 분위기였는데 런던 선언이 '고르바초프 호Gorbachev's ship'를 안정시켰다"라고 말했다. 고르바초프는 이러한 국내적 승리를 바탕으로 콜 수상과의 정상회담에서 통일 독일의 나토 잔류에 동의할 수 있게 되었다. 이 정상회담에서 고르바초프는 소련과의 협력을 비롯하여 '소련이 더 이상 적으로 간주되지 않는다'라는 점에 대한 나토 선언은 중요한 정치적 진전이자 근본적인 개혁을 위한 증거로 간주한다면서 나토 정상회담 결과를 높이 평가하였다.

세계 경제정상회담: 1990년 7월 9~11일, 휴스턴

휴스턴 정상회담에서는 미국과 영국이 대소 경제지원을 위해서는 소련의 시장경제 개혁과 세계 경제로의 통합이 전제되어야 한다는 입장을 표명하긴 했지만, 휴스턴 경제선언을 통해 시장경제를 지향하는 소련의 개혁 노력을 환영하고 이러한 조치를 지원할 의향이 있다고 결의했다.[122] 또한 더블린 유럽공동체 정상회의 시에 제기된 권고안을 받아들여 국제통화기금IMF이 연말까지 소련 경제 보고서를 작성하고 소련 개혁을 위한 서방의 경제 원조가 수행될 수 있는 기준을 수립하기로 결의했다.

비록 정상들에게서 소련에 대한 대규모 재정지원에 대한 확답을 받을 수 없었지만, 콜 수상에게 중요한 것은 이러한 정상회담을 비롯하여 다양한 회담에서 대소련 지원을 얻기 위해 최선을 다하고 있다는 메시지를 고르바초프가 알게 될 것이라는 점이었다. 고르바초프에게는 자신의 개혁 추진과 권력 유지를 위해 재정 지원이 필요했으며, 콜 수상에게는 독일 통일을 완수하기 위해 우호적인 고르바초프의 도움이 절실했다. 세계 경제정상회담 기간 중에 미국과 독일은 고르바초프가 독일의 나토 회원 자격을 수용할 용의가 있다면 독일군 병력의 상한선을 정하고 독·소 불가침 조약도 체결하기로 방침을 정했다.

독·소 정상회담: 1990년 7월 14~16일, 모스크바·코카서스

독·소 정상회담에 앞서 서독은 미국을 비롯한 서방 우방국들과 의제와 협상 전략에 관해 충분히 협의했다. 주요 의제들은 전승 4대국의 권한 종식 및 독일의 완전한 주권 회복, 독일의 나토 잔류, 나토 개혁 및 통일 독일 군대 규모 등이었다.

7월 15일 모스크바 회담에서 콜 수상은 '2+4 회담' 및 CSCE 정상회담을 위한 시간 일정을 준수해야 한다면 동독 주둔 소련군 철수, 통일 독일의 나토 회원국 문제, 통일 독일 병력의 상한선 등 세 가지 문제에 대해 합의가 되어야 한다고 말했다. 또한 '2+4 회담' 종료 시 독일의 주권이 완전히 회복되어야 한다고 강조했다. 고르바초프는 나토가 정치적 동맹으로 정체성이 변화하고 있음을 인정하면서 '2+4 회담'에 관한 결정적인 양보안을 제시했다. 첫째, 통일 독일은 현재 국경선 안에 있는 서독과 동독, 베를린만으로 구성된다. 둘째, 독일은 핵무기 및 생화학 무기를 포기한다는 콜 수상의 입장을 재확인한다. 셋째, 나토 군사 구조가 동독 지역으로 확장되어서는 안 된다. 넷째, 소련군의 (3~4년간) 잠정적 주둔에 관한 별도의 조약이 체결되어야 한다. 마지막으로 전승 4대국의 권한 종식을 지지하며 독일의 완전한 주권 회복에 동의한다. 고르바초프는 통일 독일의 나토 회원국 자격이 가장 중요한 문제라고 하면서,

콜-고르바초프 정상회담(코카서스, 1990년 7월 15일)

통일 독일이 계속해서 나토 회원국이 될 수 있다고 말했다. 그러면서 소련군이 주둔하는 동안 구동독 지역은 '사실상$_{\text{de facto}}$' 나토 활동 영역이 아니기 때문에 과도기에 동독 영토에까지 확대되어서는 안 된다고 덧붙였다. 고르바초프는 "소련군이 철수한 후에 구동독 영토가 소련의 안보에 위협이 되지 않을 것이라는 보증이 필요했다"라고 회고했다. 또한 고르바초프는 독일 정부의 50억 마르크 차관 보증이 시의적절한 조치였다며 감사의 뜻을 표했다.

7월 16일 코카서스 회담에서 양국 정상은 이러한 고르바초프의 제안을 구체화했으며, 기자회견에서 콜 수상이 8개항의 합의문을 발표했다.

① 통일 독일은 독일연방공화국, 독일민주공화국, 그리고 베를린을 포함한다.
② 독일 통일 완수 이후 4대 강대국의 권리와 의무는 완전히 종결되며 독일은 통일 시점에 완전하고 무제한적인 주권을 회복한다.
③ 통일 독일은 동맹체 가입 여부와 어느 동맹에 가입할 것인가를 자유롭게 결정할 수 있다. 콜 수상은 통일 독일이 나토 회원국이 되고자 한다는 서독 정부의 입장을 분명히 밝혔다고 부연 설명했다.
④ 통일 독일은 소련과 3~4년 이내에 종료될 소련 군부대

철수 문제에 관한 조약과 화폐통합에 따른 동독의 경제적 의무 처리를 위한 조약을 체결한다.

⑤ 나토는 소련 군대가 주둔하고 있는 동안에는 구동독 영토로 확대되지 않는다. 나토에 통합되지 않은 독일 연방군은 통일 후 즉시 현 동독 지역과 베를린에 배치될 수 있다.

⑥ 소련군이 동독에 주둔할 동안, 서방 3국 군대는 베를린에만 주둔해야 한다.

⑦ 서독은 진행 중인 비엔나 CFE 협상에서 3~4년 동안 통일 독일 군대를 37만으로 감축한다는 양해각서를 체결한다.

⑧ 통일 독일은 핵무기 및 생화학 무기의 제조·소유·사용을 포기할 것이고 핵확산금지조약의 회원국으로 남는다.

고르바초프는 나토 회원 자격 문제와 소련군 철수 후 나토 영역의 확대 문제는 독일이 스스로 결정할 사안이며, 통일 독일의 연방군대가 구동독 지역에 주둔할 수 있다고 합의함으로써 통일 독일의 완전한 주권 회복에 전적으로 동의했다. 다만, 동맹체 소속과 관련하여 '나토'라고 명시해서는 안 된다고 강조했다. 독일군대의 감축과 통일 독일의 비핵화에 합의한 것은 소련의 안보 이익에 중요한 요소였다. 고르바초프는 동독 주둔 소련군의 숙소 문제가 해결되지 않으면 소련군 내에 폭동이 발생할 수도 있다고 경고성 발언을 했으나, 콜 수상은 철수하는 소련군의 재교육과 숙소 지원과 소련에 대한 동독의 채무 인수를 약속함으로써 소련군의 철수 문제도 합의되었다.

기자회견에서 고르바초프는 이러한 성과를 이루어내기 위해서 지난 몇 개월 동안 있었던 수많은 정상회담이 중요한 역할을 했다고 강조했다. 특히 런던 나토 정상회담의 결과는 콜 수상이 발표한 합의사항의 역사적 전환점이자 전제조건이 되었다고 강조했다. "나토 정상선언이 없었다면 콜 수상과 내가 상호이해의 정신에서 이러한 합의에 도달하기 어려웠을 것"이라고 말했다. 7월 19일 〈이즈베스티야〉 지는 독·소 정상 간 합의를 통해 소련은 현실적인 안보와 경제적 지원을 하고자 하는 파트너를 얻었다고 논평했다.

1990년초부터 셰바르드나제는 통일 독일의 나토 가입은 유럽의 세력균형을 깰 것이라고 경고했다. 특히 소련은 통일 독일이 나토 회원국이 되는 것을 국내정치적으로 감당할 수 없었다. 4월 프라하에서 열린 바르샤바조약기구 동맹국 외상회의에서 셰바르드나제는 고르바초프와 자신은 소련 본국에서 보수파와 군부의 압력을 받고 있어서 통일 독일의 나토 가입을 단호히 반대한다고 강조한 바 있었다. 따라서 고르바초프가 통일 독일의 나토 가입을 수용한 것은 매우 역사적인 중대 변화였다.

제3차 회담: 1990년 7월 17일, 파리

독·소 정상회담에서 통일의 외적 측면에 관해 완전히 합의에 도달함으로써 전후 독일 문제에 종결을 짓는 조약문 초안을 작성하기로 합의했다. 이 회담에서 겐셔와 셰바르드나제 외상은 독·소 정상회담 결과를 설명했다. 셰바르드나제는 독·소 간에 합의한 내용을 '2+4 회담' 합의문에 반영하여 9월 12일 제4차 회담에서 승인을 받아야 한다고 강조했다.

오데르-나이세 국경선 문제 때문에 참석한 폴란드 외상은 사전에 겐셔 외상과 별도 회담을 통해 이 문제를 협의했다. 그는 더 이상 독일 통일 이전에 독·폴 간 국경선 조약을 체결하자는 입장을 고집하지 않았다. 따라서 통일 직후에 완전한 주권을 가진 독일 정부와 폴란드 정부 간에 국경 조약을 체결하는 것으로 합의되었다.[123]

'2+4 회담' 후 셰바르드나제 외상은 베이커 장관과의 별도 회담에서 런던 나토 선언을 위한 미국의 노력에 감사의 뜻을 표시하고, "런던 선언과 소련 당대회 덕분에 독일 문제에 관한

마지막 '2+4 회담' (모스크바, 1990년 9월 12일)

중대한 결정이 가능했다"면서, 미국과 독일이 소련의 국내 문제와 안보상 우려를 고려해 준 것을 높이 평가했다.[124]

제4차 회담: 1990년 9월 12일, 모스크바

제4차 '2+4 회담' 준비를 위한 차관보급 실무회의에서 두 가지 쟁점이 대두되었다. '소련군의 잠정 주둔 기간 중 나토 군대가 구동독 지역에 들어갈 수 없다'라는 문장의 의미와 독일군 규모 감축을 약속하는 방법과 시기 문제였다. 8월 30일 동·서독 외상이 비엔나 CFE 협상에서 여타 유럽 국가들도 병력 감축을 약속할 것이라는 가정 하에 3~4년 이내에 군대를 37만 명으로 감축하겠다고 선언함으로써 두 번째 쟁점은 해소되었다. 그러나 나토군 문제는 '어떤 외국 군대도 주둔stationed 또는 배치deployed될 수 없다'에서 '배치'의 개념을 둘러싸고 논쟁을 계속했다. 서방측은 핵무기의 동독 배치 반대에는 동의했으나, 핵무기 탑재 가능한 수단비행기 등 이중용도 수송 수단의 배치는 허용되는 것으로 이해했다. 특히 영국은 '배치'가 대규모 작전을 의미하기 때문에 소규모 작전은 허용되어야 한다고 주장했다. 결국, '배치'라는 용어에 관한 문제는 "통일 독일 정부가 서명 당사국의 안보 이해를 감안, 합리적이고 책임 있게 결정한다"라고 속기록에 남기기로 합의함으로써 타결되었다.

마지막 '2+4 회담'에서는 독·소 정상회담에서 합의된 내용을 위주로 하는 '독일 문제의 최종 해결에 관한 조약'이 체결되었다. 이 조약은 전문과 10개조로 구성되었으며, 전문에서 당사국은 유엔 헌장에 따라 제민족의 동등한 자결권을 존중하고, 독일 통일 과정에서 이루어진 국경 문제의 최종 타결이 유럽의 평화와 안정에 기여함을 인정하며 독일 통일의 달성과 동시에 전승 4대국은 독일에 관한 권리와 의무를 상실한다고 규정하였다. 본문에서는 통일 독일의 국경독일 영토와 독·폴 국경선, 독일의 무력불사용 선언, 독일의 핵무기 및 생화학 무기 제조·보유·사용 포기 등 군사력 제한, 소련군 철수 문제, 동독 지역 군사력 배치 문제, 독일의 동맹 가입권리 보장, 전승국의 권리와 책임 종료와 통일 독일의 완전한 주권 회복, 비준 및 발효 등을 규정했다.

관련 조약의 체결

콜 수상은 독일과 소련 간의 새로운 협력 시대를 열기 위해 '독·소 우호·친선·협력 조약'의 체결을 제안했다. 소련에게는 적대국이었던 과거에 종지부를 찍고 "정치적으로 안정된 민주국가이자 경제적으로 건전하고 국경 문제가 해결된 독일이 유럽과 세계의 발전에 중요한 나라"가 될 것이라는 고려 하에 독일과 새로운 정상적 우호관계를 맺는 조약이었다. 이 조약은 양 정상 간 연례 정상회담, 외상 및 국방상 간 격년제 정례 회담 계획을 규정했으며, 문화 협력에서부터 소련 전쟁 박물관 보존에 이르는 다양한 협력 관계를 포함했다. 가장 중요한 부분은 양국 간의 불가침 약속으로 양국은 서로에 대해 무력을 사용하지 않으며 상대방을 공격하는 어떤 국가도 지원하지 않기로 약속했다. 다만, 이 조항이 양자가 외국과 맺은 기존 양자 및 다자간 협정에는 영향을 주지 않는다는 단서를 달았다. 이것은 독일이 나토 동맹국이라는 점을 고려한 것이다.

이 조약은 9월 13일 본에서 양국 외상이 합의하였으며, 11월 9일 고르바초프의 통일 독일 방문 기간 중에 서명되었다.

1989년 6월 본에서 개최된 독·소 정상회담에서 콜 수상은 소련측에 경제 원조를 약속했다. 1990년 3월말 소련은 동독이 소련과 맺은 약 3,600개에 달하는 조약과 협정을 통일 독일이 떠맡아 줄 것을 제안했다. 7월 모스크바 정상회담 준비 과정에서 서독은 소련에 대한 동독의 재정적 의무를 포함한 일체의 의무에 대해 보증을 서겠다고 약속했다. 또한 동독 주둔 소련군과 관련한 동독의 1990년도 12억 5,000만 마르크 규모의 채무를 인수하고 동독 내 야전 은행에 예치된 소련군의 예금을 교환해 줄 의향이 있음을 밝혔다.

"소련에 대한 동독의 경제적 의무 처리 조약"을 통해 서독은 기존 동독의 대소련 경제적 의무를 존중하기로 약속했으며, 동독이 공급하던 상품을 계속 공급하기로 했다. 또한 기존 동독-소련 간 교역 결제 수단인 대체 루블과 서방 화폐 간의 환율을 조정하기 위해 상품 가격을 마르크로 표시하기로 했다.

서독과 소련의 외무장관, 외무차관보, 재무장관 간의 연쇄 회담을 통해 "소련군의 한시적 주둔과 철수에 관한 조약"내용을 협의했다. 그러나 소련의 철군 기간과 관련 재정 지원 요구가 새로운 난제로 대두했다. 소련측은 독일의 재정 지원을 최대한 확보하기 위해 철군 기간을 협상 카드로 이용했다. 8월 27일 셰바르드나제는 겐셔에게 보낸 서한을 통해 소련 군부는 고르바초프가 약속한 3~4년 내에는 철군이 불가능하며 5~7년이 소요된다고 주장한다면서, 이를 해소하기 위해 서독이 철수에 따른 수송비 및 주택건설비, 주둔 비용을 부담해야 할 것이라고 주장했다. 9월 7일 고르바초프와의 전화 통화에서 콜 수상은 80억 마르크의 재정 지원을 제안했으나 고르바초프는 소련군의 주택 건설에만 110억 마르크 정도가 소요된다고 하면서 수송 비용과 체류 비용을 합하면 훨씬 더 많이 든다고 했다. 고르바초프는 양자 간 조약에 대한 합의 없이는 '2+4 회담' 최종 합의문이 타결될 수 없다고 잘라 말했다.

추후 협상에서 소련측은 160~180억 마르크 상당의 지원금을 제안했다. 9월 10일 콜은 고르바초프와 통화에서 150억 마르크 지원철군 비용 120억, 대소 무이자 차관 30억에 합의했다. 독일 통일 문제를 조속히 해결하기 위해 콜 수상은 소련의 제안을 관대하게 수용했던 것이다.

이 밖에도 소련은 1990년초 12만 톤의 식료품육류, 식용유, 치즈 등 2억 2,000만 마르크 상당과 같은 대소 추가 식량지원을 요구했으며, 서독은 10억 마르크 상당의 동독산 농산물동독 농민에 대한 보조을 제공하기로 합의했다. 재정지원 문제가 타결됨에 따라 조약 문구에 관해서는 더 이상 쟁점이 없었으며 독일은 주요 목적을 달성할 수 있었다. 소련군은 1994년말까지 4년 안에 철수를 완료하기로 합의했다. 1944년 11월 소련의 붉은 군대가 독일 제국의 국경을 넘어온 지 꼭 50년 만에 그 마지막 군대가 독일을 떠나게 된 것이다. 소련군대가 남긴 환경오염에 대한 처리는 서독이 담당하기로 양보했으며, 조약에는 소련이 더 이상 오염시키지 않을 것을 촉구했다. 조약문은 9월 27일 가서명되었으며 10월 2일 정식으로 서명되었다.

한편, 서독은 미국, 영국, 프랑스와 통일 후 관계에 관한 다자 및 양자 협정을 체결했다. 예를 들면 독일 주둔 서방측 군대는 1954년 주둔협정에 따라 독일에 주둔하고 있기 때문에 독일은 이들의 계속 주둔을 위한 새로운 근거를 마련할지,

기존 주둔군 지위협정을 개정할지를 결정해야 했다. 미국은 서독 및 베를린 주둔 연합군의 권한과 지위가 원만하게 연장되기를 희망했으나 서독 법률가, 사민당, 녹색당 등은 완전히 새로운 협정 체결을 주장했다. 주둔 관련 협정을 새로 체결하자면 개별 주둔국과 서독 간에 개별적으로 협상하고 합의된 협정은 서독 의회의 비준을 받아야 하기 때문에 1개월이 넘는 시간이 필요했다. 8월 16일 미국의 베이커 국무장관이 겐셔 장관에게 새로운 양자 협정 체결 대신 기존 협정들을 다자간 협정으로 연장할 것을 제안했다. 서독은 베이커의 제안을 수락하고 2주간의 협상을 통해 ① 연합군의 서독 주둔을 위해 1954년 주둔 협약 갱신, ② 전승 4국 권한 종료 후 영국, 프랑스, 미군의 베를린 주둔을 위한 새로운 협정, ③ 나토 주둔군 지위협정sofa을 사실상 구동독 지역에 확대하기 위한 협정 등 3개 협정이 체결되었다.

제6장

독일 통일의 교훈:
우리는 어떻게 통일을 해야 하나?

우리와 같은 분단국이었던 독일이 통일됨으로써 우리도 평화적으로 통일을 이루어 낼 수 있다는 자신감을 갖게 되었다. 독일은 제2차 세계대전의 후과로 전승 4대국에 분할 점령된 후 서독과 동독으로 분단되었다. 동·서 진영 간의 냉전체제 속에서 동·서독은 기본조약을 비롯한 법적·제도적 장치를 토대로 다방면에 걸쳐 교류협력을 확대했다.

동구 사회주의 국가들 중에서 가장 잘 사는 나라였던 동독이 붕괴되었다. 제2차 세계대전 후에 구축된 동서냉전 시기에 동독 정권을 지탱해 준 것은 소련 주둔군과 베를린 장벽, 그리고 교회였다. 그러나 1989년 이들 세 가지 버팀목은 더는 동독 정권을 지켜주지 않았다. 1953년 6월 17일 베를린 봉기는 소련 군대가 무력으로 진압하였다. 그 후 브레즈네프 독트린에 따라 소련은 동구 사회주의 국가에 정치·군사적으로 개입했다. 그러나 고르바초프 대통령은 월요 데모에 소련군이 개입하지 못하게 막았다. 독일이 분단된 이후 동독 주민들이 서독으로 대거 탈출하자1949~61년간 약 300만 명, 동독정부는 1961년 8월 베를린 장벽을 구축했다. 베를린 장벽은 동·서냉전을 더욱 격화시켰고 독일과 유럽의 분단의 골을 더욱 깊게 했다. 그러나 28년 후인 1989년 동독 주민들의 대규모 탈출 러시와 데모에 베를린 장벽은 힘없이 무너져 내렸다.

동독은 마르틴 루터가 종교개혁을 시작한 개신교의 본산

이다. 루터가 성서를 번역했던 아이제나흐, 루터가 대학을 다녔던 에어푸르트, 종교개혁 설교를 했던 바이마르, 이 도시들은 모두 동독 지역에 있다. 동독의 교회 연합은 서독과의 교류를 통해서 교회의 유지에도 기여했지만, 동독 정권의 안정에도 일부 기여한 측면이 있다. 동독의 반체제 인사들은 서독으로 탈출하기도 했지만 교회를 도피처로 삼기도 했다. 교회는 동독 정권 하에서 살아남은 조직화된 시민단체로서 불만 세력들을 수용함으로써 일종의 배출구 역할을 담당했던 것이다. 1989년 5월 지방선거 부정을 보고, 교회는 정권에 저항하기 시작했다. 1989년 10월 월요 데모라는 평화 혁명은 교회의 주도 하에 촉발되었으며, 결국 동독 정권을 무너뜨리는 데 결정적인 역할을 했다.

1989년 헝가리가 오스트리아 국경을 개방하자 동독 주민들이 대거 서독으로 탈출하게 되었으며, 동독 내부에서는 민주화 시위가 확산되었다. 1989년 11월 9일 베를린 장벽의 개방으로 동독 주민들이 서독으로 물 밀 듯이 넘어가게 되었고, 시위에서는 통일을 요구하기 시작했다. 1990년에 들어와 서독 정부는 동독 이주민의 증가를 억제하고 동독의 붕괴를 막기 위해 조기 통일을 추진하게 되었다. 동독 최초의 민주적 총선거에서 동독 주민들은 서독마르크 화폐의 도입과 신속한 통일을 선택하게 되었다. 서독 정부와 자유 총선거를 통해 구성된 동독 정부는 화폐·경제·사회 통합조약과 통일조약을 체결했다. 또한 전승 4대국과 '2+4 회담'을 통해 통일의 대외적 측면을 해결함으로써 1990년 10월 3일 마침내 통일을 완성하게 되었다.

독일은 어떻게 통일을 달성할 수 있었는가?

독일 통일은 기적처럼 이루어졌다. 독일 사람들은 '기적'이었다고 한결같이 얘기한다. 서독의 전 총리도 통일이 그렇게 빨리 올 줄 몰랐다. 그런 만큼 독일 사람들은 통일을 미리 준비하지 못했다. 따라서 실수와 시행착오도 많았다. 그러나 통일을 위한 '기회의 창'이 열렸을 때 이를 놓치지 않고 불과 1년이라는 짧은 시간에 역사적 통일을 피 한 방울 흘리지 않고 이루어내는 게르만 민족의 저력을 보여 주었다.

통일이 잘못되었다는 부정적 비판도 있지만, 긍정적 측면이 훨씬 더 많았다. 구동독 지역의 1인당 GDP가 구서독 지역의 43%1991년에서 73% 수준2009년에 도달했다. 1인당 임금수준도 1991년 58% 수준에서 2009년에는 83% 수준에 도달했다. 일부에서는 독일의 통일이 '대재앙'이라고 비판하지만 이 정도면 가히 성공적이었다고 말할 수 있다. 그렇다면 이러한

'기적'은 어떻게 일어날 수 있었을까? 정말 '기적'으로 규정해 버리고 서독의 정치 엘리트들과 관료들의 전략적 판단과 적절한 정책과 조치에 대해서는 평가할 만한 것이 없다고 해도 좋은가? 그렇지 않다는 것이 대답이다.

첫째, 경제력을 바탕으로 한 우월한 서독 체제의 강한 흡인력 덕분이다. 서독은 민주주의와 다원주의를 바탕으로 한 자유민주주의 체제의 정치적 우월성을 갖고 있었다. 1990년 7월 1일 화폐 통합 발효를 기념하여 행한 TV 연설에서 콜 수상은 "서독 경제는 8년 이상 호황을 누리고 있어서 통일이 가져올 도전에 대비가 되어 있다"라고 강조했다. 게다가 '사회적 시장경제 체제'를 바탕으로 지속적인 경제성장과 모범적인 복지국가를 실현할 수 있었다. 특히 서독의 튼튼한 경제력은 콜 수상이 조기 통일을 결정할 수 있는 절대적 토대가 되었다. 서독은 1988년 3.8%, 1989년 4.5%의 GNP 성장을 기록했으며, 1988년의 GNP 대비 정부의 재정 적자가 0%였다. 1989년 한 해에만 1,080억 마르크라는 연간 최고의 흑자를 기록했으며, 그동안 약 5,000억 마르크에 이르는 엄청난 대외 흑자를 축적하고 있었다. 자유롭고 풍요로운 서독 사회는 동독 주민들의 동경의 대상이 되었다. 이러한 혜택을 누릴 수 있는 기회가 오자 동독 주민들은 서독과의 신속한 통일을 선택했다.

서독의 경제력은 통일조약 협상을 가속화하는 데도 기여했다. 동독 지역의 경제 재건과 생활수준 향상에 필요한 재정지원을 위해 '독일통일기금' 운용 방식과 부가가치세 분배 비율에 합의할 수 있었던 것은 무엇보다 서독의 경제력이 뒷받침되었기 때문이다. 그동안의 경제성장 덕분에 연방재정이 튼튼하여 예산 절감과 재정 차입을 통해 기금을 조달하고, 연방과 서독 주가 각각 절반씩 상환하기로 합의할 수 있었던 것이다.

서독의 튼튼한 경제력은 고르바초프의 통일 지지와 통일 독일의 나토 가입 수용을 이끌어낼 수 있었던 강한 지렛대가 되었다. 실제로 고르바초프는 1990년 9월 10일 소련군 철수를 위한 재정지원 규모에 관한 막바지 협상 단계에서 콜 수상과 전화 통화를 하면서 "소련에 대한 지원금은 소련뿐만 아니라 독일 통일을 돕는 것"이라고 말했다.[125]

고르바초프의 개혁을 경제적으로 지원하기 위한 콜 수상의 노력은 경제난으로 어려움에 처한 고르바초프의 개혁에 힘을 실어주었다. 그 결과 고르바초프가 통일 독일의 나토 가입과 같은 중요한 안보 문제에 대해 양보할 수 있게 되었다. 콜 수상은 약속대로 1990년 6월 27일 50억 마르크의 12년 장기 차관을 제공했다. 또한 동독이 부담하던 소련군 주둔 비용 1990년 산정 연간 14억 마르크을 인수했으며, 소련군 철수와 관련된 재정지원도 마지막 단계에서 고르바초프가 요구했던 150억 마르크까지 양보했다. 또한 더블린 EC 정상회담에서 미테랑 대통령의 지원으로 회원국에게 다자간 대소 재정지원 프로그램 참여를 촉구했으며, 휴스턴 세계경제정상회담에서 소련 개혁 지원을 위한 IMF 조사와 대소 차관 제공 의향에 대한 결의를 끌어냈다.

한편, 소련의 입장에서 보면, 38만 명의 동독 주둔군을 포함한 소련의 영향력을 서독에서 경제적 지원을 얻어 내기 위한 지렛대로 활용했다는 평가도 가능하다. 또한 고르바초프의 개혁에 제동을 거는 보수파와 군부의 존재도 서독에서 양보를 얻어 내기 위한 좋은 소재였다. 고르바초프는 날로 악화되는 동독의 상황을 정치·경제적으로 안정시키기 위해 소련이 할 수 있는 능력에 한계가 있으며 서독과의 통일이 아마도 유일한 해결책이 될 것이라는 점을 알고 있었을 것이다. 따라서 그로서는 나토 가입 문제와 같은 중요한 사안에 대한 최종 결정을 마지막 순간까지 지연시키는 것이 조기 통일을 바라는 콜 수상으로부터 최대한의 경제적 보상을 얻어내는 데 유리하다고 판단했을 것이다. 고르바초프와 셰바르드나제 외상은 독·소 정상회담에서 합의했음에도 불구하고 '2+4 회담'의 마지막 단계인 8월말 소련군 철수 기간에 대한 군부의 유보적 입장을 내세워 서독으로부터 필요한 재정지원을 얻어내는 데 성공했다. 서독으로서는 독일 통일의 대외적 장애를 해소하기 위해서 소련이 내미는 청구서를 해결해 주지 않을 수 없었던 것이다. 콜 수상이 말한 대로 독일 통일의 열쇠는 소련이 쥐고 있었기 때문이다. 그러나 이것은 '통일 독일의 나토 가입과 재정지원을 교환'한 서로의 이익을 위한 윈-윈 거래로 볼 수 있다. 티어제 전 하원의장은 고르바초프가 경제적 지원이 필요해서 "동독을 팔아 넘긴 꼴"이라고 비유했다.[126] 고르바초프로서는 국내 정치적으로 보수파의 저항을 물리치고 개혁을 계속하기 위해서는 경제적 지원이 절실했다. 그에게 경제적 파탄에 빠진 동독은 부담만 될 뿐이었다. 서독은 소련의 경제 지원 요청에 대해 서독의 지원은 독일 통일 문제의 해결에 기여할 일괄 타결의 일부분이라는 점을 거듭 강조했었다. 서독은 기회가 왔을 때 이를 통일로 연결시킬 수 있는 경제적 능력을 갖추고 있었다.

둘째, 서독 정부의 서구 편입 정책과 미국의 강력한 지지 덕분이다. 독일 통일의 사례는 국제적 환경이 통합 과정에 영향을 미친다는 호프만의 주장을 실증적으로 뒷받침해 주었다.[127] 물론 이것은 전체 독일과 베를린에 대한 전승 4대국의 책임과 권한 때문이기도 하지만, 관련국들이 독일 통일 과정에서 자국의 안보와 이익을 제고하려 했기 때문이다.

서독은 초대 아데나워 수상 때부터 적극적인 친서방 정책을 표방했다. 서독은 EC 회원국과 밀접한 관계를 유지하면서 나토 체제에 공고하게 정착했다. 서독은 1979년 나토의 이중 결정을 채택함으로써 나토의 단호한 행동 능력을 과시하는 데 크게 기여했다. 이로써 유럽에서 소련의 주도권 추구에 제동이 걸리게 되었다. 특히 동독 정권이 붕괴 일로에 서고 통일의 조짐이 보이기 시작할 때도 서독은 독일 통일과 유럽 통합은 동전의 양면과 같다면서 오직 '전체 유럽의 구도 속에서만 독일 통일을 추진하겠다'라고 약속했다. 그 결과 프랑스를 비롯한 서구 우방국들의 우려를 잠재울 수 있었다. 서독 정부는 서독이 자유민주주의 공동체인 EC와 나토의 일원으로 불변하다는 사실과 독일 통일은 유럽의 통일 과정에 따를 것이라는 사실에 시종일관 의문을 제기한 적이 없었다. 이러한 기본 원칙을 바탕으로 독일 통일에 대한 국제적인 지지를 받아낼 수 있었다. 전후 유럽에서 냉전을 최종적으로 청산하는 독일 통일이 새로운 유럽 질서의 창출에 유리하다는 인식을 확산시켜 나갔다.

또한 '통일 독일의 나토 잔류' 약속을 통해서 나토 회원국들, 특히 미국의 강력한 지지를 얻어낼 수 있었다. 미국은 통일의 단초가 보였던 베를린 장벽이 개방될 때부터 통일을 지지한 유일한 강대국이었다. 미국으로서는 유럽공동체와 나토의 틀 안에서 독일 통일을 추구함으로써 자유와 민주주의의 확산이라는 미국 외교정책의 가치를 실현할 수 있다고 판단했다. 서독 정부는 이러한 미국의 판단에 아무런 의문이 가지 않도록 수상과 장관에서부터 실무 관리까지 미국과의 공조를 강화했다. 독일 연방정부는 『2010년 통일백서』에서 "서독 정부가 통일을 성공시킬 수 있었던 데는 부시 미국 대통령의 지원과 소련의 입장 변화가 결정적인 역할을 했다"라고 평가하고 있다.

콜 수상과 부시 대통령은 좋은 인간적 관계와 신뢰를 바탕으로 정상회담 뿐만 아니라 수시로 전화나 서신을 통해 의견을 교환했다. 또한 중요한 회담을 전후하여 외상 등 고위 관리들을 파견하여 사전에 의견을 조율하거나 사후에 회담 결과를 공유했다. 이러한 협조 관계는 상호 간에 인간적 친근감과 신뢰를 제고해 정책 목표를 달성하는 데 크게 도움이 되었다. 부시 대통령은 관련국 엘리트들 간에 협조가 아주 잘 되었다고 평가하면서, 특히 미국이 적극적인 역할을 하지 않았다면 결과가 달라졌을 수도 있을 것이라고 회고했다. 부시 대통령의 국가안보보좌관이었던 스코우크로프트는 "그부시의 리더십과 개인적 외교가 독일 통일의 핵심요소였다"라고 강조했다. 도비예 전내독성 차관보는 "통일로 향하는 과정에 있어서 우방에 대해 솔직해야 하며 감추는 것이 없어야 한다. 서독은 우리의 우방들이 독일의 통일에 대해 우려하지 않도록 꾸준히

노력하고 신뢰를 쌓아 왔다"라고 강조했다.[128]

특히 두 지도자는 '2+4 회담' 프로세스와 관련하여 긴밀한 전략 조정 협의를 가장 중요시했다. 콜 수상은 처음에는 '2+4 회담'을 원치 않았다. 그러나 고르바초프가 국내 정치에서 영향력을 잃지 않도록 외교적 협상 모양을 갖추어 주는 방향으로 '2+4 회담'을 추진하기로 미국과 합의했던 것이다. 부시 대통령은 캠프데이비드 정상회담에서 '2+4 회담'의 성공은 원칙에 입각한 치밀한 협상 전략에 좌우된다면서 어떤 단계에서 무슨 의제를 다룰지에 대해 미리 협의가 되어야 한다고 말했다. 전승 4대국이 성급하게 개입하면 독일 통일의 내적인 과정을 방해할 수도 있다는 것이었다. 이에 따라 미국의 주도로 '2+4 회담'에서 논의 가능한 의제, 논의 불가능한 의제, 논의는 가능하나 독일이 결정할 의제들을 구분하여 대처해 나갔다. 즉 전승 4대국 권한, 국경선 문제는 '2+4 회담'에서 논의 가능한 의제로, 동독 내 독일 연방군과 소련 주둔군, 독일의 핵무기 및 생화학 무기 보유 금지 문제는 '2+4 회담'에서 논의 가능하나 독일이 결정할 의제로, 구동독에 대한 나토의 의무, 서독 내 핵무기, 통일 독일의 나토 회원국 문제, 독일 연방군 규모 등은 '2+4 회담'에서 논의할 수 없는 독일이 결정할 의제로 분류했다.[129]

셋째, 소련의 안보 우려를 해소하는 데 성공했기 때문이다. 소련의 대독 정책은 안보의 우선, 소련 동맹체제의 안정, 대미 정책, 대서구 정책, 페레스트로이카 등 다섯 가지 기본 조건을 고려하여 결정되었다. 이러한 기본 조건 중에 몇 개가 1980년대 말부터 1990년까지 결정적으로 변화했다. 즉 미·소 관계는 화해 관계로 진전되었으며 서구 통합도 계속 진전되었다. 소련의 동맹정책에서 브레즈네프 독트린이 폐기되었으며, 페레스트로이카의 국내정치적 어려움 때문에 서방 세계와의 협력이 절실해졌으며, 새로운 안보정책적 사고가 소련에서 형성되었다. 또한 나토 국가들의 이해와 협조를 얻은 점, 동·서진영의 시대에서 통합 유럽의 재편성이란 방향으로 정책에 변화가 생긴 점, 독일 국민들이 통일에 대한 열망을 갖게 된 점도 중요한 요인이었다. 그러나 동유럽 국가들의 바르샤바조약기구 탈퇴 움직임, 동독의 서독 편입 결정, 발트 해 연안 국가들의 독립 추진, 소비에트 연방 내에서 민족주의와 인종적 독립 움직임 등으로 소련은 여전히 자국의 안보에 대한 우려를 떨쳐버릴 수 없었다. 고르바초프로서는 국내적으로 군부와 당내 보수파들로부터 이러한 움직임들에 제동을 걸도록 압력을 받고 있었다.

독일 통일 후 고르바초프는 독일 통일 문제는 관계국들의 이해관계가 서로 달라 특히 어려웠다고 회고했다. 그는 "부시 대통령과 미국 정부에게는 나토의 미래가 핵심 사안이었으며, 프랑스 대통령은 국경과 영토 문제에 집착하고 있었고, 대처 여사의 의중에는 유럽 내 독일의 헤게모니 장악에 대한 지정학적 의구심이 깔려 있었다"라고 말했다. "전쟁 때문에 엄청난 희생을 치러야만 했던 소련에게는 독일의 통일에 대한 결단을 내리기가 쉽지 않았으며 통일 과정이 장기간 걸릴 것으로 간주했다"라고 덧붙였다.[130]

서방측은 이러한 상황을 고려하여 신중하고도 면밀한 전략에 따라 소련의 안보 우려를 해소하기 위해 노력했다. 부시 대통령과 콜 수상은 베를린 장벽의 붕괴에 고무되었지만 고르바초프나 소련 군부를 자극하지 않도록 신중을 기했다. 소련 내에서 고르바초프에게 반기를 드는 세력에게 무력 개입을 자극할지도 모르는 어리석은 제스처를 쓰지 않기로 했던 것이다. 1990년 1월 중순 옥스퍼드에서 개최된 독일, 영국, 프랑스 3자 정상회담에서 서독측은 나토의 정치적 측면을 강화하는 동시에 나토의 군사적 전략과 구조를 개혁하려는 공동의 의지가 중요하다고 강조했다. 그 이유에 대해서 텔칙 보좌관은 소련의 안보가 위협 받지 않고, 유럽의 영토가 현재 상태로 유지된다는 두 전제조건에서 고르바초프는 바르샤바조약기구 동맹국에게 내적 개혁을 최대한 인정할 용의가 있다고 말한 적이 있다고 상기시켰다. 그러면서 동독의 상황으로 인해 이 두 가지 전제조건이 불확실해졌기 때문에 정치적·영토적 차원에서 유럽의 전후 질서를 새롭게 정리할 필요성이 생겼다고 설명했다.[131] 동독 총선 직후 셰바르드나제 소련 외상은 베이커 미국 국무장관에게 개혁과 외교정책에 대해 군부와 당보수파의 공격을 받고 있다면서 "독일 통일 문제는 소련 국민들이 수용할 수 있고 독일 땅으로부터 새로운 군사적 위협이 없을 것이라는 신뢰를 줄 수 있도록 해결되어야 한다"라고 강조했다.

콜 수상은 부시 대통령과 대처 수상, 미테랑 대통령과 나토의 정체성 변경에 대해 지속적으로 협의했으며, 마침내 부시 대통령이 나토 특별 정상회담에서 결정적으로 중요한 역할을 수행했다. 부시 대통령은 나토 런던 선언은 소련에게 나토의 변화에 대한 서방측의 진정한 의지를 확고하게 입증함으로써 독일 통일의 마지막 단계에 대한 타결에 전기를 마련했다고 평가했다. 런던 선언으로 고르바초프는 독일의 통일로 소련의 안보가 위태로워질 것을 우려하는 국내 보수파의 반격을 물리칠 수 있게 되었던 것이다. 소련 공산당대회에서 서기장으로 재선된 고르바초프는 콜 수상과의 정상회담에서 통일 독일의 나토 잔류에 동의했다.

넷째, 콜 수상과 겐셔 외상, 텔칙 보좌관 등 서독 정치 엘리트들의 전략적 결단과 능력, 외교적 역량이다. 콜 수상은 탁월한 정치적 감각과 외교적 능력으로 "기회의 창"이 열려 있을 때 통일을 달성했다. 그는 동독 주민의 대거 탈출 사태로 동독 지도부가 위기 의식을 갖게 되었을 때 서독은 동독의 안정화를 원한다고 선언하고 긴급 지원을 하면서 동·서독 정상회담을 비롯한 협상을 통해 동독 문제에 적극 개입했다. 그러면서도 동독의 대규모 재정지원 요구에 대해서는 근본적인 개혁이 없는 지원은 '밑 빠진 독에 물 붓기' 식으로 아무런 의미가 없다면서 동독의 정치적 개혁을 압박해, 자유 총선거를 이끌어냈다. 콜 수상은 연방은행 등 경제계의 반대에도 불구하고 동독 총선거 실시 직전에 1:1 화폐교환을 통해 신속한 통일을 추진하기로 결정함으로써 동독 총선거에서 기민당이 주축이 된 독일동맹의 압승을 이끌냈다. 한편, 소련이나 영국 등 독일의 통일을 우려하는 이웃 국가들에 대해서는 동독 주민들의 자결권을 내세워 이들의 개입 가능성을 차단했다.

한편, 콜 수상과 겐셔 외상은 훌륭한 외교 교섭 능력으로 1989년 헝가리와 체코, 폴란드 주재 서독대사관에 체류 중인 동독 탈출민들을 서독으로 인도하는 데 성공했다. 특히 헝가리는 동독 탈출민을 베를린으로 송환하고 오스트리아 국경을 폐쇄하라는 동독 정부의 요구를 거부하고, 탈출민들을 서독으로 보내주었다. 이것은 서독·헝가리 간 비밀 정상회담의 결실이었다.

외교적 측면에서 콜 수상과 부시 미국 대통령의 절친한 인간적 관계가 통일 과정을 촉진시켰다. 서독이 미국의 안보 이익에 절대적으로 중요한, 통일 후 나토 동맹 가입에 동의하는 대신 미국은 독일 통일을 적극 지지했다. 부시 대통령은 독일 통일을 적극 지지하기로 결정하고 고르바초프가 통일 독일의 나토 가입을 수용하도록 설득하는 데 총력을 경주했다. 그는 나토의 런던 선언을 주도하여 소련의 안보 이익을 정당화할 수 있는 명분을 제공함으로써 고르바초프의 국내정치적 입지를 높여주는 한편, 통일 독일의 나토 잔류를 수용할 수 있게 했다. 콜 수상과 부시 대통령은 수시로 전화로 협의하고 메시지를 주고받는 등 개인적 친분과 굳건한 정책 공조를 토대로 고르바초프뿐만 아니라 대처 영국 수상과 미테랑 프랑스 대통령을 설득해 나갈 수 있었다.

다섯째, 고르바초프의 등장과 소련의 대동구 정책 변화 덕분이다. 고르바초프는 브레즈네프 독트린을 폐기함으로써 동독을 포함한 동구 사회주의 국가들에 대한 소련의 패권 전략을 포기했다. 앞서 언급한 대로 고르바초프는 1989년 7월 스트라스부르에서 개최된 유럽회의에서 유럽 국가들의 사회적, 정치적 질서는 "전적으로 그 인민 자체의 문제요, 그들이 선택할 문제"라고 선언하였던 것이다. 고르바초프는 1989년 5월 헝가리의 오스트리아 국경 철조망 제거에 사전 동의를 했다. 브레즈네프 독트린은 1989년 10월 26~27일 바르샤바조약기구 외무장관 회의에서 공식적으로 폐기되었다. 1989년 10월 월요 데모가 평화적으로 진행되는 동안에도 동독 주민들의 머리 속에는 1953년 베를린 봉기를 소련이 탱크로 진압했던 기억이 생생했을 것이다. 그러나 고르바초프는 소련군이 동독의 평화적 시위에 개입하는 것을 반대했다. 그 결과로 동독의 평화 혁명은 성공할 수 있었다. 라이프치히에서 시작된 월요 데모가 드레스덴, 할레 등 동독 전체 지역으로 확산되어 갔으며, 결국 11월 3일 베를린의 중심 알렉산더 광장에는 100만 명이 시위에 참석했다.

한발 더 나아가 고르바초프가 호네커를 포함한 동독 지도부에게 개혁을 요구함으로써 평화 혁명을 촉발하는 계기가 되었다. 소련의 정치적 변혁은 동구권 내에서 폴란드와 헝가리로 하여금 정치체제를 변화시킬 수 있는 행동의 자유를 제공했다. 소련은 헝가리 정부가 동독 탈출민들을 서독으로 보내는 것에 반대하지 않았다. 고르바초프의 '신사고' 외교정책 덕분에 헝가리도 독일의 통일 과정에 결정적인 역할을 했던 셈이다. 헝가리 정부는 1989년 5월 오스트리아와의 국경선에 철조망을 제거하고 부다페스트 주재 동독 탈출민을 서독으로 보내 주었다. 특히 9월 11일 오스트리아와의 국경을 완전히 개방함으로써 동독 주민들의 '탈출 러시'를 촉발했다. 국경 개방 조치는 1969년 동독과 체결한 '여행통과 협정'을 일방적으로 파기한 결단이었다. 고르바초프의 '신사고' 외교정책 덕분에 1989년 헝가리와 동독에는 '1956년 부다페스트'와 '1953년 베를린'에서 벌어졌던 것과 같은 소련 탱크에 의한 진압 사태가 다시 일어나지 않았다.

여섯째, 원칙에 바탕을 둔 서독의 효과적이고 실질적인 교류협력 정책이다. 서독 정부는 기본법에 명시된 민족의 재통일이라는 명제를 포기하지 않은 가운데 현실적 관점에서 통일을 위한 실천 가능한 정책을 추진했다. 동·서독 간의 꾸준한 인적, 물적 교류와 협력은 동·서독 주민들 간의 소통을 증대시키고, 특히 동독 주민들이 서독의 풍요로운 삶의 실상을 알게 되는 기회를 제공했다. 또한 서독에 대한 동독의 의존도를 높이게 되었다. 물론 내독교역이 40여 년 동안 동독 정권의 안정화에 도움을 주었다는 비판이 없는 것은 아니다. 그러나 동독이 경제적으로 동구 진영에 덜 예속되고 서독을 포함한 서구 진영에 의존하도록 하는 데 기여했다. 서독은 동독 지도부를 자극하지 않는 가운데 분단으로 고통 받는 동독 주민들을 돕기 위해 경제적, 물질적 지원을 했다. 독일 통일 후 서독 내부에서는 사민당 정부에서 시작했던 동방정책이 통일을 가속화했는지 지연했는지에 대해 논쟁이 벌어졌다. 동방정책의 설계자였던 에곤 바는 소위 "접촉을 통한 변화"를 내세워 동독과의 교류협력을 적극적으로 추진하는 동력을 제공했다고 주장한다. 특히 동·서독 간의 인적 접촉이 확대됨으로써 동독 주민의 의식에 큰 변화를 가져온 것은 통일을 촉진한 요인이었다.

콜 정부는 대동독 경제지원과 호네커의 서독 방문 등을 계기로 동독 내 여행 자유화, 인권 개선 등을 요구함으로써 상호주의 원칙을 고수했다. 사민당의 슈미트 정부와 기민당의 콜 정부의 큰 차이는 콜 수상이 동독인의 여행 자유화를 위해 노력을 했다는 점이다.[132] 동독은 서독 자금이 필요했고 서독은 대규모 차관 제공1983~84년 19억 5,000만 마르크의 대가로 동독 주민들의 여행 자유화 확대와 국경 지역의 자동 발사 장치 제거를 요구했다. 동독으로서는 차관 도입과 교역 확대를 통해 경제적 어려움을 극복하고 동·서독 정상회담을 통한 국제적 승인을 확보하기 위해 서독의 요구를 수용하지 않을 수 없었다. 호네커의 여행제한 완화로 1980년대 중반부터 동독 주민의 서독 방문이 급증하여 1989년 중반까지 성인 4명 중 1명은 서독이나 서베를린을 방문하게 되었다. 서독으로서는 '경제력'을 바탕으로 대동독 차관을 제공하는 한편, 인도적 분야의 개선을 위해 매년 수억 마르크 상당의 보조금환영금, 정치범 석방 거래 등을 대가로 지불했다. 동독으로서는 교류협력을 통해 이러한 경제적 이익을 얻었으며, 그 만큼 서독에 대한 의존도도 높아졌다. 동독 정부는 대외결제를 위해 주로 서독의 마르크화를 사용했는데, 마르크화를 확보하기 위해서는 더 많은 인적 왕래와 인권 개선을 허용해야 했다. 인적 교류의 확대와 동독 주민의 서독 TV 시청 결과로 동독 주민들은 서독 체제의 자유와 풍요에 대해 동경심을 갖게 되었으며, 동독 체제에 대해서는 신뢰와 '정체성'을 잃게 되었다. 그리고 선거를 통해 스스로 체제를 선택할 자유가 주어지자 동독 주민들은 '서독마르크화에 의한 조기 통일'을 선택했던 것이다. 에곤 바는 사민당의 동방정책과 기민당의 친서방 정책 중 어느 것이 독일의 통일에 더 큰 기여를 했는지를 묻는 질문에 대해 다음과 같은 명답을 내놓았다. "친서방 정책의 토대가 없었다면 동방정책이 없었을 것이다. 압박과 '접촉을 통한 변화'는 양자택일의 문제가 아니다. 두 개를 다 취해야 한다."[133]

독일 통일의 단초가 되었던 동독 탈출민의 서독 입국이 순조롭게 진행될 수 있었던 요인은 서독 기민당이 유일대표권의 원칙을 고수한 것이었다. 서독은 동독이라는 국가의 현실적 존재는 인정하면서도 민족 내부의 특수 관계임을 거듭 강조했다. 1972년 동·서독 기본조약에서 서독과 동독은 '국제적으로 유일대표권을 포기한다'라고 합의했다. 기본조약 제4조는

"양 국가의 어느 국가도 다른 국가를 국제적으로 대표하거나 다른 국가를 대리하여 행동할 수 없다"라고 규정했다. 이를 근거로 동독 호네커 서기장은 게라Gera 선언1980년 10월 13일을 통해 동독의 별개 시민권을 인정동독인에 대한 서독 시민권 발급 중지할 것을 서독에게 강력히 요구했다. 서독의 사민당도 호네커의 편을 들어 서독의 유일대표권을 포기해야 한다고 주장했다. 그러나 콜 수상은 유일대표권을 끝까지 고수했다. 1989년 불과 6개월 사이에 34만 3,854명의 동독 주민이 서독으로 탈출해 왔을 때 동독인들은 자동적으로 서독 시민이 되었기 때문에 서독 입국 절차가 간단했다. 통일 후 독일 연방 정부는 동독 탈출민 전원의 신속한 수용과 정착으로 통일의 창을 열게 되었다고 평가했다. 통독 4주년을 기념해 독일 정부가 발간한 『독일통일백서』에는 "연방정부가 수년 전부터 동독의 강요에도 불구하고─서독 내의 강요 역시 적지 않았지만─동독의 고유 국적으로 인정하지 않았던 정책이 결실을 맺을 수 있었다"라고 평가했다.

일곱째, 자결권self-determination 원칙의 고수이다. 앞에서 살펴본 바와 같이 서독과 동독은 우리 남북한과 달리 국제법적 측면에서 완전한 주권국가가 아니었다. 어떻게 서독은 이러한 국제적 한계를 극복하고 완전한 주권을 회복한 통일 독일의

꿈을 달성할 수 있었을까? 그 열쇠는 서독이 분단에서부터 통일 시까지 "자결권" 원칙을 고수했기 때문이다. 콜 수상은 소극적, 좁은 의미의 자결권과 적극적, 넓은 의미의 자결권, 두 가지 측면에서 이 원칙을 내세웠다. 전자는 독일 통일의 서막을 이끌었던 동독인들의 자결권이었다. 베를린 장벽이 무너지고 11월 20일 라이프치히 월요 시위에서 "우리는 한 민족이다"라는 구호가 출현했음에도 콜 수상은 소련을 비롯한 4대 강국의 우려를 고려하여 신중하고 소극적인 태도를 취했다. 그는 전체 독일인들이 동독의 운명을 결정할 수 있다고 주장하지 않았다. 단지 동독인들이 그들 자신의 미래를 결정해야 하고 서독은 그들의 결정을 존중해야만 한다고 주장했다. 콜 수상은 독일 통일을 우려하는 폴란드 야루젤스키 대통령과의 회담1989년 11월 11일에서 "자유 체제 하의 독일 통일의 전제는 항시 자결권의 자유로운 행사이다"라고 하면서 "동독의 우리 동포들은 모든 문제를 스스로 자유롭게 결정하고 또 그렇게 해야 한다. 우리는 동독 동포들이 스스로 결정하는 것이면 그것이 어떤 것이든 당연히 존중할 것이다"라고 강조했다. 콜 수상의 이러한 신중한 접근은 동독 탈출민 사태에 대해서도 서독 정부는 동독의 불안정을 원치 않는다면서 동독의 근본적인 개혁을 촉구했던 태도와 일맥상통한 것이었다. 콜 수상과 부시 대통령은 대량 탈출과 시위 등 동독에서의 사태 발전에 대해 너무 신나고 흥분된 반응을 보일 경우 소련이나 동독에서 예상치 못한 반작용을 불러일으킬 수 있다는 염려를 같이 하고 있었다.

콜 수상은 11월 18일 파리에서 개최된 유럽공동체 정상 회담에서도 동독인의 자결권을 다시 언급했다. 통일 독일의 막강한 힘을 우려하는 유럽 국가들에게 독일 통일을 그들과 긴밀한 협력과 신뢰 속에서 추진할 것이지만 중요한 것은 동독 주민들의 자유의사라고 다시 한 번 강조했던 것이다. 물론 이 말은 "독일인들이 조국 통일을 지지하고 나올 경우 동·서 진영 그 누구도 이것을 무시할 수 없다는 것"을 의미했다. 이로써 콜 수상은 공식적으로는 '동독인의 자결권'을 강조했지만, 속으로는 '전체 독일인의 자결권'을 계산하고 있었던 것이다.

이러한 콜의 계산은 서독의 기본법을 바탕으로 하고 있었다. 기본법 전문에서는 "전체 독일 민족은 독일의 통일과 자유를 자유로운 자결권 행사를 통해 완성해야 한다"라고 규정했다. 이러한 적극적이고 넓은 의미의 자결권은 부시 대통령으로부터 확고한 지지를 받았다. 부시 대통령은 만약 서방국가들이 자결권을 요구하는 독일인들의 정당한 권리를 지원하지 않는다면 그것은 독일인들을 크게 실망시키는 것은 물론, 나아가 방해하는 결과가 될 수도 있다는 사실을 잘 알고 있었다.

부시 대통령은 1989년 9월 18일 〈워싱턴 포스트〉 지와의 인터뷰에서 "통일은 독일인들이 스스로 결정할 문제이며, 통일 독일이 서유럽의 평화에 위협이 된다는 정서가 있지만, 그렇게 생각하지 않으며, 그것을 결코 우려하지 않는다"라고 밝혔다. 또한 11월말 부시 대통령은 워싱턴을 방문한 겐셔 독일 외상에게 미국은 독일의 자결권과 동독의 민주화 촉진을 추구하는 서독의 입장을 전적으로 지지한다고 말했다. 자결권은 고르바초프로서도 반대할 수 없는 일종의 보편적 가치였다. 그는 "독일인들이 자결권 행사를 원한다면 소련으로서는 반대할 이유가 없다"라고 말했다. 물론 당시에 고르바초프로서는 독일 통일이 오랜 과정을 거쳐야 할 요원한 것으로 보고 있었다.

서독이 모든 독일인은 자결권을 가진다고 주장한다고 해서 어느 나라도 이의를 제기하기는 어려웠다. 국제법적으로 유엔 헌장을 비롯한 국제적 규범이나 협정이 자결권을 보호하고 있기 때문이다. 1970년 10월 24일에 통과된 유엔결의안 2625호제25항는 '유엔 헌장이 주권을 가진 독립국가 설립, 독립국가와의 자유로운 결합 또는 통일, 또는 제3의 정치적 지위를 가진 (국가) 출현이 사람들에 의해 자유롭게 결정freely determined by a people되는 권리를 보호한다'라고 규정했다. 1975년 헬싱키 최종의정서에도 자결권 원칙을 규정했다. 독일 통일이 달성된 1990년 10월 3일 콜 수상은 우방국들이 독일의 자결권을 지지해 준 데 대해 감사의 메시지를 보냈다.

마지막으로 독일의 통일은 역사적 행운이었다. 서독의 정치인은 물론이고 어느 누구도 통일을 예상하지 못했다. 1989년 가을 한국을 방문한 브란트 전 서독 수상을 만났던 인사들은 그가 "독일 보다는 한반도 통일이 먼저 될 것이다. 독일 통일은 10년 후쯤에나 이야기가 시작될 것이다"라고 말했다고 한다. 그러나 불과 1년 후에 독일은 통일되었다. 지구상에서 적대적인 국가가 총 한 방 쏘지 않고, 피 한 방울 흘리지 않고 평화적으로 통일된 예가 없기 때문에 기적이라고 말할 수 있다.

베를린 장벽 개방에서 '2+4 최종 조약' 서명과 독일 통일에 이르는 중요한 시기에 고르바초프의 지위는 약화되고 있었다. 그러나 1990년 7월 나토 정상회담 기간과 겹쳐서 열린 소련 공산당 대회에서 그는 서기장에 재선출되어 다시 한 번 힘을 얻었다. 바로 이 짧은 순간에 고르바초프는 통일 독일의 나토 동맹국 가입과 완전한 주권 회복에 동의했다. 물론 5월 하순 성공적인 워싱턴 미·소 정상회담과 나토 정상회담의 결과 때문이었다. 그러나 소련 내부 보수파의 반격은 멈추지 않았다. 1990년 12월 셰바르드나제 외상은 독일 통일에 동의함으로써 국가의 이익을 해쳤다는 끊임없는 군부의 공격 때문에 사임했다.[134] 또한 1991년 8월 쿠데타가 발생하여 고르바초프도 물러났으며, '2+4 조약' 체결 후 1년도 안 되어 소련연방이 해체되었다. 만약 통일이 신속히 추진되지 않았더라면 서독은 구소련 연방의 15개 독립국가와 개별적으로 장시간에 걸친 협상을 해야 했을 것이다.

독일의 통일과 소련의 붕괴 간의 함수관계는 판단하기가 어렵지만, 고르바초프가 유럽에서 대결과 계급투쟁을 포기하지 않았다면, 독일 통일과 냉전 종식은 실현되지 않았을지도 모른다. 통일조약 협상의 주역이었던 쇼이블레 장관은 "소련의 붕괴 과정은 그 당시 상황이 얼마나 급박했는가를 보여주었다. 우리는 그 기회를 잘 이용하였다. 1990년에 우리가 머뭇거렸다면 통일은 영원히 실패했을지도 모른다"라고 회고했다.[135] 소련에서 일어난 이러한 사태는 독일의 통일을 위한 기회의 창은 정말 짧은 시간 동안만 열려 있었다는 것을 일깨워주었다. 문이 열려 있던 그 짧은 순간에 독일 국민들은 통일의 열차에 뛰어 올라탔던 것이다. 서독의 지도자들은 고르바초프가 오래가지 않을 것이라는 정세 판단을 하고 있었다.

1990년 8월 2일 이라크가 쿠웨이트에 군사 개입을 함으로써 국제사회에 새로운 무력대치 상황이 발생했다. 미국의 부시 대통령과 베이커 국무장관은 걸프 전쟁을 준비하기 위한 국제적인 연대 형성에 노력을 집중하기 시작했다. 1990년 상반기에 미국을 비롯한 전승 4대국들의 관심이 독일에 집중된

브란덴부르크 비망록

결과, 독일 통일과 관련된 대외적 핵심 문제가 이미 해결된 것은 독일에게 매우 다행스러운 일이었다. 텔칙 보좌관은 "걸프만의 위기가 두 달만 일찍 발생했더라도 미·소 정상회담, 나토 특별정상회담과 세계경제정상회담에서 독일 통일에 필수적인 결정이 순조롭게 내려지지 못했을 것이다"라고 회고했다.[136] 독일 통일은 정말 행운이었다.

우리도 통일할 수 있다

독일의 통일은 우리 대한민국 국민들에게 '우리도 통일을 할 수 있다'라는 희망을 새롭게 불러일으켰다. 그러나 독일 통일의 비용이나 후유증 같은 부정적 측면이 사실보다 과장되게 알려지면서 통일에 대한 회의론이 낙관론을 가려버린 것도 사실이다. 남북 통일이라는 민족적이고 역사적인 과제를 이루어내는 데는 엄청난 도전과 희생이 따를 수밖에 없을 것이다. 분단의 골이 깊은 만큼 이것을 극복해가는 통일의 과정도 그만큼 험난할 것이다. 우리의 통일로 가는 길에는 독일 통일의 교훈이 큰 도움이 될 것은 분명하다. 독일의 통일 과정에서 잘되었던 것은 우리에게도 적용하도록 준비를 하고, 잘못된 것은 우리의 통일에 '전차복철前車覆轍 후차지계後車之戒' 앞 사람의 실패는

뒷 사람을 위한 교훈가 되어야 하겠다.

물론 독일과 한국의 통일 사이에는 차이가 많다. 무엇보다 우리는 동족상잔의 전쟁을 치렀기 때문에 서로 간에 적대 의식이 여전히 강하게 남아 있다. 동독 주민들은 1919~33년간 바이마르 공화국 시절에 민주주의를 경험했고, 비록 국가의 통제를 받았지만 교회의 활동이 지속되고 있었다. 또한 라디오 청취와 텔레비전 시청이 허용되어 동독 주민들은 서독의 자유민주주의와 경제적 풍요에 대해 알고 있었다. 그러나 북한주민은 조선시대와 일제식민 통치에 이어 김일성에 의한 공산주의 정권 수립으로 민주주의를 전혀 경험하지 못했다. 이들은 민주주의보다는 봉건 왕조 제도에 더 익숙할 것이다. 북한 정권이 '김일성 민족'과 '김일성 조선'을 선전하고 있으니 '김씨 왕조'의 3대 세습이 북한 주민들에게는 낯설지 않을 수도 있을 것이다. 북한 주민들은 철저한 감시와 통제로 인해 외부 세계와 단절되어 살아왔다. 북한 당국이 정보를 통제하고 더 나아가 왜곡하고 조작한 결과 외부 세계, 특히 남한에 대한 북한 주민의 인식이 현실과 상당한 거리가 있다. 한마디로 말해서 북한은 동독과는 비교할 수 없을 정도로 폐쇄된 나라이다.

1988년 7·7선언 이후 남북한 간의 교류협력이 제도적으로 허용됨에 따라 남북한 주민들 사이의 접촉이 증대되어 왔지만 북한 당국의 철저한 통제로 북한 주민들이 남한의 실상을 정확히 아는 데 크게 도움이 되지 않았다. 더구나 북한은 선군정치를 내세워 모든 문화가 군사화되어 있다. 어린이들의 유치원 수업에서부터 '미제 타도' 등 호전적 용어가 등장하고 젊은이들이 10~13년간의 군대생활을 하고 이것도 모자라서 '제대군인'으로 대규모 공사장에서 집단생활을 강요당하고 있다. '수령결사 옹위'라는 구호 아래 유일지배 사상으로 세뇌되고, 이를 어기는 경우에는 쥐도 새도 모르게 잡혀가는 감시와 공포의 사회에서 살아 온 북한 주민들은 북한 정권 수호의 핵심 세력인 군대와 국가안전보위부, 인민보안부_{경찰} 등에 저항할 엄두조차 낼 수 없을 것이다. 동독의 정권 핵심 지도부는 베를린 장벽과 38여만 명에 달하는 소련군에 정권의 생존을 의지하고 있었다. 베를린 장벽이 무너지고 고르바초프가 소련군의 개입을 거부하자 동독 정권은 무기력하게 무너져 내렸다. 더구나 시위가 확산되었을 때 목숨을 걸고 체제를 수호하겠다는 지도층 간부도 없었다.

그러나 군부와 보위부, 경찰과 같은 북한의 체제 보위세력은 정권 생존을 위해 테러와 폭력 행위를 서슴치 않고 감행하는 호전적 집단이다. 이들은 동독과 같은 시위가 벌어질 경우 무력이나 폭력을 동원하여 무자비하게 진압할 가능성이 높다. "위대한 김정일 동지를 수반으로 하는 혁명의 수뇌부를 목숨으로 사수하자!"라는 구호로 세뇌되어 온 집단이다. 물론 권력 상층부 엘리트의 분열로 북한 정권이 와해될 경우에는 이들 체제 보위 세력도 자기 살 길을 찾아 비폭력적으로 대응하거나 대응을 포기할 가능성도 있다.

동독의 군대는 주둔 소련군의 지휘 하에 있었기 때문에 소련군이 시위에 개입하지 않은 상황에서 독자적으로 시위 진압에 나갈 수 없었다. 그러나 북한의 군대는 파워가 센 집단이다. 제2경제위원회의 이름으로 전체 산업의 약 35% 정도를 군부가 독자적으로 운영하고 있다. 특히 광산, 제련소, 에너지 등 소위 달러벌이의 노른자를 군부가 장악하고 있기 때문에 이러한 기득권을 잃기 싫어할 것이다. 기득권이 큰 만큼 김정일 정권을 수호하기 위한 집단적 저항도 클 것이다. 통일의 과정에서 북한 군대를 어떻게 처리할지 우리로서는 독일보다 훨씬 큰 고민거리가 아닐 수 없다.

동독의 호네커 정권은 서방세계로부터 별개의 국가로 승인받는 데 주력했다. 그 결과 미국, 영국, 프랑스와 같은 서독의 우방국을 비롯한 등 134개국과 외교 관계를 수립하고 있었다. 더구나 서독과의 정상회담을 하면서 호네커는 자신이 추구했던 '두 개의 독일 국가, 두 개의 독일 민족'이 달성되었다는 자만심에 빠지기도 했다. 다시 말해서 동독의 지도자들에게는 서독에 의한 흡수통일의 두려움이 없었다.

그러나 동구 사회주의 우방국가 중에서 가장 잘사는 나라였던 동독의 붕괴와 서독의 주도에 의한 통일을 본 북한 지도부는 큰 충격에 빠졌다. 독일 통일과 소련의 붕괴 이후 북한이 남북관계 개선에 적극적이 되어 '남북기본 합의서'를 체결했던 과정에 대해, 대부분의 전문가들은 동독이 서독에 '흡수통일'된 것에 충격을 받고 북한이 생존전략 차원에서 대화에 적극적으로 나왔던 것으로 관측해왔다. 독일이 통일된 지 불과 석 달 뒤인 1991년 신년사에서 김일성은 "통일은 누가 누구를 먹고 누구에게 먹히지 않는 원칙에서 하나의 민족, 하나의 국가, 두 개 제도, 두 개 정부에 기초한 연방제 방식으로 실현되어야 한다"면서 제도 통일을 후대에게 미루는 식으로 연방제 통일방안을 수정했다. 흡수통일에 대한 김일성의 우려가 반영된 결과라고 볼 수 있다. 더구나 한국은 러시아, 중국과 외교 관계를 수립했지만 북한은 미국, 일본과 수교를 하지 못한 채 국제적으로 고립되어 있는 형국이다. 북한 지도부로서는 흡수통일에 대한 경계심과 우려를 갖고 이것을 방지하기 위해 애쓰고 있을 것이다.

그러나 이러한 차이가 있지만 공통점도 있고 우리가 더 유리한 조건을 가진 것도 있다. 서독이 '라인강의 기적'을 통해 경제 대국으로 성장하여 통일의 기회가 왔을 때 이를 뒷받침할 수 있었듯이 '한강의 기적'을 이루어 낸 대한민국의 경제적 능력과 행정적 역량은 통일에 큰 자산이 될 수 있다. 서독의 민주주의와 풍요로운 생활이 동독 주민들의 마음을 사로잡을 수 있었듯이 우리 대한민국의 자유민주주의 체제와 풍요로운 삶은 자유를 빼앗기고 기아선상에서 시달려 온 북한 주민들의 동경의 대상이 되고 있다. 서독은 미국을 중심으로 한 서방국가와 굳건한 동맹관계를 유지함으로써 신뢰를 쌓아 나간 결과 통일에 대한 이들의 우려를 해소할 수 있었다. 대한민국도 미국, 일본을 비롯한 우방국들과의 신뢰관계를 바탕으로 통일의 기회가 오면 이들의 지지를 얻을 수 있을 것이다.

독일은 제2차 대전을 일으킨 죗값으로 전승 4대국이 전체 독일과 베를린에 관한 권한과 책임을 보유하고 있어서 대외적으로 완전한 주권국이 아니었다. 따라서 통일 국가가 되기 위해서는 전승 4대국의 동의가 필요했다. 그러나 우리는 이러한 주권적 제약이 전혀 없다. 우리는 남한과 북한이 스스로 통일을 결정하게 될 경우 이웃 나라들이 이에 개입할 수 있는 국제법적 근거가 없다. 물론 중국이 북한을 전략적 완충지로 중요시하고 있기 때문에 안보 이익 수호 차원에서 통일에 반대할 가능성이 남아 있을 뿐이다. 이것은 우리가 어떻게 극복해 나갈 수 있을지에 대해 철저히 준비해 나가면 충분히 해결할 수 있는 외교적 문제일 뿐이다.

동독의 호네커 지도부는 '별개의 국가'에서 한 걸음 더 나아가 '별개의 민족'이라고 강조하면서 분단을 고착화해 나갔다. 그러나 북한 정권은 항상 통일을 중요한 민족적 과제로 내세우고 스스로 통일 주도 세력으로 선전해왔다. 북한 주민들도 남한 주민들을 만나면 "통일합시다"라고 외치고, 헤어질 때마다 "통일돼서 다시 만납시다"라는 말을 잊지 않는다. 이것은 통일의 기회가 왔을 때 이를 촉진하는 에너지원이 될 수 있을 것이다.

우리와 독일 사이에는 통일 조건과 환경에 차이가 있음에도 불구하고 우리는 반드시 통일을 이루어 낼 수 있다. 앞에서 얘기한 독일 통일이 어떻게 가능했는지를 교훈으로 삼아서 우리의 통일을 어떻게 준비하고 또 기회가 오면 어떻게 통일을 이루어 내야 하는지 제안해 본다.[137]

민족 자결권을 명문화하자

우리의 통일 과정에서도 중국을 비롯한 주변국의 이해관계가 큰 장애물로 대두할 것이 분명하다. 북한에서 동독과 비슷한 사태가 벌어진다고 가정하면, 주변국들은 어떤 식으로든 개입하려 할 것이다. 북한을 남한과 주한미군과 자국 사이의 전략적 완충지대로 간주해 온 중국으로서는 북한에서 벌어지는 사태를 강 건너 불 보듯이 수수방관하지는 않을 것이다.

이 경우 우리는 어떻게 주변국들이 한반도 통일 과정에 개입하지 못하도록 막을 수 있을 것인가? 그 해답은 '자결권'에 있다. 우리는 '자결권'을 우리의 통일 과정에서 가장 중요한 원칙으로 내세워야 한다. 통일의 기회가 올 때 '자결권'을 '전가의 보도'로 써 먹을 수 있도록 지금부터라도 전략을 짜내야 한다. 그러면 우리는 '자결권'의 정당성을 어디에서 찾고, 어떻게 주장해 나가야 할 것인가? 안타깝게도 서독의 기본법과 달리 우리 대한민국의 헌법에는 '자결권'에 관한 조항이 없다.

우선, 현행 헌법의 제3조 영토 조항은 그대로 지켜야 한다. 과거 남북한 간에 여러 분야에 걸쳐 교류와 협력이 촉진되었을 때, 이제는 헌법 3조를 없애야 한다는 주장이 제기된 적이 있다. 북한도 하나의 주권국가이고 남북기본합의서에 서로 상대방의 실체를 인정하고 존중한다고 합의했기 때문에 이 조항과 모순된다는 주장이었다. 그럼 우리의 헌법 제3조는 어떤 것인지 자세히 살펴보자. 대한민국의 헌법 제3조는 "대한민국의 영토는 한반도와 그 부속도서로 한다"라고 규정되어 있다. 이 조항은 대한민국이 한반도에서 정통성과 법통성을 갖는 유일한 국가라는 것을 천명하고 있다. 한반도에서 대한민국 이외의 다른 어떤 정치 집단의 존재도 부인하고 있는 것이다. 따라서 북한을 국가로 승인하지 않고 있다. 이것은 북한도 마찬가지다. 북한은 남한을 국가로 인정하지 않고 미국의 지배 하에 있는 '괴뢰 집단'으로 보고 있다. 따라서 북한 주민들에게는 '미국 제국주의의 압제에서 신음하고 있는 남조선을 해방시켜야 한다'라는 '남조선 혁명론'을 강요하고 있다. 남북한이 유엔에 동시 가입하고, 남북관계가 진전됨에 따라 북한을 국가로 승인해 줘야 하지 않느냐는 견해가 대두하기도 했다.

그러나 남북기본합의서에서 남북한은 "나라와 나라 사이의 관계가 아닌 통일을 지향하는 과정에서 형성되는 잠정적인 특수 관계"에 있다고 규정했다. 물론 영토 조항과 국가보안법에 입각하여 북한을 반국가단체로 규정함으로써 북한의 정치 실체를 완전히 부인하는 것이 이 특수 관계의 정신에 부합하지 않는다는 주장도 존재한다. 그러나 특수 관계의 논리를 바탕으로 북한과 화해·협력 및 평화공존 관계를 형성해 나감으로써 궁극적으로 통일을 지향해 나간다는 점에서 특수 관계가 영토 조항의 정신에 배치하는 것이 아니라는 주장 또한 존재한다.

앞에서 서독이 동독에 대한 유일대표권을 고수한 것이 통일을 촉진한 요인이었다고 설명한 바 있다. 마찬가지로 우리의 경우에도 헌법의 영토 조항을 갖고 있어야 유일대표권을 국제적으로 주장할 수 있다. 현실적으로도 2010년말까지 2만 명이 넘는 북한 이탈주민들을 우리 대한민국 국민으로 받아들였다. 또한 북한 내부에 어떤 사태가 일어날 경우 우리가 개입할 수 있는 근거는 바로 이 영토 조항이다. 이 영토 조항이 없어지면 개입할 수 있는 근거가 없어진다.

이 영토 조항을 토대로 통일을 준비하기 위해 한 단계 더 앞서가야 한다. 대한민국 헌법 조항 어디엔가 '자결권'이란 단어를 넣어야 한다. 현재 헌법 제4조는 "대한민국은 통일을 지향하며, 자유민주적 기본질서에 입각한 평화적 통일 정책을 수립하고 이를 추진한다"라고 규정하고 있다. 앞서 살펴본 바와 같이 서독의 기본법은 전문에서 "전체 독일 민족은 독일의 통일과 자유를 자유로운 자결권 행사를 통해 완성하여야 한다"라고 규정했다. 따라서 우리도 헌법 제4조를 "대한민국은 자결권을 바탕으로 통일을 지향하며…"로 수정함으로써 '자결권' 원칙을 헌법에 규정해야 한다. 물론 국제법적으로 북한도 주권국가로 인정되고 있기 때문에 북한 주민들의 자결권이 우선적으로 존중되어야 한다. 드메지어 구동독 총리는 독일 통일은 동독 주민이 원한 것이었다면서 민주주의의 기본 요소는 주민의 자결이라고 강조했다. 그러면서 "남북한의 통일도 북한 주민이 통일을 스스로 원할 때만이 완전하게 이룰 수 있다고 본다"라고 덧붙였다.[138]

하나의 통일국가였다가 일제 식민지를 겪고 해방된 후 냉전이란 국제질서 하에서 분단되었던 우리는 다시 통일을 추진하게 될 때 한민족의 '자결권'을 반드시 주장해야 한다. 자결권을 바탕으로 미국을 비롯한 우리의 우방들에게 통일을 도와 달라고 요청하고, 통일을 반대할 가능성이 있는 중국을 상대로 우리 한민족 스스로 결정할 사안이니 개입하지 말라고 주장해야 한다. 민족 자결권이야말로 통일의 기회가 다시 찾아올 때 강대국들이 다시 개입하거나 방해하지 못하게 막을 수 있는 보루라 할 수 있다.

우리의 경제력을 키우자

통일 시까지 내독관계성 차관이었으며 통일 후 내독관계성이 없어지자 구동독 지역 재건 사업을 총괄하는 내무성 차관으로 일했던 프리스니츠 박사는 한국의 통일에 대해 세 가지 측면을 강조했다. 첫째, 어떤 상황에서도 무력을 사용해서는 안 된다. 둘째, 한국의 경제적 자력으로 통일을 유도해야 한다. 셋째, 국제적 지지를 얻기 위해 친구를 많이 가져야 한다. 독일은 바로 경제적 자력으로 통일을 유도했다. 서독의 물질적 풍요를 동경한 동독 주민들은 "서독의 마르크가 우리에게 오지 않으면 우리가 거기로 가겠다"면서 신속한 통일을 요구했다.

독일의 통일비용은 20
00년까지 동북지역 1인
당 GNP를 서북지역 평
균의 80%선까지 끌어올린
다고 가정할 경우 90년부
터 10년간 대략 2조마르
크(=1천조원 이상)가 소요
될 것으로 전문가들은 추
정하고 있다. 이중 약 20
%는 통일과 관련된 직접
경비이고, 나머지 80%는
인프라구축, 자본현대화
등 동북지역 재건비용이
다.

'91년부터 올해까지 5년
동안 동일연방정부를 비롯
한 서독지역의 공공기관은
모두 8천4백억마르크
(약 4백20조원)를 민들어
천4백40억마르크에 달하는
돈을 썼을 순이전액만도 6
에서 연방정부로 들어온
조세수입 등 동북지역
의 정부수입 이상은
매년 평균 1천6백80억
마르크(83조원가량)의 돈
이 서북에서 동북지역으로
흘러간 셈이다.

독일은 막대한 재정부담
을 충당하기 위해 크게 3
가지 정책수단을 사용했
다. 우선 3분의 2 정도는
재정차입, 즉 정부부채를
통해 조달했다.

독일은 얼마나, 어떻게 마련하나

90년서 2천년까지 1,000조원 소요전망
정부부채·세금·정부지출 절감으로 충당

◇楊昌錫

두번째 수단인 각종 세
금수입으로는
소득세와 법인세액의
7.5%에 해당하는 「연대
부과금」이 도입됐고, 부가
가치세 석유세 보험세 등
거의 모든 세금의 세율이
올랐다.

마지막 세번째는 정부지
출 절감이었다.

그러나 통일비용을 끼
워 정부가 부담해야 한다는 서북
일대의 목소리도 적지않
다. 통일을 재정적 측면으
서만 접근해서는 안
된다는 것이다. 봉괴일로부
터 자유가 왔고, 동약의 기회
에게 새로운 동약의 독일
를 주었다고 이들은 강조
한다.

동북지역에 건설되는 미
래를 보장하는 첨단산업의
투자는 곧 국민들에게 이들
의 자본이득으로 돌아온
다는 것이다. 88년 1조2천4백75억마르크,
89년 1천3백56억마르크에 약 1
통일비용은 서독은
렬을 보였다는 것이다.

지난 7월 슈피겔지의
여론조사에 따르면 동북주
민들의 경우도 68%가 동
서독지역간의 생활수준 등
질적을 위한 연방정부의
이다.

...

서독지역이 최초의
만의 근원은 봉괴리가 애
초에 솔직히 비용을 애
기하지 않고 국민들에게 이를 부
담해줄 것을 호소하지
않았다는데 있다. 통일 당
시 예상보다 훨씬적은 봉
담할수 있으리란 자본여유가
있었던 것이다.
우리의 경우 지금까지
각 연구소와 대학교수들이
통일비용 산출을 연구의
앞으로는 연구의 초점을
통일비용산출을 이를 조
달하기 위한 방법 쪽으로
옮기는 것이 바람직할
것으로 보인다.

앞에서 살펴본 바와 같이 1989년 12월부터 1990년 1월에 걸쳐 동독 경제가 급속히 붕괴하고 동독 주민들이 서독마르크화에 의한 신속한 통일을 원하게 되자, 서독 정부는 통일을 어떻게 추진할 것인지 구체적으로 검토하기 시작했다. 기본법_{헌법} 제146조에 따라 단계적으로 천천히 할 것인가, 아니면 제23조에 따라 신속하게 할 것인가. 특히 서독 재무성은 신속한 통일을 추진할 수 있는 재정 능력이 있는지 검토하기 시작했다. 결론은 가능하다는 것이었다. 서독은 1988년 3.8%, 1989년 4.5%의 GNP 성장을 기록했으며, 1988년에는 GNP 대비 정부 재정 적자가 0%였다. 서독의 경제는 동독과의 즉각적인 화폐통합을 통해 신속히 통일을 추진할 수 있는 능력을 갖추고 있었다. 또한 통일조약의 협상 과정에서 예산 절감과 재정 차입을 통해 '독일통일기금'을 조달하고, 연방과 서독 지역 주정부가 각각 절반씩 상환하기로 합의할 수 있었던 것도 그동안의 경제성장 덕분에 연방 재정이 튼튼했기 때문이다. 통일 직후 신연방주 행정지원팀장을 맡았던 카악 씨는 "독일의 통일은 역사적 행운이었으나, 서독은 경제적으로 능력이 있었다. 특히 서독 지역 주정부가 지원할 재정적 능력이 있었다"라고 강조했다.[139] 서독의 경제적 능력은 독일의 통일을 반대했던 소련의 고르바초프로 하여금 찬성 쪽으로 돌아서도록 유인할 수 있는 지렛대 역할도 했다.

우리는 통일의 창이 열렸을 때 '통일 비용'이 너무 크다는 핑계로 통일의 기회를 놓치는 우를 범해서는 안 된다. 지금부터 통일 비용을 부담할 수 있도록 경제적 역량을 키워나가야 한다. 당장 북한 주민들에게 기초 생필품을 충분히 공급하는 일에서부터, 남북한 주민들 간의 생활수준을 균등화하고 북한 지역에 철도, 도로, 전기, 상하수도 등 인프라를 건설하는 데 이르기까지 천문학적인 돈이 소요될 것이다. 우리의 재정 능력을 키워나가는 것은 물론이고, 통일 비용을 어떻게 조달할 수 있을 것인지에 대한 논의와 구체적인 준비도 필요하다. 또한 중앙정부의 재정뿐만 아니라 지방자치단체의 재정도 견실해져야 한다.

통일은 돈 없이 달성할 수 없다. 그러나 통일 비용이 얼마나 들어갈지에 대한 논쟁보다는 비용을 어떻게 조달할 것인지에 초점을 둔 논쟁이 더 중요하다. 통일 비용을 계층 간, 세대 간, 지역 간중앙정부와 지방자치단체에 어떻게 분배할지도 토론이 필요한 부분이다. 특히 통일 비용의 주요 재원을 세금으로 할 것인지 국채 발행 등 재정차입으로 할 것인지는 매우 중요하다. 독일은 막대한 통일 비용을 세 가지 정책수단, 즉 재정차입, 각종 세금 수입, 정부 지출 절감을 통해서 조달했다.[140] 재정차입에 가장 많이 의존했으며, 세금의 경우 콜 수상이 세금 인상을 공약하지 않고 대신 부가세 인상, 연대세금 부과로 충당했다. 슈테른 국장은, 콜 수상이 서독인에게 세금 인상은 없을 것이라고, 또 동독인에게는 곧 번영하는 나라가 될 것이라고 약속한 것은 잘못이라고 지적한다. "콜 수상은 서독인에게는 세금 인상을 동독인에게는 인내를 강조했어야 했다."[141] 통일 비용의 상당 부분을 세금 대신 재정차입으로 충당한 결과, 1995년까지 독일의 국가 채무가 2조 5,000억 마르크로 늘어났다. 그 결과 독일은 전체 조세 수입의 1/6을 이자 부담으로 지출해야 했다. 이것은 거의 국방비와 맞먹는 엄청난 액수였다. 통일 독일은 선진국들 중에서 순이자 부담률이 제일 큰 나라가 되었다.[142]

우리나라의 경우 유사한 경험이 있다. 제네바 합의에 따른 경수로 건설을 위해서 우리 정부가 공사 비용의 70%를 부담했다. 1999년 5월 정부와 여당 간 고위당정협의에서 경수로 건설 재원을 전기요금의 3% 범위 내의 할증부과를 통해 충당하는 방안이 결정되었다. 이 제도 시행 전까지는 국채를 발행해 조달하기로 하였다. 전기요금 인상을 위한 남북협력기금법 개정안이 국회로 보내졌으나 2000년 봄 총선을 앞두고 제대로 논의도 되지 못한 채로 그해 5월 제15대 국회 회기 종료와 함께 이 법률안은 폐기되었다. 2000년 하반기에는 관계 부처 간에 에너지 세제 개편에 따른 세수 증가분 활용 방안이 논의 되었으나 합의에 이르지 못하고, 결국 2003년말까지 한시적으로 국채 발행을 통해 재원을 조달하기로 결론을 내렸다.

그러나 2003년에도 관계부처 간 회의에서 재원조달 방안을 마련하지 못했다. 그 결과, 2006년 5월 31일 경수로사업이 공식 종료된 시점까지 우리 정부가 투입한 경수로 사업비 11억 4,600만 달러_{1조 3,744억 원}는 국채 발행을 통해 조달해왔다. 이 비용은 남북교류협력기금의 경수로 계정에 계상되어 있으며, 대부분은 공공자금관리기금의 예수금 형태로 조달되었다. 그러나 재원조달 방안이 마련되지 못해서 원리금을 상환하지 못한 결과 공공자금관리기금의 예수금은 차입금 일부와 이자를 상환하는 악순환을 계속하고 있다. 경수로 사업비를 국채 발행을 통해 조달해왔기 때문에 경수로 사업이 종료된 지금까지 우리 정부의 부담으로 남아 있는 것이다.

따라서 앞으로 이보다 수백 배는 더 소요될 통일 비용의 경우, 세대간 재원 분담 문제를 신중하게 검토해야 할 것이다. 경수로 사업의 경우와 같이, 현재 국민의 부담이 가중된다는 정치인의 표 계산 때문에 후대가 부담하게 되는 우를 범해서는 안 될 것이다. 물론, 통일의 열매를 따 먹는 세대가 미래 세대인 만큼 비용 부담도 미래 세대가 지는 것은 당연하다는 논리도 전혀 불합리한 것은 아니다. 따라서 투자에 국한해서는 국채 발행을 통해 조달할 수도 있다. 그러나 후세대가 너무 큰 부담을 지지 않도록 해야 할 것이다. 국채 발행은 원금 상환뿐만 아니라 엄청난 이자 부담도 함께 미래 세대에게 떠넘긴다는 교훈을 독일 통일과 경수로 사업에서 배워야 할 것이다.

세금 인상의 경우에도 투자가 위축되지 않도록 연구를 많이 해야 할 것이다. 자원 배분 측면과 소득 분배 측면을 균형 있게 고려해야 할 것이다. 소득세, 간접세소비세, 감가상각비 등을 어떻게 조정할지 지금부터 전문가들이 충분히 연구하면 투자와 자본 형성에 악영향을 주지 않으면서 사회정의를 실현할 수 있는 방안을 찾을 수 있을 것이다. 외자 유치를 통한 통일 비용 조달도 적극적으로 검토할 필요가 있다. 이자와 세금으로 인한 국민의 부담을 덜 수 있고 국민의 자원을 절약할 수 있다는 장점이 있기 때문이다.

통일 비용에서 중요한 것은 통일 비용이 많이 들어간다고 겁에 질릴 필요가 없다는 것이다. 뤼루프 교수는 독일 통일의 교훈으로 "시간이 지나야 한다는 점을 간과해서는 안 된다"라고 지적했다. 경제 능력이 50% 정도 되는 국가를 동일한 수준으로 올려놓는 데는 최소한 20~25년이 소요된다는 것이다. 그런데 콜 수상은 이러한 점을 간과했다는 것이다. 특히 독일의 경우 세계 최고의 서독 사회복지 수준을 그대로 동독에 이전하는 데 전체 통일 비용의 52%가 투입되었다. 베를린 자유대와 〈한델스블라트〉지가 공동으로 추정한 1990~2010년간 독일 통일 및 동독 재건 비용 추정치는 2조 1,000억 유로이며 이중에서 1조 1,000억 유로가 사회복지 분야에 사용되었다.[143] 뤼루프 교수에 따르면 1994년의 경우 연방정부가 구동독 지역에 지출한 총 1,280억 마르크당시 잠정 추계 중에서 38.7%인 496억 마르크가 사회보장비로 투입되었다. 연방 건설교통부가 발표한 1991~2003년간 통일 비용 1조 2,800억 유로 중에서 49.2%인 6,300억 유로가 사회보장성 지출이었다. 동독의 생활수준이 서독에 가까워짐에 따라서 사회보장비가 점차 증가된 셈이다. 우리의 통합 과정에서도 사회보장성 지출이 상당한 비중을 차지하게 될 것이다. 그만큼 사회보장 분야의 정책과 통합 방향이 중요한 과제임에 틀림없다. 인프라 건설과 사회보장 비용은 국가가 부담할 수밖에 없지만, 이것과 비슷한 비용이 소요되는 민간 경제의 현대화는 민간 기업이 부담하도록 유도할 필요가 있다고 뤼루프 교수는 충고했다.[144]

통일 비용이 부담이나 소모가 아니라 편익과 투자라는 사고의 전환이 필요하다. 이를 통해서 통일에 대한 긍정적 사고가 가능하고 통일의 추동력을 강화할 수 있기 때문이다. 통일은 분단을 종식함으로써 우리에게 많은 편익을 가져다 줄 수 있다. 우선 철도나 도로로 중국과 러시아를 넘어 유럽까지 여행할 수 있고, 인구 1억이 넘는 국가로 규모의 경제 효과를 볼 수 있다. 동독 출신으로 통일 후 독일하원 의장을 지낸 티어제 씨는 "통일에는 정말 큰 비용이 들었지만 분단이 계속되었더라면 분단의 고통이 더 컸으리라고 생각한다"라고 말했다.[145]

분단의 고통 중에서 제일 가슴 아픈 것이 이산가족 문제이다. 이산 가족의 아픔을 해소해주는 것은 매우 시급하다. 1년에 4,000여 명의 나이 드신 이산가족 어른들이 가족에 대한 그리움을 안은 채 유명을 달리하고 있다. 필자는 남북 이산가족 상봉 행사에 여러 차례 참석했다. 마지막 날 작별 상봉을 하는데, 북한에서 할 경우 남한에서 온 가족들이 버스를 타고 출발할 때 이제 헤어지면 평생 다시 만날 수 없을 것이라는 생각에 온통 눈물바다가 된다. 통일은 이러한 고통과 아픔을 완전히 씻어 줄 것이다. 윈스턴 처칠 영국 수상은 제2차 세계대전 중 독일군의 진격에 맞서, 고난과 희생의 세월에 대비하도록 영국 국민들에게 "피와 땀과 눈물"을 호소했다. 콜 수상은 세금과 같은 희생을 요구하지 않고 대신 장밋빛 전망만 내세웠다. 통일이 다가왔을 때 우리나라의 최고 지도자는 무엇을 강조해야 할 것인가? "고통이 없으면 얻을 것이 없다"라는 서양 속담은 잘 알려져 있다. 통일이라는 큰 축복을 누리기 위해 국민들이 희생과 고통을 감수할 각오를 다지도록 해야 하지 않을까.

또한 국방비, 외교적 대결 비용, 긴장 고조로 인해 주가가 떨어지거나 우리의 신용등급이 낮아지는 '코리아 디스카운트'등 분단으로 인한 비용을 대폭 줄일 수 있다. 또한 통일 비용은 소모성이 아니라 재생산을 촉진하는 투자다. 마셜 플랜을 통해 전후 폐허가 된 독일에 투입된 돈은 훗날 독일 산업이 여타 유럽 국가보다 더 경쟁력을 가질 수 있게 해준 밑거름이 되었다. 독일 통일 이후 작센 주의 켐니츠와 드레스덴이 첨단 산업 분야의 메카로 재탄생하게 된 것은 통일 비용이 투자라는 것을 명확하게 입증해주고 있다.

다만, 북한 지역에 대한 설비 현대화 투자가 남한 지역에 있는 기업의 생산 능력이나 경쟁력을 약화시켜서는 안 된다는 점을 유의해야 한다. 한국은 수출 주도형 국가이기 때문에 산업의 생산 능력을 유지하기 위한 지속적인 투자가 중요하기 때문이다. 벤트만 국장은 "2009년 구동독 지역의 산업적 부가가치는 실질적으로 1991년 수준보다 2배로 증가했으며 총 부가가치에 대한 산업의 비중은 2000년 14.5%에서 2008년 17.4%로 늘어났다"라고 했다. 그는 비록 기채를 통해 통일 비용을 조달했지만 경제를 발전시켜 이것을 갚아 나갈 수 있다고 자신 있게 말했다. 그는 "현재 독일 전체에서 가장 잘사는 주에 속하는 바이에른 주도 1950년부터 1980년까지는 지원을 받는 가난한 주에 속하였다"라고 하면서 "구동독 지역도 지금은 연방이나 다른 주로부터 지원을 받지만 향후 경제를 발전시켜 독일 전체 경제의 새로운 원동력으로 발전할 수 있을 것으로 생각한다"라고 낙관적 전망을 내놓았다.[146] 북한 지역이 '한강의 기적'에 이어 '대동강의 기적'으로 세계를 놀라게 할 날을 꿈꾸어 본다.

국제적으로 친분과 신뢰를 쌓아 나가자

독일 통일의 과정에서 보았듯이 국제 정세의 변화를 통일로 이끌어 갈 수 있는 외교적 능력이 매우 중요하다. 우리의 통일 과정에서도 외국, 특히 주변 강대국의 개입은 불가피할 것이다. 한국전쟁 이후 평화조약이 체결되지 못하고 미국과 중국·북한 간에 체결된 정전협정에 따라 한반도의 평화가 유지되고 있는 상태이기 때문에 장차 통일 과정에서 주변 강대국들이 개입할 가능성이 크다.

서독은 미국을 비롯한 서구 국가들과의 관계를 강화함으로써 나치 전범이라는 이미지를 불식시키고 유럽의 통합에 기여하고 세계적인 리더로 손색이 없다는 신뢰를 쌓을 수 있었다. 아데나워 수상 시절부터 철저한 서구편입 정책을 통해서 친서방·친미 외교 노선을 고수했다. 또한 콜 수상과 겐셔 외상 등 서독 정치 엘리트의 외교적 역량이 독일의 통일에 큰 기여를 했다. 특히 서독과 미국 간에는 콜 수상과 부시 대통령 최고 지도자에서부터 외상, 대사급에 이르기까지 좋은 인간적 관계와 신뢰를 갖고 있었다. 이들 간의 긴밀한 공조와 협력을 통해 영국과 프랑스의 우려를 해소하고 소련을 설득하는 데 성공할 수 있었다. 콜 수상과 고르바초프 사이의 소통과 신뢰도 통일이 평화적으로 달성되는 데 큰 기여를 했다.

우리의 통일에 있어서도 미국과의 동맹 관계가 가장 중요하다. 한·미 동맹 관계가 군건할수록 중국이나 러시아의 개입과 방해를 차단하기가 수월해질 것이다. 2010년 3월 26일 천안함이 피격된 후 국제합동조사단에 의한 조사와 유엔 안전보장이사회 의장 성명 채택 과정에서 우리는 미국의 지원과 한·미 공조가 매우 중요하다는 것을 다시 한 번 인식하게 되었다. 미국은 자신들의 해외 공관을 통해서 주재국 정부가 북한에 대한 규탄 성명을 발표하도록 외교적 노력을 다 했다. 물론 우리 정부의 요청도 있었지만 30여 개 국가에서 대북한 규탄 성명을 발표했다. 유엔 안보리 의장 성명을 채택하는 과정에서 중국은 북한의 입장을 배려하려고 노력했다.

우리의 통일 과정에서 중국의 역할도 매우 중요하다는 것은 두말 할 필요가 없을 것이다. 우선, 안보적 측면에서 중국은 한국과 미국이 주도하는 통일에는 반대할 것이 분명하다. 북한 지역으로까지 한국과 미국의 영향력이 확대되면 중국의 안보가 불안해지기 때문이다.

우리의 통일을 준비하는 차원에서 중국과의 관계를 강화해 나가야 한다. 중국은 북한의 불안정 때문에 동북 3성과 같은 변경 지역의 질서와 안정이 깨지는 것을 원치 않는다. 중국이 탈북자들을 '불법 월경자'로 간주하고 강제로 북한으로 되돌려 보내는 것도 바로 이 때문이다. 중국의 차세대 지도부에 대해 연구하고 이들과 친분을 맺는 것은 통일을 위해 꼭 필요한 준비가 될 것이다. 그럼에도 불구하고 중국을 우리 혼자서 설득하기에는 역부족일 것이다. 드메지어 수상은 "중요한 것은 한국과 미국이 공조체제를 확실하게 유지하는 것"이라고 주저 없이 말했다.[147] 한·미 간에 전략대화를 통해 한반도 미래의 여러 가지 시나리오에 대비해야 한다. 미국은 중국과의 전략대화도 개최하기 때문에 한·미 공조를 통해 구체적인 전략을 마련하는 것이 더욱 중요하다.

중국과의 전략적·경제적 파트너십도 지속적으로 강화해 나가야 한다. 한반도 통일이 중국의 안보와 경제적 이익에 결코 해가 되지 않는다는 것을 확신시켜 주어야 한다. 이를 위해서는 중국의 국가 이익과 핵심 엘리트에 대한 연구가 더욱 깊이 있게 진행되어야 한다. 미·중 관계와 중국-주변국 관계 등 중국을 둘러싼 국제정치적 환경에 대한 통찰력이 중요하다. 특히 북한-중국 관계의 변화는 통일 과정과 밀접한 연관성을 갖는다. 2010년은 중국이 북한 정권의 생존을 도와주는 후견국가임을 보여주었다. 그러나 동시에 중국 지도부가 김정일에게 개혁과 개방을 권유함으로써 북한 스스로 살 길을 찾아야 한다는 메시지를 전했던 의미 있는 한 해였다. 마치 고르바초프가 호네커에게 개혁·개방을 촉구했던 것처럼.

한편, 중국의 공산당, 인민해방군 내 주요 인사들과 인적 네트워크를 구축하는 것이 시급하고 중요하다. 정부 부처뿐만 아니라 학계와 외교 분야에서도 중국 전문가들이 많이 배출되어야 할 것이다.

통일 과정에서 정치 엘리트의 역할이 매우 중요하기 때문에 주변 강대국의 정치 엘리트들에 대한 연구와 함께, 이들과의 인적 네트워크를 구축해 나가야 한다. 미국, 일본의 행정부는 물론이고 정계의회 및 정당, 경제계, 학계 등 각 분야별로 인적 네트워크를 형성함으로써 상호 신뢰를 두텁게 쌓아 나가야 한다. 주변 4강과의 민·관, 소위 '1.5 트랙' 전략대화를 통해서 북한 문제, 남북관계 및 통일 문제에 대한 공감대를 넓혀 나가는 것도 꼭 필요한 통일 준비라고 할 수 있다. 이제부터라도 통일외교를 적극적으로 추진해야 한다.

북한 주민들의 마음을 사로잡아야 한다

언스트 하아스Ernst Haas는 통합에 있어서 구성원들의 충성심을 새로운 정치 단위로 전환하는 과정을 강조했다. 하아스는 통합을 "몇 개의 서로 다른 국가들의 정치행위자들이 그들의 충성심과 기대 및 정치적 활동을 (기존의 국가들에 대한 관할권을 보유하거나 요구하는) 새로운 중앙체제로 이전하도록 설

득당하는 과정"으로 정의했다.[148]

동독 주민들은 서독 방문을 통해 자유와 물질적 풍요에 대한 동경심과 함께 상대적 박탈감을 갖게 되었다. 심지어 동독 지도부에 대해 불만을 갖고 '속았다'라는 배신감마저 싹트게 되었다. 이들은 헝가리-오스트리아 국경과 베를린 장벽이 개방되자 대규모 탈출을 통해 그들의 '충성심'을 서독으로 이전했다. "발에 의한 혁명"을 이루어 냈던 것이다. 또한 동독에 남아 있던 사람들은 월요 데모를 통해 동독 지도부에 대해 여행의 자유화와 민주화 등 개혁을 요구했다. 동독 지도부가 이들이 요구하는 개혁을 추진하지 못하자 "이 체제는 민주적 개혁이 불가능하다는 결론을 내리고 시위 군중들은 '우리는 한 민족이다'라는 구호로 통일을 요구하게 되었다."[149] 또한 동독 주민들은 "서독마르크가 오지 않으면 우리가 거기로 간다"라면서 통일을 압박했다. 그들은 동독 시민이라는 정체성보다는 독일인으로서의 정체성을 더 원했으며, 그들의 '충성심'을 서독의 마르크와 우월한 경제·사회 복지 체제로 이전했던 것이다. 동독 주민들은 1990년 3월 인민의회 총선거에서 서독마르크 도입을 통한 조기 통일을 공약으로 내세운 '독일동맹'에게 지지표를 던짐으로써 화폐·경제·사회 통합을 가속화했다. 반면에, 라퐁텐 수상후보를 비롯한 사민당의 정치 엘리트들은 동독의 정체성을 유지하는 가운데 새로운 헌법 제정을 통한 단계적 통합 추진을 주장함으로써 서독과 같은 풍요로운 생활을 갈망하는 동독의 유권자들에게서 지지를 얻어 내지 못했다.

독일 통일은 동독 주민들의 평화 혁명과 민주적 절차에 따른 조기 통일 선택이 없었으면 불가능했을 것이다. 물론 이것은 서독의 경제력을 바탕으로 한 강한 자석의 힘으로 동독 주민들의 마음을 끌어들인 결과로 볼 수 있다. 서독 정부는 집권 정당에 따라 통일 정책에 대한 강조점에 차이가 있었지만, 동독 주민들의 생활을 개선한다는 목표를 꾸준히 추진했다. 분야별로 상호 교류와 협력을 확대함으로써 주민들 간의 소통도 증대되었다. 우편물에서 선물, 이산가족 상봉, 정치범 석방 거래에 이르기까지 다방면의 교류와 협력은 동독 주민들의 삶을 개선하는 데 도움을 주었다. 이러한 과정에서 동독 주민들의 마음속에는 서독 체제의 자유와 풍요에 대한 동경심이 자라나게 되었다. 슈나이더 데터스 국장은 "통일은 돈으로 이루어진 것이 아니다. 라이프치히, 드레스덴, 베를린의 시민들이 거리로 나갔다. 통일은 사람들이 하는 것이다"라고 강조했다.[150] 그렇다. 독일의 통일은 동독 주민들의 생각이 바뀌었기 때문에 가능했다. 우리의 통일을 위해서도 북한 주민들의 생각을 바꾸는 노력을 게을리 해서는 안된다. 북한의 미래와 한반도 통일을 결정할 북한 주민들의 마음을 사로잡아야 할 것이다.

우리의 경우, '햇볕 정책' 또는 '포용 정책'이 서독의 대동독정책에서 표방한 '접근을 통한 변화', '작은 걸음 정책'을 모델로 했다. 꾸준한 남북 간 교류와 협력을 통해 북한의 변화를 일으켜 통일의 물꼬를 튼다는 전략이었다. 그동안 남북한 간의 인적, 물적 교류를 확대함으로써 한반도의 긴장을 완화하고 남북 주민들 간의 상호 이해를 넓혀 왔다. 북한에 대한 인도적 지원은 기아선상에서 허덕이는 북한 주민들에게 남한의 풍요로움을 전달하는 메신저 역할을 했다. 그러나 인도적 지원이 반드시 필요한 사람에게 전달되도록 해야 하는 투명성이 충분히 보장되지 못했던 측면이 있었던 것이 사실이다. 또한 교류와 협력을 통해서 북한의 변화를 가져올 것이라는 가정도 북한의 핵개발과 무력 도발 앞에 설득력을 잃게 되었다. 신뢰할 수 없는 북한 정권 때문에 북한 주민들의 고통을 완화하기 위한 인도적 지원이 지속적으로 추진되지 못하는 현실은 참으로 안타깝다. 투명성 확보를 위한 모니터링을 강화해야 한다는 미국의 요구에 대해, 그러면 식량지원을 받지 않겠다고 거부한 북한 정권을 누가 이해할 수 있겠는가? 정권 생존과 3대 세습의 정당화를 위해 핵무기는 개발하면서도 주민들은 아직 배불리 못 먹이고 있다. 김정일 스스로 "인민들이 흰쌀밥에 고깃국을 먹으며 비단옷을 입고 기와집에 살게 해야한다는 김일성의 유훈을 아직 관철하지 못했다"라고 시인했다.[151] 대규모 대북 식량지원에 반대하는 사람들은 김정일 정권을 연명해주기 때문이라고 주장한다. 반대로 식량지원을 옹호하는 사람들은 피해자는 김정일 정권이 아니고 불쌍한 북한 주민들뿐이라고 주장한다. 바로 이것이 우리 대북 정책의 딜레마다. 에곤 바 전 서독 수상실 장관도 그의 투칭거 연설에서 "봉쇄는 독재 정권보다는 주민들에게 더 큰 고통을 줄 가능성이 있다"라고 지적한 바 있다.

우리의 대북 정책은 북한 주민의 삶을 개선하는 데 목표를 두어야 한다. 이들이 자유와 행복, 인권을 누리도록 도와주어야 한다. 인도적 지원은 정치적인 상황과 관계없이 지속적으로 추진되어야 한다. 이를 통해 남한의 생활 실상을 북한 주민들에게 제대로 알릴 수 있을 것이다. 또한 병들고 굶주리는 북한 주민들을 내버려 두지 않고 도와주어야 할 도덕적 책임이 우리에게 있다. 1996년초 당시 김영삼 정부는 기근으로 시달리는 북한 주민을 위해 식량지원을 어느 정도 해야 할지 고민에 빠져 있었다. 이때 미국 국무부의 한 고위관리는 필자에게 "지금 식량지원을 해주지 않으면 영양실조 때문에 제대로 성장하지 못한 북한 어린이들이 장차 어른이 되어 한국에 대해 반감을 가지면 통일에 무슨 도움이 되겠느냐?"면서 세계식량기구WFP를 통한 대북 식량지원에 한국 정부가 적극적으로 동참할 것을 권유했다. 장차 통일의 기회가 올 때 북한 주민들이 남한과의 신속한 통일을 스스로 결정할 수 있도록 어려움에 처한 동포들을 도와야 한다는 논리였다. 북한 주민들에게 체제 선택의 기회가 주어질 때 자유민주주의에 바탕을 둔 시장 경제 체제를 선택하도록 우리 체제의 우월성을 실제로 보여 주어야 한다. 그들이 어려울 때 따스한 사랑의 손길을 보냄으로써 이러한 우월성을 그들의 마음속으로 전달할 수 있을 것이다.

우리가 보낸 쌀 포대가 북한 주민들이 물건을 담아 옮기는 운반 수단이 되었고 비닐 비료 포대는 추운 겨울 강풍을 막아 주는 유리창 대용으로 사용되고 있다. 북으로 간 수천만 개의 포대는 남한 경제의 우월성을 북한 주민들에게 전달하는 메신저 역할을 하고 있는 것이다. 필요한 사람에게 분배되는 투명성과 이를 확인할 수 있는 모니터링이 보장된다면 대규모의 쌀, 비료 지원도 적극적으로 검토할 수 있을 것이다. 대규모 인도적 지원이 북한 정권이 연명하는 데 도움을 주는 것이 되어서는 안 된다. 그러나 인도적 지원을 중단함으로써 북한 주민들의 삶이 어려워지는 것도 피해야 한다. 지원 물자에는 꼬리표가 붙어 있지 않기 때문에 우리가 지원한 쌀이 군부나 정권 기관으로 전용되는 것을 완벽하게 막을 수는 없을 것이다. 그러나 제도적으로 최소한 국제기구 수준의 모니터링을 보장받도록 노력해야 한다. 북한 당국과 직접 모니터링에 대한 합의를 이룰 수 없다면 국제기구를 통한 지원도 검토할 수 있을 것이다. 또한 국군 포로와 납북자의 생사 확인과 송환 등 우리의 인도적 과제를 해결하는 대가로 북한에 대한 인도적 지원을 활용할 수도 있을 것이다. 문제는 북한이다. 북한의 지도부는 인도적 문제를 정치적으로 접근한다. 이들의 가슴속에 '김일성의 유훈'을 관철할 의지가 진정으로 있는지 묻고 싶다.

대화의 끈을 놓치 않아야 한다

"서로가 대화하고 있는 동안만은 아무리 원수도 서로 상대를 쏘지 않는다." 드메지어 동독 수상이 남북한 지도자에게 전하고 싶어 하는 독일 속담이다.[152] 그는 대화를 하면서 상대가 지닌 우려나 두려움이 무엇인지를 알아내는 것이 중요하다고 말했다. 1989년 동독 주민들의 대량 탈출과 월요 데모의 확산으로 동독 정권이 위기에 처하게 된 그 순간에도 동독과 서독 정부 간에는 대화의 통로가 활짝 열려 있었다. 1989년 여름까지 동·서독 간에는 교통, 통행, 법률 공조, 경제 등 22개 분야에 걸쳐서 공동위원회나 전문위원회 회담이 진행되고 있었다. 더구나 탈출 사태가 발생한 지 얼마 되지 않은 7월 4일에는 서독 연방수상실 자이터스 장관과 동독 호네커 공산당 서기장이 이들 22개 위원회를 계속 운영하기로 합의했다. 콜 수상은 11월 11일 크렌츠 동독 서기장에게 서독 정부의 정책 목표가 동독의 상황을 안정시키는 데 있다면서 근본적인 정치적·경제적 개혁을 촉구했다. 한편 9월 유엔 총회를 계기로 동·서독 외무장관은 프라하와 바르샤바의 서독대사관에 머물고 있는 동독 탈출민을 서독으로 데리고 가는 문제를 협의했다.

베를린 장벽이 무너지고 모드로 수상이 집권한 후인 12월에도 동·서독 간에는 교통, 체신, 보건, 경제, 환경 분야의 장관급 회담이 계속되었다. 12월 19일에는 콜 수상과 모드로 수상 간의 정상회담이 드레스덴에서 개최되었으며 양독 간에 국가연합적 구조인 '조약공동체'를 구성하기로 합의했다. 이 합의에 따라 1990년 1월부터 경제공동위원회를 비롯한 각 분야별 협상이 진행되었다. 동·서독 정부는 정상회담에서 장관급 회담, 실무 회담에 이르기까지 각 분야별 회담을 통해서 동독의 위기 상황을 극복하고 통일을 달성하는 방법까지 협의할 수 있었다. 1990년 1월말 동독의 원탁회의가 3월 18일 조기 총선을 결정한 후에는 서독 정당들이 동독 정당들의 선거운동을 지원하게 되었다. 총선 결과 서독과의 조기 화폐통합을 공약으로 내세웠던 '독일동맹'이 승리를 거둠으로써 동·서독 정부 간의 통일 협상이 가속화되었다.

이러한 동·서독 간의 대화와 협상은 대규모 탈출 사태와 동독 내 시위 등 긴급 상황을 평화적으로 관리하는 데 도움을 주었다. 더 나아가 동·서독 정부 지도부 간의 협상은 전승 4대국이 개입할 수 있는 여지를 차단하는 데 기여했다고 평가할 수 있다.

물론 동독과 북한은 다르다. 북한은 대화 파트너로서 신뢰를 잃었다. 1988년 대한민국이 화해협력 정책을 표방한 이후 남북한 간에는 대화가 단절된 적이 많았다. 이는 북한이 「도발 또는 긴장 조성→대화·협상→보상 획득」이라는 '벼랑 끝 전술' 패턴을 구사했기 때문이다. 북한은 자신의 필요에 따라 대화의 재개와 단절을 강요해왔기 때문에 대화의 진정성을 의심받아 왔다. 합의한 사항을 지키지 않는 북한의 불성실한 태도 또한 대화의 유용성을 떨어뜨렸다.

통일은 복수의 집단이 하나의 공동체로 통합되는 것을 말한다. 우리는 1989년 여야 모두의 합의에 의해 마련된 '한민족공동체' 통일 방안을 유지하고 있다. 평화적인 통일은 대화와 협상을 전제로 한다. 혹시 북한에 위기 상황이 발생한다 하더라도 남북한 간에 대화 채널이 열려 있으면 우선 상황 파악이 쉬울 것이다. 또한 상호 간에 오해와 불신을 막을 수 있을 것이다. 우리가 긴급 지원을 해야 할 경우에도 대화 채널이 필요할 것이다. 주변 강대국의 간섭을 차단하기 위해서도 남북한 간의 대화는 진행되어야 한다. '민족 자결권'을 내세울 때

브란덴부르크 비망록

도 우리 스스로가 문제를 해결하고 있다는 모습을 대외적으로 과시해야 할 것이다. 긴급 상황을 평화적 통일로 유도하기 위해서는 대화의 끈을 유지하는 것이 좋다. 슈테른 전 연방수상실 국장은 "1950년대의 친서방 정책, 1970년대의 교류와 협력의 증진 정책, 1980년대 동·서독 접촉의 강화 정책이 통일의 밑거름이 되었다"라고 강조했다.[153]

북한을 더 깊이 알자

독일의 통일은 갑자기 다가왔다. 서독의 어느 정치 지도자도 동독 전문가도 통일이 이렇게 빨리 될 줄은 예상하지 못했다. 독일의 통일 과정을 연구하기 위해 필자가 독일 주재 한국대사관에서 근무했던 시절 만났던 독일 관리들은 이구동성으로 통일이 그렇게 갑자기 이루어질 줄 몰랐다고 말했다. 서독 사람들이 또 몰랐던 중요한 것은 동독에 대한 것이었다. 동·서독 간에는 분단에도 불구하고 경제 교역이 중단되지 않고 지속되었다. 70년대초 기본조약 체결 이후에는 상호 간의 인적, 물적 교류가 활발하게 진행되었다. 내독관계성 산하에 '전독문제연구소'를 두고 동독에 대해 분야별 연구를 했다. 동·서독 간의 각종 협상에는 내독관계성의 전문가가 배석했다.

그럼에도 불구하고 동독 경제의 자산가치도 제대로 산정하지 못할 정도로 동독의 실상을 잘 몰랐다는 것이 판명되었다. 화폐통합 당시 서독 정부는 동독이 세계 10위의 공업국이라는 전제 하에 동독의 총 자산가치를 1조 2,000억 마르크 규모로 평가했고, 동독 국유재산 매각으로 최소한 6,000억 마르크를 확보할 수 있어 동독 정부의 부채를 모두 갚고도 남을 것으로 생각했다. 그러나 국유재산 매각대금은 670억 마르크에 불과했으며, 결국 동독 국유재산 매각은 2,564억 마르크의 결손을 기록했다. 이 결손은 통일 정부의 재정으로 메워야만 했다.

특히 서독의 경제학자나 연구기관뿐만 아니라 미국중앙정보국CIA의 경우에도 동독을 작은 거인으로 묘사하면서 기업의 효율성을 높이 평가했다.[154] 피셔 교수에 따르면 화폐통합 후 동독 기업들은 모든 분야에서 서독 기업들에 비해 경쟁력이 약한 것으로 드러났다. 동독 기업의 취약성은 우선 자본 축적이 되어 있지 않았고, 사회보장 비용이 과다했으며, 평생 완전고용 보장으로 린생산방식Lean Production System[155]을 실행하지 못하고 있었다. 한마디로 자본형성 부족under-capitalized에 과다고용으로 인해 경쟁력이 없었다.

북한의 기업도 소비에트 모델에 따라 구축되었기 때문에 동독 기업과 유사한 특징을 갖고 있다. 특히 1970년대 중반부터는 자본재 투자가 거의 이루어지지 못했다. 따라서 동독의 청산 대상 기업처럼, 아예 다 부숴버리고 완전히 새로 지어야 할 공장이 대부분일 것이다. 필자는 2002년 북한의 주요 공업 도시인 함흥과 흥남을 들린 적이 있다. 비료공장과 화학공장의 모습은 폐허와 다름 없었다.

우리의 경우 동·서독보다 교류와 협력이 부진한 것이 사실이다. 특히 인적 교류 측면에서 북한 주민이 남한을 방문한 숫자는 서독을 방문한 동독인의 숫자와 비교할 수 없을 정도로 극히 미약하다. 북한의 폐쇄성 또한 심각할 정도여서 북한을 방문하더라도 현황을 제대로 파악할 수 없다. 북한 당국의 안내원이 없이는 한국 사람뿐만 아니라 북한의 혈맹인 중국 사람도 러시아 사람도 자유롭게 다닐 수 없다. 전문가들이 자료를 요구해도 북한은 전문 자료를 제공하지 않는다. 그들이 제공하는 것이라고는 체제 선전 자료밖에 없다.

그렇다고 북한에 대한 정보 수집을 포기할 수는 없다. 다행히도 2만여 명의 탈북자들은 물론, 북한을 방문하는 사람들이나 북한에 살고 있는 주민들로부터 유익한 정보를 얻을 수 있다. 북한에서 출판되는 각종 전문 서적, 〈노동신문〉, 방송도 유익한 공개 정보다. 북한에도 핸드폰이 공급되고2010년 9월 현재 30만여 대, 비록 북한 내부로 한정된 인트라넷이긴 하지만 컴퓨터 사용자가 늘어나고 있어서 정보의 유통 속도가 빨라지고 있다. 지금부터라도 북한의 분야별 정보를 수집하고, 이것을 체계적으로 잘 관리해야 한다. 비밀 정보만이 유익한 정보가 아니다. 공개 정보open source도 잘 정리하고 연관성을 체계적으로 분석하면 유익한 정보가 된다. 모든 출처의 정보를 다 종합해서 이를 데이터베이스화해야 한다. 위성에서 찍은 영상 정보까지 포함해서 3차원적인 데이터베이스를 만들어야 한다. 통일 과정이 시작되어 화폐통합이나 경제통합을 위한 협상에 들어가면 북한 현황에 관한 데이터베이스가 필수적이다. 북한 현황에 관한 종합적인 데이터베이스 구축을 위해 예산을 많이 투입해야 한다. 이것이 구축되어 있지 않으면 통일이 닥쳐올 때 엄청난 시행착오를 겪을 것이다.

분야별 북한 전문가들을 많이 양성해야 한다. 최근 대학교의 경영 합리화 때문에 북한학과가 줄어들고 있는 것은 안타까운 일이다. 북한에 대한 학문적 연구도 촉진해야 한다. 통일을 준비한다면서 북한에 대한 연구가 활성화되지 못한다면 말뿐인 통일 준비가 되는 것이다. 우리나라에서 북한 전문가들을 많이 길러내고, 이들이 외국의 북한 전문가들과 네트워크를 형성해 나가야 한다. 정부 차원과 민간 차원에서 관련 국가들과 북한에 관한 정보교류 회의를 진행해 오고 있다. 그러나 이러한 정보교류 회의가 더욱더 활성화되어야 한다.

각 분야별 통일 준비를 서두르자

독일은 갑작스런 통일에 대해 준비가 되어 있지 않았다. 그만큼 시행착오도 많았고 실수도 있었다. 그렇지만 외교적, 경제적 역량뿐만 아니라 헌법적 기초 등 기존 제도가 잘 정비되어 있어서 기회를 통일로 연결시킬 수 있었다. 통일의 기회가 오면 우선 법적인 문제가 중요한 과제로 대두하게 될 것이다. 서독의 기본법 제23조에 따라서 동독 지역의 주들이 독일 연방에 가입함으로써 통일을 신속하게 달성할 수 있었다. 통일 헌법에 대한 논쟁으로 세월을 허비할 가능성도 있었는데 이를 피해갔다. 즉 서독 헌법을 동독 지역에 확장하는 손쉬운 방법을 택했다. 우리는 통일 방법과 관련하여 헌법 제4조에서 "자유민주적 기본질서에 입각한 평화적 통일 정책을 수립하고 이를 추진한다"라고 규정하고 있을 뿐이다. 우리의 경우에도 앞서 언급한 대로 '자결권'과 같이 헌법상 통일에 꼭 필요한 조항은 지금부터라도 만들어 나가야 한다.

이것뿐만 아니라 법적인 통합 문제도 세밀하게 준비해 두어야 한다. 서독처럼 대한민국의 법을 그대로 북한에 적용할 것인지, 일정 기간 과도기를 두어서 북한법을 적용하고 단계적으로 대한민국의 법을 적용할 것인지, 과도기를 둘 경우 북한에는 민사법이 없기 때문에 대외 투자의 주요한 장애 요인이 될 수 있다는 점 등을 고려해야 할 것이다. 실향민들이 북한에 두고 온 재산을 어떻게 처리할지는 법적 통합에서 매우 중요한 문제이다. 이미 통일부와 기획재정부, 법무부, 법제처가 이 문제에 대해 많은 연구를 해오고 있는 것은 다행스런 일이다. 독일의 경우, 기본권인 사유 재산권을 존중하기 위해 '보상보다는 반환'이라는 원칙을 선택했다. 그 결과, 재산권 반환을 위한 소송이 동독 지역에 대한 투자에 큰 장애 요인이 되었다. 통일 후 각종 법제도 통합에 관한 연구는 아무리 강조해도 지나치지 않을 것이다.

독일 통일의 경우 1:1 화폐교환율이 잘못되어 동독 경제의 재건이 지연되었다는 비판이 많았다. 앞서 살펴본 대로 통일을 위해서는 정치적으로 불가피한 측면이 있었다. 그러나 경제적 측면에서 임금 1:1 교환, 부채 1:2 교환으로 임금 비용 증가와 부채 부담 때문에 많은 동독 기업들이 경쟁력을 잃고 도산했다. 프랑크푸르트 대학의 빌헬름 한켈 교수는 동독 기업들의 부채를 탕감해 주지 않고, 사유화를 너무 신속하게 진행한 것이 가장 큰 실수였다고 주장한다.[156] 신탁청을 통한 신속한 사유화淸算도 동독 기업의 도산을 가속화 했다. 한켈 교수는 동독 기업의 파산은 빠르게 진행되었으나 기업의 재건은 천천히 일어나 동독 경제의 재건이 지연되었다고 지적했다. 그는 신탁청이 사유화에 중점을 둘 것이 아니라 기업이 생존할 수 있도록 투자은행 역할을 했어야 한다는 대안을 제시했다. 교환율의 경우 1:1을 공약하지 않았으면 동독 자유 총선거에서 기민당을 위주로 한 독일동맹이 승리할 수 없었을 것이며 그 결과 통일이 지연되었을 것이다. 1:1 교환율이 정치적으로 불가피했을지라도 일부를 채권으로 교환하거나 단계적으로 교환해 줌으로써 체제전환 과정을 장기화할 수 있었을 것이다.

우리의 경우 화폐교환율, 교환 방법과 사유화를 어떻게 해야 할 지에 대해 미리 다양한 시나리오를 마련해 두어야 할 것이다. 통일은 기회가 오면 즉각적으로 추진하지만, 북한의 체제전환 과정은 점진적으로 추진함으로써 통일 비용을 줄이고 북한 주민들의 충격을 줄일 수 있는 대안은 어떨까?

더불어 독일처럼 화폐통합과 경제통합을 동시에 진행할지, 아니면 경제통합과 화폐통합을 순차적이며 단계적으로 추진할지 등에 대해 깊이 있는 연구가 필요하다. 학계 일부에서는 독일처럼 단번에 통합을 하지 말고, 과도기적으로 두 개의 통화권, 두 개의 행정 구역으로 나누어 점진적으로 하나로 통합하자는 주장도 제기한다. 일리가 없는 것은 아니다. 그러나 단순히 독일의 경우에 문제점이 많았으니 우리는 이를 피해야 한다는 것은 아닌지 세밀한 검토가 필요하다. 예를 들어 경제적 격차가 큰 남한과 북한의 경제권역에 두 개의 통화를 유지할 경우, 남한으로의 이주민이 급증할 것은 분명하다. 또한 우월한 경제의 통화의 안정성을 약화시킬 우려가 있다.

북한 지역에 대한 투자 유인책 연구도 매우 중요하다. 우리나라는 산업화 과정에서 해외투자를 유치한 경험이 많다. 그만큼 투자 유인책이 무엇인지에 대해서도 잘 알고 있을 것이다. 세제와 금융 상의 특혜에서 과실 송금과 분쟁 해결까지 여러 가지 투자 유인책을 강구할 수 있을 것이다. 그러나 통일 시 북한 지역에 대한 투자 유치 방안은 특수한 환경이기 때문에 더 면밀한 연구가 필요할 것이다. 참고로 서독 대기업을 대상으로 에버트재단의 피셔 교수가 조사한 바에 따르면, 동독 지역에 투자할 수 있는 조건은 다음과 같다. 첫째, 국가가 텔레콤 등 인프라 시설을 개선해 주면 더 많이 투자할 것이다. 둘째, 재산 소유권 분쟁이 해결되면 더 많이 투자할 수 있을 것이다. 셋째, 동유럽 시장이 넓어지면 더 많이 투자할 것이다. 넷째, 동독의 임금 비용이 너무 비싸다. 차라리 체코나 폴란드에 투자할 것이다.[157]

북한의 단천 광산은 마그네사이트 등 광물 자원이 풍부해서 세계 여러 기업들이 투자 가능성 조사feasibility study를 한 바 있다. 이들 조사 결과 가장 큰 투자 장애 요인은 도로, 철도, 항만 등 인프라 시설 부족이었고, 북한 당국이 이를 건설해 줄 수 없다는 것이었다. 임금 비용은 통일 과정에서 정치적 판단에 의해 결정될 소지가 많지만, 북한 경제 재건과 관련해서 신중하고도 전문적인 연구가 필요하다.

북한 근로자들의 작업 능력 또한 통일 과정에서 신중하게 고려해야 할 요소이다. 미국과 북한 간에 체결된 제네바 합의에 따라서 1997년부터 북한 신포 금호지구에서 경수로 건설 사업이 시작되었다. 여기에서 일하는 북한 근로자들은 우리 한국 근로자들의 작업 속도와 강도에 놀라면서도 이해하지 못하겠다는 태도를 보였다. "왜 남조선 사람들은 저렇게 열심히 일을 하느냐?"라고 자주 묻곤 했다. 개성공단에 고용된 북한 근로자들은 자주 휴식을 취해야 한다. 영양 부실이 주요인이긴 하지만 한국 수준의 노동 강도를 견뎌낼 체력이 되지 못하는 것이다. 과거 우리 남한 근로자들이 미국 사람과 일본 사람의 노동 강도를 따라가지 못했던 것과 같은 이치인 것이다.

동독 기업들은 부실할 경우 신탁청을 통해서 바로 청산되거나 일단 정비 후에 매각하거나 바로 매각하는 세 가지 방안에 따라 처리 되었다. 북한 기업들을 동독처럼 시장 기능에 맡겨 처리할 것인지, 아니면 1861년 이탈리아의 경제 및 화폐 통합 이후 낙후된 남부의 메조기오르노 지역처럼 국가가 구조 조정에 적극적으로 개입할지에 대해 심도 있는 연구와 시뮬레이션이 필요할 것이다. 호르스트 지버트 교수의 지적처럼 "국가의 간섭은 장기간에 걸쳐 시장의 힘에 거역하게 함으로써 비용을 증대시키며 효율성과 자원의 낭비를 초래"하는 경향이 있기 때문에 신중하게 검토해야 할 것이다.

분야별로 통일을 준비하는 과정에서 간과하기 쉬운 중요한 문제가 있다. 각 분야별로 서로 유기적으로 총괄 조정할 필요가 있다는 점이다. 독일의 경우 신탁청은 신속한 사유화라는 구조 전환에 치중했고 매각으로 인해 발생하는 고용과 실업 문제에는 크게 신경을 쓰지 못했다. 반면 연방고용청은 실업 대책에 수백 억 마르크를 투입해야 했다. 신탁청과 사유화 대상 기업, 신설 회사가 협의를 통해 임금과 고용에 대한 결정을 했다. 연방고용청은 이들의 결정이 가져온 노동 시장의 변화에 대응해야 했다. 연방고용청 산하 지방노동 사무소가 해고에 따른 대안을 찾아야 했다. 노동사무소는 직업 교육과 재교육을 실시하는 한편, 고용창출 조치를 취했다. 독일 연방고용청 산하 연구소 위르겐 퀼 박사는 경제구조 전환 과정에서 사유화, 노동시장, 행정구축 등을 총괄·조정할 기구를 설치할 필요가 있다고 제안했다.[158] 이러한 총괄·조정 기능을 다 갖추지는 못했지만, 브란덴부르크 주의 경우 신탁청과 신탁청 소속 회사, 주정부, 지자단체, 연방고용청이 참여하는 고용촉진회사Arbeitsföderunggesellschaft를 만들어 실업수당을 지급하는 대신 실업자를 공공 목적에 맞게 고용으로 유도했다. 브란덴부르크 주는 이런 종류의 회사 또는 협회 90여개를 지원했는데,

장점은 제1노동시장으로 가는 징검다리 역할을 했다는 것이다. 장기실업자들이 규칙적으로 일하는 습관을 유지하고 자질 향상의 기회를 가질 수 있었기 때문이다. 실제로 1년 후의 구직율이 20~30%에 달했으며, 무엇보다도 사람들이 직장을 가질 수 있다는 심리적 효과가 컸다고 한다.[159]

우리의 통일 과정에서도 북한의 경제체제 특성상 과다 고용된 인원의 대량 해고가 불가피할 것이다. 북한 산업의 재건을 통해 고용을 창출해 나가는 한편, 근로시간 감축이나 파트타임 근로자 증대 등을 통해 일자리를 늘려야 할 것이다. 직업교육 및 사회적 기업 육성 등 적극적 노동시장 정책도 마련해야 할 것이다. 이를 위해 유관기관 간의 총괄·조정 기능과 고용 촉진을 위한 반관반민 기구 설치에 대한 연구도 필요할 것이다.

독일 통합 과정에서 가장 심각한 문제 중 하나가 심리적, 정신적 통합 문제였다. 통일 이전에 오랫동안 동·서독 주민들 간에 편지 교환, 전화, 상호 방문이 이루어졌음에도 불구하고 심리적 통합이 쉽지 않았다. 물론 독일과 한국 간에는 문화적, 심리적 차이가 있지만 우리의 통일에도 이 문제가 쉽게 해결되지 않을 것이다. 이 문제는 정책 수단을 통해서 해결하기는 어렵다. 교육기관이나 언론, 정치가의 호소 등을 통해서 해결 가능한 과제일 것이다. 이 문제에 대해서도 미리부터 연구와 준비가 필요할 것이다.

　통일은 반드시 온다. 서서히 예고하면서 오는 것이 아니라 갑자기 올 것이다. 통일은 이제 언제 되느냐의 문제가 아니라 어떻게 하느냐의 문제이다. 기회를 놓치지 않고 우리가 원하는 방식으로 평화적 통일을 달성하기 위해서는 전문적이고 구체적인 계획action plan을 준비해 두어야 한다. 동·서독 관계 발전과 독일 통일을 위해 30여년간 일했던 서독 연방수상실 슈테른 국장의 조언처럼, 일단 통일의 기회가 오면 "통일은 더이상 이론적 목표가 아닌 구체적인 전략의 목표"가 되기 때문이다.

부록

독일 통일 과정 연표

1989. 5. 2.	헝가리 국경수비대가 오스트리아 국경 철조망을 제거. 동독 주민들이 헝가리를 경유, 서독으로 탈출 시작.
1989. 5. 7.	동독 지방선거에서 일어난 부정으로 동독 내 저항세력이 조직화되고 시위가 촉발.
1989. 8. 7.	동독 외무부는 서독 정부가 "동독의 주권 사안을 심각하게 침해한다"라고 비난.
1989. 8. 8.	서독 정부는 동베를린 주재 서독상주대표부가 "더 이상의 동독인을 인간다운 조건에서 수용할 수 없는 상태"여서 잠정적으로 대민접촉 창구를 폐쇄한다고 고시. 서독 내독성 프리스니츠 차관과 동독 정부 대표 포겔 변호사가 탈출민 문제 협의.
1989. 8. 9.	자이터스 서독 연방수상실 장관이 동독 시민들에게 서독 공관을 이용하는 방법은 "문제점의 해결보다는 더 많은 문제점을 발생시키므로"더는 이 방법을 이용하지 말 것을 호소.
1989. 8. 10.	헝가리와 동독이 양국 간 조약상의 의견 상충 문제와 제네바 국제난민협약상의 의견 상충 문제를 해결하기 위한 회담 개시.
1989. 8. 11.	호네커에게 보내는 콜 수상의 탈출민 관련 친서 전달(내용은 비공개).
1989. 8. 13.	서독 정부가 180명의 동독 탈출민이 체류 중인 부다페스트 주재 서독대사관을 폐쇄.
1989. 8. 16	서독 외무성 사무차관이 부다페스트에서 헝가리 호른 외무장관과 서독대사관 체류 동독 탈출민 문제에 관해 협의.
1989. 8. 17.	콜 수상에게 보내는 호네커의 답신 서한 전달(내용은 비공개).
1989. 8. 19.	661명의 동독 시민들이 헝가리 국경 근처에서 개최된 '범유럽동맹'행사를 이용하여 오스트리아로 탈출.
1989. 8. 24.	부다페스트 주재 서독대사관에 체류 중이던 108명의 동독 탈출민이 국제적십자사의 도움으로 서독 입국.
1989. 8. 25	헝가리·서독 비밀 정상회담 개최(본 근교), 동독 탈출난민 문제 등 협의.
1989. 9. 11	헝가리 정부가 동독 난민을 위해 헝가리–오스트리아 국경을

개방.

1989. 9. 12.	동독 외무부의 항의 각서를 헝가리 외무부에 전달.
1989. 9. 14.	헝가리 외무부가 동독 외무부의 각서에 대해 상황의 근본적 변화 때문에 양국 간 협정의 일부 사안을 잠정적으로 파기하지 않을 수 없는 상태였다고 반박.
1989. 9. 22.	동독 국선 변호사 포겔이 본을 방문, 연방수상실 장관과 탈출민 문제 협의.
1989. 9. 28.	겐셔 외무장관이 유엔 총회 참석 시 피셔 동독 외무장관과 프라하 및 바르샤바 체류 동독 탈출민 문제에 대해 협의.
1989. 9. 30.	9월 30일 겐셔 외무장관과 자이터스 수상실장관이 프라하로 가서 서독대사관에 체류 중인 동독 탈출민들에게 서독으로 갈 수 있게 되었다고 발표.
	동독 국철 특별열차편으로 800명의 동독 난민이 바르샤바에서 동독을 경유해 서독의 헬름슈테트로, 5,500명의 난민이 프라하에서 드레스덴을 경유해 서독 호프로 출발(10월 1일 서독 도착).
1989. 10. 1.	동독 외무성 대변인이 "프라하와 바르샤바 주재 서독대사관의 걷잡을 수 없는 상황을 해결하고자 체코, 폴란드 및 서독 정부와 협의한 끝에 무책임한 반사회적 반역자들과 범죄자들을 특별열차 편으로 동독 영토를 경유, 서독으로 추방하기로 했다"라는 내용의 성명서를 발표.
1989. 10. 7.	동독 건국 40주년 기념 군사 퍼레이드가 베를린에서 개최. 고르바초프는 호네커와 회담 후 기자회견에서 "인생은 너무 늦게 오는 자를 벌한다"라는 발언으로 동독의 개혁 필요성을 강조.
	동독 경찰은 베를린, 라이프치히, 드레스덴, 할레, 에어푸르트, 포츠담 등지에서 일어난 시위를 그 어느 시위보다 강력하게 진압.
1989. 10. 9.	약 7만 명의 군중이 라이프치히 월요 시위에 참가.
1989. 10. 18.	호네커가 제9차 사회주의통일당 중앙위원회에서 당서기장, 국가평의회 의장 등 모든 공직에서 사임한다고 발표. 에곤

크렌츠가 당서기장으로 선출.

| 1989. 10. 24. | 동독 인민의회가 에곤 크렌츠를 국가평의회 의장으로 선출. |

1989. 11. 9. 동독의 베를린 장벽이 개방됨. 동독 공산당 중앙위 공보담당 비서 샤보브스키가 기자회견을 통해 동독 각료회의에서 동독 주민의 개인여행 및 출국에 관한 새로운 법률을 가결하였음을 발표.

서독 연방 수상실 장관 자이터스, 연방의회에서 장벽 개방에 대한 정부 성명서 발표(당시 콜 수상은 독·폴 정상회담차 바르샤바에 체류 중).

1989. 11. 10. 동독 내무장관 프리드리히 디스켈이 TV를 통해 신여행법에 관한 성명을 통해 외국, 특히 서독 및 서베를린으로의 출국여행을 위한 비자 발급은 신청 당일 안에 신속히 처리될 것이라고 발표.

콜 수상은 폴란드 방문을 중단하고 베를린 장벽 개방 환영대회(베를린 쇤베르크 시청 앞) 참석·연설.

1989. 11. 11. 서독 연방내각이 동독 지도부에게 국가·경제·사회의 근본적인 개혁을 촉구.

1989. 11. 13. 한스 모드로가 동독 각료회의 의장(수상)으로 선출.

1989. 11. 16. 콜 수상은 연방하원에서 동독 상황에 대한 연방정부의 성명을 발표. 독일의 통일과 자유를 완성해야 하는 기본법의 명제가 아직 실현되지 않았음을 잊지 말아야 하며, 서독 정부는 동독에 의료진과 의약품 지원 등 응급지원 조치 문제를 동독측과 협의할 준비가 되어 있다고 강조하는 한편 동독의 정치·경제 개혁을 촉구.

1989. 11. 17. 모드로 수상이 인민의회에서 내독관계에 관한 성명을 통해 양독 간 '조약공동체[Vertragsgemeinschaft]'창설을 제의.

1989. 11. 20. 자이터스 수상실 장관이 동베를린을 방문, 콜·크렌츠 정상회담 준비 사항과 서독의 대동독 원조 문제를 협의.

1989. 11. 28. 콜 수상이 연방하원에서 '독일과 유럽의 분단 극복을 위한 10단계 방안'을 제안.

1989. 12. 1. 동독 인민의회가 헌법에서 공산당의 지도적 역할 조항을

삭제.

1989. 12. 3.	동독이 공산당 중앙위원회 및 정치국을 해체.
1989. 12. 5.	자이터스 장관이 베를린에서 모드로 수상과 회담 후 공동 기자회견을 통해 12월 19일 드레스덴에서 콜·모드로 정상 회담 개최 합의사항을 발표.
1989. 12. 6.	크렌츠가 동독 공산당 서기장, 국가평의회 의장 및 국방위원회 의장직을 사임.
	동독 국가평의회는 1989년 12월 6일 이전에 고의 또는 과실상 범법행위로 3년 이하의 징역을 선고 받은 자에 대한 대사면 발표.
1989. 12. 9.	동독 사회주의통일당(SED) 당대회에서 변호사 그레고르 기지를 당서기장으로 선출.
	스트라스부르에서 열린 EC 정상회담에서 독일 통일은 독일 국민의 자유로운 선택으로 이루어진다고 천명.
1989. 12. 12.	양독정부 간 회담 개최: 동·서 베를린 간 협력 협의 및 지역 공동위원회 설치 합의(베를린), 동·서독 공동교통망 계획 협의(본), 우편·체신 분야 협력 및 긴급조치 합의(동베를린: 동·서독 간 기존 120 전화 회선에서 1989년 12월 20일까지 188회선 증설).
1989. 12. 14.	유럽의회가 독일의 폴란드 국경 인정을 요구.
	양독정부 간 경제공동위원회와 기술협동위원회, 환경공동위원회 구성에 합의.
1989. 12. 15.	나토 각료회의가 유럽의 평화를 보장하고, 독일 민족이 자결권에 의해 통일을 실현할 수 있도록 노력할 것이라는 내용의 성명을 발표.
1989. 12. 16.	동독 기민당 임시전당대회에서 사회적 시장경제 원칙과 독일 통일에 찬성하기로 결정하고 로타 드메지어를 당수로 선출. 동독 사회주의통일당은 당명을 사회주의통일민주사회당(SED-PDS)으로 개명.
1989. 12. 17.	통화정책에 관한 최초의 동·서독 재무차관 간 공식 접촉 개최(본 주재 동독 상주대표부), 동독은 동독마르크의 안정화

	를 위한 서독의 지원을 요청.
1989. 12. 19.	콜·모드로 수상, 양독 정상회담 개최 및 공동성명 발표(드레스덴). 콜 수상은 프라우엔 교회 앞에서 연설.
1989. 12. 21.	동독 각료회의가 여행 및 거주 신고의무에 관한 새 규정을 발표. 12월 24일부터 서독인 여행자에 대해 비자 없이 공식 신분증으로만 동독 입국 허용.
1989. 12. 22.	베를린 브란덴부르크 문을 오후 3시 도보 통행자들에게 개방. 콜 수상과 모드로 수상, 동·서 베를린 시장이 처음으로 도보 통과.
1990. 1. 2.	동·서 베를린 시장이 베를린을 2000년 또는 2004년 올림픽 개최지로 유치하겠다고 발표.
1990. 1. 5.	양독 건설장관을 위원장으로 하는 '공동전문위원회'구성 합의(베를린).
1990. 1. 10.	콜 수상이 본에서 기자회견을 통해 동독의 자유선거를 목표로 한 민주화 과정 지원을 위한 서독 정부의 정책 과제를 발표하고, 서독은 동독과 조약공동체 형성을 위한 협력 및 선린조약을 협상할 준비가 되어 있다고 천명.
1990. 1. 13.	네커 독일 전경련 회장, 슈틸 독일상공회의소 회장, 벤츠사 사장 등 서독 주요 경제인 70명과 동독 국영 콤비나트 사장들이 동·서독 정치인들과 양독 간 경제협력 가능성을 협의.
1990. 1. 16.	동·서독 환경장관이 양독 간 핵시설 안전공동위원회 구성에 합의하고, (동독에) 스모그 조기경보시스템 설치에 관한 합의서, 5개 상수도 수질검사소 건설에 관한 합의서에 서명. 동·서독 신교교회 연맹은 20년 분단 후 통합을 선언.
1990. 1. 21.	라이프치히에서 독일사회연합당(DSU) 창당.
1990. 1. 23.	동베를린에서 양독 경제공동위원회(하우스만 연방경제성장관과 바일 동독 대외무역성장관 공동 주재) 제1차 회의를 개최하고, 서독은 동독 중소기업의 창업 및 설비 현대화를 위해 60억 마르크(창업 지원 13억, 환경 보호 20억, 설비 현대화 20억, 관광업 7억)의 차관을 유럽부흥계획의 특별 기금에서 제공키로 합의.

1990. 1. 25.	모드로 수상과 자이터스 연방 수상실장관이 2월 13~14일 본에서 동·서독 정상회담을 개최하기로 합의(동베를린).
	양독 체신장관은 양독 통신 공동정부위원회 구성에 합의.
1990. 1. 28.	모드로 총리가 원탁회의에서 각 대표들과 동독 총선거를 1990년 5월 16일에서 3월 18일로 앞당겨 실시하기로 합의. 원탁회의의 모든 정당과 단체들로부터 각 한 명씩의 대표와 무임소장관이 참여하는 '민족책임정부' 구성에 합의.
1990. 1. 30.	모드로 수상과 고르바초프 대통령이 모스크바에서 정상회담을 개최. 고르바초프는 두 독일 국가는 '국가연합[Kon-föderation]'으로의 통합을 추진하기 위하여 양국 관계를 자결적으로 발전시켜 나갈 수 있다'는 데에 공식 동의.
	바이겔 서독 연방재무장관은 재무성 내 비밀회의를 개최하고, 기본법 제23조에 의한 통일의 제1단계로서 화폐·경제공동체 구성에 관한 동·서독 간 국가조약을 체결하기로 결정. 국가조약 마련을 위한 재무성 내 '내독관계' 실무단(단장 자라친 국장)을 구성.
1990. 2. 1.	모드로 수상이 동·서독의 군사중립화를 전제로 하고 조약공동체·국가연합·독일연방을 내용으로 하는 4단계 독일 통일 방안을 제의.
1990. 2. 3.	콜 수상이 다보스 세계경제포럼에서 모드로 수상과 비공식 회담을 갖고 동독 상황 개선을 위한 경제지원 문제를 협의.
	모드로 수상은 서독마르크의 동독 도입 가능성을 언급.
1990. 2. 4.	동독 사회주의통일민주사회당이 당명을 다시 민주사회당[PDS]로 개명.
1990. 2. 5.	루프트 동독 부수상이 원탁회의에서 서독과의 화폐통합에 대한 국민투표를 제안하고, 서독의 긴급 지원을 촉구.
	동독 기민당, 독일사회연합당, 민주혁신당은 3월 18일 동독 인민의회 총선거를 위한 공동 전선으로 '독일동맹'을 결성(서베를린). 서독 기민당 당수인 콜 수상도 참석.
1990. 2. 6.	콜 수상이 동독의 서독마르크 도입에 의한 화폐통합 방안을 제안.

1990. 2. 7.	서독 연방내각이 동독과의 화폐통합을 위한 즉각적인 협상 개시를 의결, 콜 수상을 위원장으로 하는 내각 내 '독일통일 위원회'를 설치하고, 동 위원회 내 6개 분과위원회를 구성.
1990. 2. 10.	콜 수상과 고르바초프 대통령이 모스크바에서 독·소 정상회 담을 개최. 고르바초프는 기자회견에서 "통일된 국가 형태, 통일 시기, 어떤 속도와 어떤 조건 하에서 독일 통일을 완수 할 것인가는 독일인 스스로가 결정해야 한다"라고 말하고, 이는 '범유럽 구상과 동·서관계 진전'과 연계되어야 한다고 강조.
1990. 2. 13.	콜 수상과 모드로 수상이 본 정상회담에서 화폐·경제 공동 체 형성을 위한 동·서독 협상을 즉시 개최하기로 합의. 이를 위한 공동위원회(위원장: 서독 재무차관 쾰러와 동독 재무 장관 롬베르크) 구성에 합의.
	나토–바르샤바 회원국이 오타와에서 'Open Sky'외상회담 을 개최. 미국·영국·프랑스·소련·동독·서독 외무장관 회담 에서 독일 통일의 외적 측면 해결을 위한 '2+4 외상회담' 개 최에 합의.
1990. 2. 14.	서독 정부가 동독 및 동베를린 지원(여행환 기금, 환경보호 사업, 국경통과소 증설, 의료 지원)을 위한 57억 마르크 추가 경정예산을 의결.
1990. 2. 19.	동독 '원탁회의'가 모드로 수상의 양독 정상회담 결과 보고 시 서독 기본법 제23조에 의한 동독으로의 마르크 관할권 확대에 반대.
1990. 2. 20.	화폐·경제 통합을 위한 양독 공동위원회 제1차 회의 개최 (동베를린).
1990. 2. 24.	미·독 캠프데이비드 정상회담 개최.
1990. 3. 1.	동독 정부가 재산권 문제에 관한 성명을 발표. 동독 시민의 재산권, 임대 및 이용권 보호를 천명하고, 제2차 대전 후 소련 점령 하에서 국제조약과 동독 법률 규정에 따른 소유권 관계 는 독일 통일 과정에서 문제시해서는 안 된다는 입장을 표명.
1990. 3. 5.	화폐·경제 통합을 위한 양독 공동위원회 제2차 회의 개최(본).

1990. 3. 6.	모드로 수상이 모스크바를 방문, 고르바초프와 정상회담 개최.
1990. 3. 9.	콜 수상이 '독일동맹'을 위한 선거 유세에서 신속한 화폐통합과 경제·사회공동체 형성을 주장.
	'2+4 회담'을 위한 동·서독 실무자회의 개최.
1990. 3. 12.	동독 원탁회의가 제16차 회담을 마지막으로 해체.
1990. 3. 13.	화폐·경제 통합 양독 공동위원회 제3차 회의 개최(베를린).
	콜 수상은 동독 총선 선거유세에서 화폐통합 시 동독 주민의 소액 저축을 1:1로 교환하겠다고 언급.
1990. 3. 14.	2+4 준비회담 개최(본).
1990. 3. 18.	동독 인민의회 총선거 실시. 투표율 93.38%, '독일동맹'이 48.1%를 획득하여 승리.
1990. 3. 20.	서독 정부·여당이 1990년 여름까지 동·서독 화폐·경제·사회 통합을 완성하기로 결정.
1990. 3. 21.	동독 '독일동맹' 대표들(드메지어, 에펠만, 에벨링)이 서독 기민/기사당 당수와 동독 정부 구성에 관해 협의(본).
1990. 3. 22.	서독 집권연정 당수회의에서 동독 신정부와 기본법 제23조에 의한 국가조약을 체결하기로 합의.
1990. 3. 25.	빌름스 서독 내독관계성 장관이 동독 총선 후 독일정책에 관해 연설. 동독 총선 결과를 토대로 동독의 신정부와 화폐·경제·사회 통합을 협상, 가까운 장래에 실현될 수 있을 것이라고 언급.
1990. 3. 27.	소련 정부가 동독의 재산권 문제에 대한 성명을 발표. 동독 정부의 3월 1일자 요청과 관련, 소련 정부는 '동·서독 화폐통합과 독일 통일로 동독의 소유권 관계의 합법성이 문제시되어서는 안된다'는 입장 표명.
1990. 4. 1.	독일 연방은행의 임금과 연금에 대한 2:1 교환 제안이 동독 주민들의 반발 촉발, 동독 정당들도 반대.
1990. 4. 12.	동독 인민의회가 드메지어를 동독 대연립 정부의 수상으로 선출. 동독 대연정은 화폐통합의 10개 중점 사항에 합의.
1990. 4. 16.	주동독 소련대사가 드메지어 수상 앞 비공식 서한을 통해 서독기본법 제23조에 의한 동독의 서독 편입에 반대의사 표명.

1990. 4. 19.	드메지어 수상이 동독의 민주적 새 출발과 독일 통일에 관한 정부 성명을 발표. 서독 기본법 제23조에 의거한 통일 실현을 위해 서독과 화폐·경제 통합 조약을 협의할 것이라고 밝힘.
1990. 4. 24.	동·서독 수상이 본에서 서독의 화폐통합(안)과 국가조약 체결 문제를 협의하고, 7월 1일 자로 동·서독 화폐·경제·사회 통합을 발효시키기로 합의.
1990. 4. 25.	양독 화폐통합 전문가 회의 개최(베를린).
1990. 4. 27.	양독 간 화폐·경제·사회 통합을 위한 첫 공식회담을 개최.
1990. 4. 28.	EC 특별 정상회담에서 독일 통일에 대한 찬성 성명 발표(더블린).
1990. 4. 30.	서독 하원의장과 동독 인민의회 의장이 양독의회 공동 '독일 통일위원회' 구성을 발표.
1990. 5. 2.	동·서독 정부가 화폐·경제·사회 통합에 관한 공동성명 발표.
1990. 5. 5.	제1차 '2+4 회담' 개최(본).
1990. 5. 6.	동독 최초의 자유 지방자체단체 선거 실시.
1990. 5. 10.	서독 연방하원이 의회 내 '독일통일위원회'를 발족.
1990. 5. 11.	롬베르크 동독 재무장관이 1990년 5월 31일 현재 동독의 대서방 외채 272억 마르크, 대내 채무 2,475억 마르크로 발표.
1990. 5. 12.	동·서독 화폐·경제·사회 통합조약 체결을 위한 양독 공동위원회 협상 종료.
1990. 5. 14.	동·서독 수상·재무장관 회담에서 화폐통합 조약(안) 최종 검토(베를린).
	텔칙, 콜 수상 보좌관이 모스크바를 방문, 고르바초프·리시코프 총리와 대소 차관 제공, 독·소 양자조약 문제 협의.
1990. 5. 16.	서독 연방 및 주 정부가 동독 지원을 위한 '독일 통일기금' 창설에 합의.
	베이커 미국무장관이 모스크바를 방문해 고르바초프, 셰바르드나제와 통일 독일의 나토 가입 문제 등을 협의.
1990. 5. 17.	콜 수상이 워싱턴을 방문, 미·독 정상회담을 개최.
	본에서 양독 재무장관 회담을 개최하고, 동·서독 화폐·경제·사회 통합에 관한 국가조약 체결을 위한 공식 협상을 종료.

1990. 5. 18.	양독 정부가 화폐통합조약(안)을 의결. 양독 수상 참석 하에 바이겔 서독 재무장관과 롬베르크 동독 재무장관이 국가조약에 서명(본).
1990. 5. 21.	동독 인민의회가 국가조약에 대한 제1차 독회를 가짐. 민사당[PDS] 및 동맹 90/녹색당은 반대의사 표명.
1990. 5. 22.	서독 연방하원도 국가조약에 대한 제1차 독회 실시.
1990. 5. 23.	서독 연방하원과 동독 인민의회가 '독일통일위원회'합동회의 개최(본).
1990. 5. 30.	동독 정부가 화폐통합 발효와 동시에 장벽으로 차단되었던 모든 도로 통행을 재개한다고 발표.
1990. 5. 31.	워싱턴과 캠프데이비드에서 미·소 정상회담이 개최, 통일 독일의 나토 가입 문제 등 논의.
1990. 6. 1.	동베를린에서 양독 외상회담을 개최하고, 전체 독일은 하나의 나토 회원국을 지향하되, 소련의 안보 이해를 고려할 것이라고 발표.
1990. 6. 6.	동·서독 환경공동위원회를 개최하고, 동독 환경보호법률을 의결.
1990. 6. 7.	드메지어 수상, 바르샤바 조약국 회의 참가, 고르바초프와 안보 문제 협의(모스크바).
1990. 6. 8.	콜 수상이 워싱턴에서 부시 대통령과 정상회담 개최. 미·영·프 전승 3개국은 콜 수상에게 1949년 5월 12일자 기본법에 대한 3개국의 유보조항 해지 통보.
1990. 6. 9.	제2차 '2+4 회담' 준비를 위한 동·서독 실무자회의 개최(동베를린).
1990. 6. 11.	드메지어 동독 수상이 워싱턴을 방문, 부시 대통령과 정상회담 개최.
1990. 6. 15.	동·서독 정부가 미해결 재산 문제 처리에 관한 공동성명을 발표.
1990. 6. 17.	드메지어 수상이 2일간 파리를 방문, 미테랑 대통령과 정상회담 개최. 드메지어 수상은 통일 독일의 나토 안보체제 귀속을 확인.

1990. 6. 20.	동·서독 의회가 '독일통일위원회' 합동회의에서 폴란드 서부 국경을 인정하고 통일 후 독·폴 간 조약 체결을 촉구하는 성명을 의결(동베를린).
1990. 6. 21.	서독 연방하원이 화폐·경제·사회 통합에 관한 국가조약을 제2, 3차 독회 후 가결(6월 22일, 연방상원 가결).
	콜 수상은 정부 성명을 통해, 동독의 사태발전 속도를 결정했고 또 앞으로 결정할 사람은 동독 주민들이며, 화폐·경제·사회 통합만이 동독 주민들에게 희망을 주고, 무너지는 동독경제를 부흥시킬 수 있다고 강조.
1990. 6. 22.	제2차 '2+4 회담' 개최(동베를린).
1990. 6. 29.	동독 인민의회가 화폐교환에 따른 투기방지법률, 법조정법률(환경법률 포함)을 의결.
	빌름스 내독관계성 장관은 내독 경계선 검문검색 폐지 및 화폐통합에 관한 성명 발표.
1990. 6. 30.	드메지어 수상이 화폐·경제·사회 통합조약 발효에 즈음한 TV 연설.
1990. 7. 1.	동·서독 화폐통합에 관한 국가조약 발효. 콜 수상은 TV 연설을 통해 서독경제는 8년 이상 계속 호황을 누리고 있어서, 통일이 가져오는 과제에 대비가 되어 있다고 언급.
	동독 이주민에 대한 긴급수용법 폐지.
1990. 7. 6.	나토 특별 정상회담(런던) 결과, 나토 핵전략 수정 등 공동선언 채택. 동·서독 통일조약 체결을 위한 제1차 협상 개최(동베를린).
1990. 7. 15.	드메지어 수상이 베를린을 통일 독일의 수도로 결정하는 것이 통일조약 서명의 전제조건이라고 언급.
1990. 7. 15.	콜 수상이 겐셔 외무·바이겔 재무 장관과 함께 모스크바를 방문, 독·소 정상회담 개최(16일 코카서스에서 정상회담). 통일 독일의 NATO 회원국 잔류·주권 보장, 소련군 철수 문제에 합의.
1990. 7. 17.	제3차 '2+4 회담' 개최(파리). 폴란드 외상도 참석, 독·폴 국경선을 확인하는 5개항 결의문 채택.

　　　　　　　　　　　　　　　　　　　브란덴부르크 비망록

1990. 7. 20.	동독 인민의회가 동독 5개주의 부활 법률을 의결(5개주는 1952년 SED에 의해 폐지).
1990. 7. 26.	동·서독 의회가 본에서 '독일통일위원회'합동회의를 개최하고, 1990년 12월 2일 단일 선거법으로 통일의회 총선거를 실시하기로 합의.
1990. 7. 30.	쇼이블레 서독 내무장관이 크라우제 수상실 차관과 전독 총선 선거법 조약 협상(동베를린).
1990. 8. 2.	쇼이블레와 크라우제가 양독 간 선거법 조약에 가서명(5% 제한 규정을 전독일에 적용).
1990. 8. 3.	드메지어 수상이 기자회견을 통해 동독의 통일의회 총선거일을 10월 14일로 앞당겨 실시하고 그 이전에 동독의회는 동독의 서독 연방 가입을 의결해야 한다고 밝힘.
1990. 8. 6.	통일조약 초안 완성.
1990. 8. 8.	서독 연방하원이 전독 총선 일자를 논의. 10월 14일 총선을 위해선 개헌이 필요했으나 야당인 사민당이 이를 거부하여 예정대로 12월 2일에 실시키로 확정.
1990. 8. 9.	동독 인민의회에서 선거법 조약이 2/3 찬성을 얻지 못해 부결되고, 선거법 조약 마지막 독회를 8월 23일로 연기. 동·서독은 통일의회 총선거일을 원래 예정대로 12월 2일에 실시하기로 합의.
1990. 8. 13	서독 대통령이 1990년 12월 2일을 총선거일로 공고.
1990. 8. 20.	선거법 조약에 서명. 8월 24일까지 통일조약 제3차 협상 개최(8월 24일 조약 초안 합의, 본). 쇼이블레 내무장관과 크라우제 차관은 선거법 조약에 서명.
1990. 8. 22.	동독 인민의회에서 선거법 조약 통과.
1990. 8. 23.	서독 연방하원에서 선거법 조약 가결. 동독 인민의회는 기본법 제23조에 따른 동독의 서독 연방가입을 의결.
1990. 8. 23.	바이겔 재무장관이 모스크바에서 동독 주둔 소련군의 철수에 관한 조약 협상 개시.
1990. 8. 28.	바이겔 연방재무장관과 주 재무장관들이 통일조약 관련 재

정균형화 문제에 합의.

1990. 8. 29.	콜 수상은 주정부 수상들과 통일조약 협의. 10월 3을 통일의 날로 제정, 공휴일로 결정.
1990. 8. 30.	통일조약 마지막 협상 개최(본). 콜 수상은 각주 수상 및 각 정당대표, 원내의장과 회담.
1990. 8. 31.	쇼이블레 서독 내무장관과 크라우제 동독 수상실 차관 통일 조약에 가서명(동베를린). 동·서독 내각 인준, 오후에 동베를린 황태자 궁전에서 서명.
1990. 9. 3.	바이겔 서독 내무장관이 소련 부수상 겸 대외경제위원회 장관 시타럔과 제2차 소련군 철군 조약 협상 개최(본).
1990. 9. 5.	서독 연방하원에서 통일조약에 대한 제1차 독회 실시(9월 20일 제2, 3차 독회).
1990. 9. 6.	동독 인민의회에서 통일조약에 관한 제1차 독회 실시.
1990. 9. 10.	동·서독 통일조약 협상대표단이 통일조약에 첨부할 양독 간 보충합의문 초안 준비.
1990. 9. 12.	제4차 '2+4 회담' 종결(모스크바). '독일 관련 최종 처리에 관한 조약'(2+4 조약) 서명. 콜 수상은 회담 종결에 대한 성명 발표.
1990. 9. 13.	독·소 외상이 선린우호와 협력에 관한 조약에 가서명(모스크바).
1990. 9. 18.	동·서독 내각이 보충합의문(서독과 동독 간에 8월 31일 서명한 통일조약 시행과 운영에 관한 합의문)을 의결.
1990. 9. 20.	서독 연방하원 및 동독 인민의회에서 통일조약 가결.
1990. 9. 23.	연방대통령이 통일조약 비준.
1990. 9. 28.	통일조약이 연방 법령집에 공식적으로 공표(9월 29일 발효).
1990. 9. 29.	연방헌법재판소가 통일의회 첫 총선거에 한해서 정당의 5% 제한 규정이 분리 적용될 수 있다고 판결.
1990. 10. 1.	유럽안보협력회의(CSCE) 뉴욕 외상회담에 '2+4 회담' 결과 보고. 4대 전승국은 베를린과 독일 전체에 관한 그들의 권한과 책임이 통일 시점부터 '2+4 조약' 발효 시까지 중단된다는 요지의 성명을 발표.

1990. 10. 2.	동독 법령집에 통일조약 공표.
	동베를린 주재 서독 상주대표단 폐쇄.
	동독 정부 주최 통일축하행사 개최(오후 9시 베를린 연극회 관). 콜 수상과 드메지어 수상 TV 연설.
1990. 10. 3.	독일 통일 달성. 서독 기본법 제23조에 의거 동독이 독일연방 공화국에 편입. 독일 통일 기념예배(베를린 마리엔 교회) 및 통일 기념식(베를린 필하모니 오케스트라) 개최.
	콜 수상은 우방국 정부에 보내는 메시지를 통해 독일의 자결권을 지지하고 독일 통일의 길을 열어준 모든 국가에 독일국민의 이름으로 감사 표명.

참고 문헌

국내 문헌

단행본

김영탁. 『독일 통일과 동독재건과정』. 서울: 한울아카데미. 1997.

김원식·베르너 푸쉬라 공편. 『통일독일의 사회경제적 변화』. 서울: 후리드리히 에베르트 재단. 1992.

김원식·베르너 푸쉬라 공편. 『통독의 경제적 평가와 한반도 통일』. 서울: 후리드리히 에베르트 재단·대외경제정책연구원. 1993.

김종영 역. 에르빈 카 쇼이히·우테 쇼이히 공저. 『독일 통일의 배경』. 서울: 종로서적. 1992.

김주빈 역. 헬무트 콜 저. 『나는 조국의 통일을 원했다』. 서울: 해냄. 1998.

김준한·최신림·이윤·이훈·손상익. 『독일경제통합의 추진시책과 시사점』. 산업연구원. 1992.

박성조·양성철 공저. 『독일 통일과 분단한국』. 서울: 경남대학교 극동문제연구소. 1991.

박웅격 역. 로타 드메지어 저. 『독일 통일 변호사』. 서울: 백산자료원, 2001.

박재영. 『국제정치 패러다임』. 서울: 법문사. 1996.

서병철. 『공산권 붕괴와 독일의 통일』. 서울: 계축문화사. 1991.

손상하 역. 안드레아스 힐구루버 저. 『독일현대사 1945-1986』. 서울: 까치. 1991.

안두순·안석교·Peter Mayer 편저. 『사회적 시장경제: 독일의 경험과 한국에 주는 교훈』. 프리드리히 에베르트 재단 주한 협력사무소. 1999.

염돈재. 『독일통일의 과정과 교훈』. 서울: 평화문제연구소. 2010.

오정환 역. 엘리자베스 폰드 저. 『장벽을 넘어서』. 서울: (주)한국논단. 1994.

윤여덕 역. 호르스트 텔칙 저. 『329일: 독일 통일의 기적을 만든 결정적 순간들』. 서울: (주)한독산학협동단지. 2007.

이용필·임혁백·양성철·신명순. 『남북한통합론: 이론적 및 경험적 연구』. 서울:

인간사랑. 1992.

전태국.『국가사회주의의 몰락: 독일 통일과 동구변혁』. 서울: 한울 아카데미. 1998.

정지웅. "독일 통일의 통합이론적 접근: 기능주의에서 신기능주의로."「통일경제」. 제46호. 현대경제연구원. 1998. 10.

한우창 역. 볼프강 쇼이블레 저.『나는 어떻게 통일을 흥정했나』. 서울: 동아일보사. 1992.

허선 역. 호르스트 지버트 저.『통일 그리고 경제의 모험』. 서울: 을유문화사. 1993.

허선 역. 헬무트 슈미트 저.『이웃에서 동반자로』. 서울: 매일경제신문사. 1994.

황성모.『통일 독일 현장연구』. 서울: 도서출판 일념. 1990.

연구논문

김용구·박성훈. "통일 이후 동독경제의 산업구조 변화 연구."대외정책경제연구원. 정책연구 94-15. 1994년 12월.

김학성. "독일의 통일문제와 국제정치."『통일정책연구』. 제11권 제1호. 2002년 7월.

배진영. "통독 1년의 경제적 평가와 전망." 대외정책경제연구원. 정책연구 92-3. 1992년 3월.

유복근 번역. "2+4: 독일 통일의 교훈." Robert B. Zoellick 저. "Two Plus Four: The Lessons of German Unification." 외교통상부 조약국.『국제법 동향과 실무』. 통권 제11호. 2005.

정부간행물 및 기타 자료

경수로사업지원기획단.『KEDO 경수로사업지원백서』. 서울: 경수로사업지원기획단. 2007.

국토통일원.『독일 통일의 전개과정』. 국토통일원. 1990.

대한상공회의소.『동구권의 변화와 사회주의경제의 시장경제화 과정 연구』. 대한상공회의소. 1991.

법제처. 『독일 통일관계법 연구』. 법제처. 1991.

_____. 『독일 통일관계법 연구 II』. 법제처. 1992.

재무부. 『독일 통일관련 자료집 II』. 1991.

주독 한국대사관. 『독일 분단으로부터 통일까지 약사』. 주독 한국대사관. 1991.

주독 한국대사관. 『독일 통일백서』. 주독 한국대사관. 1994.

_____. 『독일 통일소사전』. 주독 한국대사관. 1992.

_____. 『동·서독 교류협력 사례집』. 주독 한국대사관. 1993.

_____. 『동·서독 화폐통합』. 주독 한국대사관. 1993.

통일대비정책연수단. 『동·서독 통일 과정과 통합실태』. 통일부. 1993.

통일원. 『동독 붕괴와 서독 정부의 조치』. 통일원. 1994.

_____. 『10년간의 독일정책 : 1969~79년간 동·서독관계발전 중심』. 통일원. 1992.

국외 문헌

영문 문헌

Ash, Timothy Garton. *In Europe's Name: Germany and the Divided Continent.* London: Jonathan Cape. 1993.

Bush, George and Scowcroft, Brent. *A World Transformed.* New York: Alfred A. Knopf. 1998.

Dieter, Grosser. Ed. *German Unification: the Unexpected Challenge.* Ann Arbor: Edwards Brothers, Inc.. 1992.

Dougherty, James E. and Pfaltzgraff, Robert L. Jr.. *Contending Theories of International Relations: A Comprehensive Survey.* Fifth Edition. New York: Longman. 2001.

_____ *Contending Theories of International Relations: A Comprehensive Survey.* Third Edition. New York: Harper & Row Publishers. 1990.

Hancock, M. Donald and Welsch, Helga A. Ed. *German Unification:*

Process & Outcomes. Boulder: Westview Press. 1994.

Jarausch, Konrad H. *The Rush to German Unity*. Oxford: Oxford University Press. 1994.

McAdams, A. James. *Germany Divided: From the Wall to Reunification*. New Jersey: Princeton University Press. 1993.

Merkl, Peter H. *German Unification in the European Context*. University Park, PA: Pennsylvania State University Press. 1993.

Oberdorfer, Don. *The Turn: How the Cold War Came to an End, The United States and the Soviet Union, 1983-1990*. London: Janathan Cape. 1992.

Pentland, Charles. *International Theory and European Integration*. London: Faber and Faber Ltd.. 1973.

Plock, Ernest D. *East German-West German Relations and the Fall of the GDR*. Boulder: Westview Press. 1993.

Sinn, Gerlinde and Sinn, Hans-Werner. *Jumpstart: The Economic Unification of Germany*. Cambridge, MA: MIT Press, 1992.

Szabo, Stephen F. *The Diplomacy of German Unification*. New York: St. Martin's Press. 1992.

Thatcher, Margaret. *The Downing Street Years*. New York: Harper Collins. 1993.

Zelikow, Philip and Rice, Condoleezza. *Germany Unified and Europe Transformed: A Study in Statecraft*. Cambridge, MA: Harvard University Press. 1995.

독문 문헌

Bahr, Egon. *Sicherheit für und vor Deutschland: Vom Wandel durch Annäherung zur Europäischen Sicherheitsgemeinschaft*. München: Carl Hanser Verlag. 1991.

Dieter, Grosser und Bierling, *Stephan Kurz. Die sieben Mythen der Wiedervereinigung*. München: Ehrenwirth Verlag. 1991.

Horn, Gyula. *Freiheit die ich meine: Erinnerungen des ungarischen*

Aussenministers, der den Eisernen Vorhang öffnnete. Hamburg: Hoffmann & Campe. 1991.

Jesse, Eckhard und Mitter, Armin (Hrsg.). Die Gestaltung der deutschen Einheit: Geschichte-Politik-Gesellschaft. Bonn: Bundeszentrale für politische Bildung. 1992.

Kiessler, Richard und Elbe, Frank. Ein runder Tisch mit scharfen Ecken: Der diplomatische Weg zur deutschen Einheit. Baden-Baden: Nomos Verlagsgesellschaft. 1993.

Korte, Karl-Rudolf. Die Chance genützt?: Die politik zur Einheit Deutschlands. Frankfurt/Main: Campus Verlag. 1994.

Krumrey, Henning. Aufschwung Ost: Märchen oder Modell. Frankfurt: Fischer Taschenbuch Verlag. 1992.

Priewe, Jahn und Hickel, Rudolf. Preis der Einheit: Bilanz und Perspektiven der deutschen Vereinigung. Frankfurt: Fischer Taschenbuch Verlag GmbH. 1991.

Schabowski, Günter. Das Politbüro: Ende eines Mythos, Eine Befragung. Reinbek bei Hamburg: Rowohlt. 1991.

Schäuble, Wolfgang. Der Vertrag: Wie ich über die deutsche Einheit verhandelte. Bonn: Deutsche Verlags-Anstalt. 1991.

Siebert, Horst. Das Wagnis der Einheit: Eine wirtschafts-politische Therapie. Stuttgart: Deutsche Verlags-Anstalt. 1992.

Teltschik, Horst. 329 Tage: Innenansichten der Einigung. Berlin: Siedler Verlag GmbH. 1991.

Waigel, Theo und Schell, Manfred. Tage, die Deutschland und die Welt veränderten: Vom Mauerfall zum Kaukasus, Die deutsche Währunsunion. München: Ferenczy bei Bruckmann. 1994.

Weidenfeld, Werner und Korte, Karl-Rudolf (Hrsg.). Handwörterbuch zur deutschen Einheit. Frankfurt: Bundeszerntrale für politische Bildung. 1993.

영문 논문

Akerlof, George A., *et. al.* "East Germany in from the Cold: The Economic Aftermath of Currency Union." William C. Brainard and George L. Perry. Ed.. *Brookings Papers on Economic Activity. 1/1991*. Washington. DC: Brookings Institution. 1991.

Bofinger, Peter. "The German Monetary Unification (GMU): Converting Marks to D-Mark," *Federal Reserve Bank of St. Louise Review*. July/August. 1990.

Dornbusch, Rudiger and Wolf, Holger. "Economic Transition in Eastern Germany." *Brookings Papers on Economic Activity*. 1/1992. Washington. DC: Brookings Institution.

Lange, Wilhelm and Nagelschmitz, Helmut. "Events in Germany between 9 November 1989 and 18 March 1990: From the day the Berlin Wall was opened to the first free elections in the GDR". *Special Report. Inter Nationes Press*. SO 3 - 1990.

Lange, Wilhelm. "Bonn pursues early unification of Germany: From the elections for East Germany's Volkskammer on 18 march to the signing of the Treaty on Monetary, Economic and Social Union on 18 may 1990." *Special Report. Inter Nationes Press*. SO 5 - 1990.

Ramet, Pedro. "Church and Peace in the GDR". *Problems of Communism*. 1984년 7~8월호.

Schneider-Deters, Winfried. "Mental Problems of National Reunifica-tion-German Experiences." 국제학술회의 발표 논문. 서울. 1994년 12월 12~13일.

독문 논문

Dönhoff, Marion Gräfin. "Der richtige Weg: Schritt um Schritt." *Die Zeit*. 1992년 2월 21일.

Gorbachev, Michael. "Geheimprotokolle gab es nicht." *Der Spiegel*. 1994년 9월 5일.

Köhler, Anne. "Ist die Übersiedlerwelle noch zu stoppen?: Ursachen – Erfahrungen – Perspektiven." *Deutschland Archiv*. 1990년 3월호.

Kohl, Helmut. "Es verschlug mir die Sprache." *Der Spiegel*. 40/1996 (1996년 9월 30일).

Templin, Wolfgang. "Das schlechte Vorbild der Anpassung." *Die Zeit*. 1992년 3월 13일.

Voigt, Dieter und Beritz-Demiriz, Hannelore und Meck, Sabine. "Die innerdeutsche Wanderung und der Vereinigunsprozess." *Deutschland Archiv*. 1990년 5월호.

Wendt, Harmut. "Die deutschen-deutschen Wanderungen." *Deutschland Archiv*. 1991년 4월호.

독문 정부간행물 및 기타 자료

Auswäritiges Amt. *"2+4": Die Verhandlungen über die äusseren Aspekte der Herstellung der deutschen Einheit*. Eine Dokumentation. 1991.

Bundesministerium des Innern. *Jahresbericht der Bundesregierung zum Stand der Deutschen Einheit 2010*. Berlin. 2010.

Bundesministerium für innerdeutsche Beziehungen. *Texte zur Deutschlandpolitik*. Reihe III/Band 7–1989.

Bundesministerium für innerdeutsche Beziehungen. *Texte zur Deutschlandpolitik*. Reihe III/Band 8a–1990.

Bundesministerium für innerdeutsche Beziehungen. *Texte zur Deutschlandpolitik*. Reihe III/Band 8b–1990.

Deutscher Bundestag. *Materianlien zur Deutschen Einheit und zum Aufbau in den neuen Bundesländern*. 12 Wahlperiode. Drucksache 12/6854. 1994.2.8.

Ingo von Münich (Hrsg.), *Dokumente des geteilten Deutschland*. Stuttgart: Alfred Kröner Verlag. 1976.

Press– und Informationsamt der Bundesregierung. *Pressemitteilung*. Nr. 327/94. 1994년 9월 2일.

Press- und Informationsamt der Bundesregierung. *Vier Jahre Deutsche Einheit*. 1994.

Press- und Informationsamt der Bundesregierung, Deutschland: *Von der Teilung zur Einheit*, 1994.

001 티어제[Wolfgang Thierse] 전 독일 연방하원 의장(당시 사민당 부당수) 면담, 본[Bonn], 1995년 3월 8일. 그는 동독 출신으로 1989년 10월 '노이에스 포럼'에 가입하였으며, 1990년 6월 동독 사민당 당수가 되었다. 통일 후 사민당 부당수로 선출되었으며, 2008년부터 하원의장을 맡았다.

002 벤트만[Jörg Bentmann] 독일내무성 신연방주 담당 국장, "독일 통일의 과정," 통일연구원-한스자이델 재단 국제학술회의 발표자료, 서울, 2010년 10월 5일.

003 도비예[Bukhard Dobiey] 전 내독성 차관보(정책실장) 면담, 본, 1994년 10월 24일.

004 "발에 의한 결정"이란 표현은 콜 수상이 1989년 9월 5일 연방하원 연설에서 처음 사용했다. Helmut Kohl, "Zum Problem der Übersiedler und Flüchtlinge," Bundersministerium für innerdeutsche Beziehungen, *Texte zur Deut-schlandpolitik*, Reihe III/Band 7, 1989, p. 229.

005 티어제 전 연방하원 의장 면담, 본, 1995년 3월 8일.

006 티어제 전 연방하원 의장 면담, 본, 1995년 3월 8일.

007 Elizabeth Pond, *Beyond the Wall: Germany's Road to Unification* (Washington, DC: The Brookings Institution, 1993), p. 96, Gyula Horn, *Freiheit, Die ich meine: Erinnerungen des ungarischen Aussenministers, der den Eisernen Vorhang öffnete* (Hamburg: Hofmann und Campe, 1991), p. 318. 그러나 차관 규모가 5억 마르크라는 주장도 있다. Philip Zelikow and Condoleezza Rice, *Germany Unified and Europe Transformed: A Study in Statecraft* (Cambridge, MA: Harvard University Press, 1995), p. 68.

008 도비예 전 내독성 차관보 면담, 본, 1994년 10월 24일.

009 슈테른[Ernst Günter Stern] 전 연방수상실 독일정책국장 면담, 본, 1995년 5월 22일.

010 드메지어 구동독 총리, 권오기 통일 부총리 면담, 서울 통일부, 1996년 4월 10일.

011 피셔[Dr. Benno Fischer] 프리드리히에버트재단 교수 면담, 본, 1995년 3월 6일.

012 크리스토프 빌렙[Christoph Wielepp] 에버트재단 드레스덴 지부장 면담, 드레스덴, 1995년 5월 16일.

013 뮐러 라이프치히 부시장(전 라이프치히대학 신학대 강사) 면담, 라이프치히, 1994년 12월 1일. 이 자리에는 라이프치히 사민당 사무장 디케[Dicke] 씨도 참석했다.

014 티어제 전 하원의장 면담, 본, 1995년 3월 8일.

015 도비예 차관보 면담, 본, 1994년 10월 20일.

016 비머[Wolfgang Wiemer] 사민당 사무국장 면담, 본, 1995년 3월 9일.

017 밀케[Erich Mielke] 전 동독 국가보위부장의 〈슈피겔〉지 대담, *Der Spiegel*, 1992년 8월 31일.

018 도비예 차관보, 염돈재 주독대사관 공사 면담, 본, 1991년 10월 28일.

019 동독 지도부는 소련의 반대뿐만 아니라 서독과의 경제적 관계에 미칠 영향을 두려워했다. Stephen F. Szabo, *The Diplomacy of German Unification* (New York: St. Martin's Press, 1992), p. 15.

020 티어제 전 연방하원 의장 면담, 본, 1995년 3월 8일.

021 케어부쉬 에버트재단 부장 면담, 본, 1995년 3월 1일.

022 콜 수상의 1993년 11월 3~5일 연방하원 '구동독 과거청산특별위원회' 공청회 증언. 주독대사관 번역자료, 번100-73.

023 티어제 전 하원의장 면담, 본, 1995년 3월 8일.

024 1989년 서독 이주자는 7월 1만 1,700명, 8월 2만 1,000명, 9월 3만 3,300명, 10월 5만 7,000명, 11월 13만 3,400명이었다. Konrad H. Jarausch, *The Rush to German Unity* (New York, Oxford: Oxford University Press, 1994), p. 62.

025 1985년 6월 8일 바이체커 대통령이 한 교회 집회 연설에서, James McAdams, *Germany Divided: From the Wall to Reunification* (New Jersey: Princeton University Press, 1993), p. 206.

026 추후에 고르바초프는 "소련과 폴란드, 헝가리의 경험에 비추어 볼 때 당

이 생활의 변화에 대응하지 못하면 비난을 받을 수밖에 없다"라는 뜻으로 얘기한 것으로 알려진 만큼 그렇게 위협적인 것은 아니었으며, 전반적으로 사회주의 진영에 대한 동독의 중요성을 강조한 차원으로 해석되기도 한다. Zelikow and Rice, op. cit., p. 84.

027 티어제 전 하원의장 면담, 본, 1995년 3월 8일.

028 람바흐[Dr. Lambach] 외무성 과장 면담, 1995년 3월 16일.

029 밀케 국가보위부 부장은 이들 정치국원이 호네커의 통치 방식에 불만을 품고 있었지만 이들에게는 문제점을 제기할 만한 용기가 없었다고 회고했다. 밀케 〈슈피겔〉 지 대담, *Der Spiegel*, 1992년 8월 31일.

030 슈나이더-데터스[Schneider-Deters] 국장 면담, 라이프치히, 1994년 12월 1일.

031 주독대사관, 『숫자로 본 독일 통일』, p. 96.

032 연도별 이주민 수는 84년 4만 1,000명, 85년 2만 5,000명, 86년 2만 6,000명, 87년 1만 9,000명, 88년 4만 명이었다. 주독대사관, 『독일통일소사전』, pp. 441~442.

033 티어제 전 하원의장 면담, 본, 1995년 3월 8일.

034 프리스니츠[Dr. Walter Priesnitz] 전 내독성 차관 면담, 본, 1995년 7월 6일.

035 도비예 차관보 면담, 본, 1994년 10월 28일.

036 몸퍼 전 베를린 시장 면담, 베를린, 1995년 4월 4일.

037 슈테른 연방수상실 국장 면담, 본, 1994년 10월 13일.

038 김주일 역, 헬무트 콜 저, 『나는 조국의 통일을 원했다(*Ich Wollte Deutschlands Einheit*)』(서울: 해냄, 1998), pp. 121~122.

039 『앞의 책』, p. 128. 콜 수상은 국가연합적 구조가 5년 정도 소요될 것으로 보았는데 이전까지의 기대에 비하면 짧은 시간이었지만 역사가 급속히 진행되는 속도에 비하면 긴 기간이었다. Pond, op. cit., p. 204.

040 슈테른 국장 면담, 본, 1995년 4월 27일.

041 도비예 차관보 면담, 본, 1994년 10월 20일.

042 슈테른 국장 면담, 본, 1994년 10월 13일. 1995년 4월 27일.

043 2월 3일 다보스 포럼에서 콜 수상과의 회담에서 다른 선택의 여지가 없었다고 말했다. Horst Teltschik, *329 Tage: Innenansichten der*

Einigung (Berlin: Siedler Verlag GmbH., 1991), p. 126.

044 프리스니츠 내무성 차관(통일 전 내독성 차관) 면담, 본, 1995년 7월 6일.

045 슈테른 국장 면담, 본, 1995년 4월 27일.

046 월별 이주민 숫자는 10월 5만 7,000명, 11월 13만 3,000명, 12월 4만 3,000명, 1990년 1월 7만 4,000명이었다. Theo Waigel und Manfred Schell, *Tage, die Deutschland und die Welt veränderten: Vom Mauerfall zum Kaukasus, Die deutsche Währungsunion* (München: Ferenczy bei Bruckmann, 1994), p. 165.

047 드메지어 전 동독 수상, 권오기 통일 부총리 면담, 서울 통일부, 1996년 4월 10일.

048 티어제 전 연방하원 의장 면담, 본, 1995년 3월 8일.

049 1989년 국민소득 40억 마르크 감소, 1989년 4/4분기 중 하루 평균 생산이 1/4분기 대비 4,000만 마르크 감소했다.

050 슈테른 국장 면담, 본, 1995년 4월 27일. 12월 7일 ADN 통신은 민간인이 동독군과 소련군의 군사시설을 침공했다는 과장된 보도를 했으며, 모드로 수상은 하루에 20여건의 폭탄 위협이 발생했다고 말했다. Pond, *op. cit.*, p. 214.

051 프리스니츠 전 내독성 차관 면담, 본, 1995년 7월 6일.

052 슈테른 국장 면담, 본, 1994년 10월 13일. 리가초프는 2월 7일 소련 공산당 중앙위원회 전체회의에서 (서독이) 동독을 집어삼킬 위험이 임박했다고 말하면서 거대한 경제 및 군사적 잠재력을 가진 독일과 "전후 국경의 재검토"등에 대해 경고했다. Teltschik, *op. cit.*, p. 133.

053 콜 수상은 통일 과정의 성공적 추진을 위한 세 가지 전제조건으로 첫째, 고르바초프가 실패해서는 안 되며, 둘째, 폴란드와 헝가리 상황의 안정화, 셋째, 동독 자유선거 실시를 들었다. Teltschik, *op. cit.*, p. 77, 101.

054 프리스니츠 전 내독성 차관 면담, 본, 1995년 7월 6일.

055 미·독 정상회담(1990년 2월 24~25일, 캠프데이비드)에서 콜 수상은 동독 모드로 정권의 와해와 신뢰 상실, 동독 핵심인력의 서독 이주, 동독 주민의 서독마르크화 요구 등으로 인해 정책을 수정하여 화폐통합을 추진하기로 결정했다고 부시 대통령에게 설명했다. George Bush and Brent Scowcroft, *A World Transformed* (New York: Alfred A.

Knopf, 1998), p. 251.

056 프리드만[Dr. Willy Friedmann] 연방은행 대외경제 국장 면담, 프랑크
푸르트 연방은행, 1995년 5월 31일.

057 당시 서독 근로자의 월평균임금과 동독 근로자의 임금은 양독화폐의
환율을 감안할 경우 명목상 8~9대 1 정도였다. 법제처, 『독일 통일관계
법 연구』, 1991, p. 72.

058 콜 수상은 연방각의가 화폐통합 추진을 결정한 다음날인 2월 8일 화폐
통합의 대안은 동독 사람들이 모두 이주하여 동독이 붕괴되는 것이라
고 말했다. Teltschik, op. cit., p. 132.

059 주독대사관, 『동서독 화폐통합』, p. 107. 서독마르크의 조속한 도입
은 모든 동독 정당 내에서도 찬성의 백분율이 90% 이상이었으며, 민
사당도 2/3가 찬성했다. 김종영 역, 에르빈·우테 쇼이히 공저, 『독일
통일의 배경』(Wie Deutsch Sind Die Deutschen?) (서울: 종로서적,
1992), p. 296.

060 1990년 2월 26일 〈슈피겔〉 지와의 인터뷰에서 푀엘 연방은행장은 자
신은 단계적 통합방안을 선호하지만 화폐통합의 실시 시기는 정치적인
문제로서, 연방수상은 동독 사태의 심각성 때문에 그러한(동시적 통합)
제안을 하지 않을 수 없었던 것으로 판단하였을 것이라고 말했다. 주독
대사관, 『동서독 화폐통합』, p. 153.

061 도비예 전 내독성 차관보 면담, 본, 1994년 10월 24일.

062 10단계의 내용은 다음과 같다; 1단계 가격 및 시장 개혁, 2단계 재정 및
세제 개혁, 3단계 대외교역 자유화 및 대외교역 독점 폐지, 4단계 외환
규제 폐지 및 단계적 태환 실시, 5단계 현실적 환율제도 도입, 6단계 금
융제도 개혁, 7단계 통화량의 엄격한 통제, 8단계 자본형성 조건 개선, 9
단계 동독마르크화의 환율 안정, 10단계 화폐통합. Waigel und Schell,
op. cit., pp. 174~182.

063 서독측 협상 대표단장은 티트마이어 연방은행 이사(전 재무차관, 후에
연방은행 총재), 동독측 단장은 크라우제 수상실 정무차관(통독 후 교통
장관 역임)이 맡았다.

064 국가조약에서는 전문과 제1조에서 사회적 시장경제 도입을 규정했다.
사회적 시장경제는 경제정책을 자유시장 경제와 사기업에 맡겨 시장경

제력이 주축을 이루도록 하는 한편, 시장경제의 결과로 나타날 수 있는 사회적 불평등을 축소·제거하는 데 초점을 맞추고 있는 경제체제라고 할 수 있다. 이용필·임혁백·양성철·신명순, 『남북한통합론: 이론적 및 경험적 연구』(서울: 인간사랑, 1992). p. 108.

065 이하 화폐 통합에 관한 주요 내용은 필자가 주독일대사관 근무 시에 쓴 『동서독 화폐 통합』 책자를 참고하였다.

066 쾨니히[Dr. Reiner König] 독일 연방은행 국민경제국장 면담, 프랑크푸르트 연방은행, 1995년 5월 31일.

067 프리드만 연방은행 대외경제국장 면담, 연방은행, 1995년 5월 31일.

068 독일 5대 경제연구소는 독일경제연구소(베를린), 킬[Kiel]경제연구소(킬), 할레[Halle]경제연구소(할레), 함부르크 경제연구소(함부르크), 이포[Ifo]경제연구소(뮌헨)이다.

069 1990년 6월 기준 서독의 금리수준은 재할인율이 연 6%, 롬바르트 금리가 연 8%였다.

070 화폐교환 실시에 대비하여 동독은 차액보전기금을 신설했다. 이 기금은 화폐교환으로 인해 은행과 무역업체에 발생되는 부채나 자산상의 조정항목에 대해 채무자나 채권자의 역할을 한다. 차액보전 청구금액에 대해 연방은행 보고서는 약 570억 마르크, 연방은행 자문위원회는 500~1,000억 마르크로 추정했다. 주독대사관, 『동서독 화폐통합』, p. 78, 199.

071 동독마르크는 실제 가치면에서 약 3배, 생산성면에서는 약 2배 상승했다, Jahn Priewe und Rudolf Hickel, *Preis der Einheit: Bilanz und Perspektiven der deutschen Vereinigung* (Frankfurt: Fischer Taschenbuch Verlag GmbH, 1991), p. 58. 주독대사관, 『동서독 화폐통합』, p. 121.

072 프리스니츠 내무성 차관 면담, 본, 1995년 7월 6일.

073 한켈[Wilhelm Hankel] 프랑크푸르트 대학 교수 면담, 본, 1995년 3월 7일.

074 뤼루프[Bert Rürup] 다름슈타트 대학 교수 면담, 본, 1995년 5월 29일.

075 쾨니히 국장 면담, 연방은행, 1995년 5월 31일.

076 쾨니히 국장 면담, 연방은행, 1995년 5월 31일.

077 베셀[Bernd Wessel] 연방은행 관리실장 면담, 연방은행, 1995년 5월 31일.

078 쿠비체크[Wolfgang Kubiczek] 브란덴부르크 주 구조조정 및 고용촉진 공사 사장 면담, 포츠담, 1995년 5월 4일.

079 피셔 교수 면담, 본, 1995년 3월 6일. 기계가 1시간 서 있었다고 응답한 사람도 15%, 1~2시간으로 응답한 사람도 22%나 되었다.

080 빌헬름 폴테[Wilhelm Polte] 마그데부르크 시장 면담, 작센-안할트주 마그데부르크, 1995년 3월 30일.

081 연방통계청 자료에 의하면 월평균 반출액은 식료품 6억 5,100만 마르크, 투자재 9억 7,200만 마르크, 소비재 2억 2,400만 마르크에 달했다.

082 1993년 5월에 의회를 통과한 연방재정건실화 법안에 의거 채무청산기금은 1995년 1월 1일부터 운용되는 구채무변제기금으로 이전되었다.

083 독일신용은행의 대차대조표상 청산해야 할 동독 기업의 과거 부채는 1,150억 마르크 정도였다. 구동독 기업체가 진 부채와 관련된 일반 신용은행, 국립은행, 신탁청 간의 관계는 Priewe und Hickel, *op. cit*, pp. 101~105 참고. 주독대사관, 『동서독 화폐통합』, pp. 170~174.

084 한켈 교수 면담, 본, 1995년 3월 7일.

085 중앙 원탁회의 산하 신헌법기초위원회가 헌법안을 마련해 1990년 4월 5일 인민의회에 상정하였으나, 서독 편입 방침에 따라 신헌법이 필요 없다는 다수 의견(197 대 167)이 반영되어 부결되었다.

086 티어제 전 하원의장 면담, 본, 1995년 3월 8일.

087 티어제 전 하원의장 면담. 티어제 씨도 3월 18일 총선에서 의원으로 당선되었다.

088 도비예 차관보 면담, 본, 1994년 10월 24일.

089 백경남, 『독일, 분단에서 통일까지』(서울: 도서출판 강천, 1991), pp. 240~241.

090 동독 내에 언론검열이 없어지고 주민들이 그들의 불만을 자유롭게 얘기할 수 있게 되자, 동독 아파트의 1/5은 사람이 살 수 없고, 물은 1/5이 먹을 수 없으며, 아황산가스에 의한 공기 오염은 서독의 5배이며, 동베를린의 쇠네펠트 공항은 마약 밀수의 중심지이며, 동독은 서독에서 도망친 테러리스트들의 피난처였다는 등의 사실들이 밝혀졌다.

091 케어부쉬 국장 면담, 본, 1995년 3월 1일.

092 동독의회는 7월 22일 동독 공산정권이 1952년에 폐지한 5개주를 다시 구성하는 법안을 통과시켰다. 독일에서는 이를 신연방주[Neue Länder]라 부른다. Press- und Informationsamt der Bundesregierung, Deutschland: Von der Teilung zur Einheit, 1994, p. 130.

093 다만, 양독 간의 법체계가 서로 달라 이를 조화시키기 위해 동독 법률의 일부는 1992년 또는 1994년말까지 과도기적으로 유지되었다.

094 기본법 제79조는 기본법 개정을 위한 법률은 연방의회 의원의 2/3 이상의 찬성이 필요하다고 규정하고 있으며, 제59조는 연방의 입법사항에 관계되는 조약은 연방법률의 형식으로 체결된다고 규정하고 있기 때문이다. 법제처, 『독일 통일관계법 연구』, 1991, pp. 86~87.

095 내각의 '독일통일위원회'는 1990년 2월 7일 동독과의 화폐통합 협상을 개시하기로 하고 관계부처 간 협의를 위해 구성된 협의기구로 위원장은 콜 연방수상이었다.

096 한우창 역, 볼프강 쇼이블레 저, 『나는 어떻게 통일을 흥정했나』(서울: 동아일보사, 1992), p. 143.

097 『앞의 책』, p. 159.

098 조약의 완전한 명칭은 '독일 통일 달성에 관한 독일연방공화국과 독일민주공화국 간의 조약'이다.

099 낙태법에 관한 논쟁은 8월 30일 통일조약 협상 종결 직전까지 계속되었다. 결국 기민당과 기사당은 당수회담을 통해 서독의 원칙적 낙태금지 규정과 동독의 시한부 낙태허용 규정을 당분간(2년 내에 통일의회의 새 규정 제정 시까지) 병존시키는 절충안에 합의했다(통일조약 제31조 제4항).

100 통일조약 제7조(재정) 제3항, 제5항. 1995년부터 2004년까지 연방정부는 '연대협약I'을 통해 동독 지역에 1조 유로를 지원했으며, 2005년부터 2019년까지 '연대협약II'를 통해 지원하고 있다.

101 뤼루프 교수 면담, 본, 1995년 5월 29일.

102 뤼루프 교수 제공자료.

103 연방주의 이론에 대해서는 박재영, 『국제정치 패러다임』(서울: 법문사, 1996), p. 318참조.

104 이 숫자는 3월 동독 인민의회 선거에서 선출된 의원의 1/3 정도에 불과하다.

105 당원 규모는 서독은 65만 명, 동독은 약 20만 명이었다.

106 로갈[Cornelia Rogall] 내무성 의회선거법/정당법제 과장 면담, 본, 1995년 5월 3일.

107 바이글[Peter Weigl] 내무성 정무차관 자문관 면담, 본, 1995년 4월 21일.

108 독일 연방하원은 비례대표제 선거에 의해 구성된다. 지역구와 비례의석이 각각 절반씩이며 투표시 유권자들은 지역구 의원별과 정당별로 각각 투표를 한다. 의석은 일단 정당별 득표율에 맞게 나눈다. 만약 지역구에서 당선된 의원의 숫자가 정당별 투표율에 따른 의석수보다 많을 경우, 초과한 지역구 의석을 '초과 의석'으로 인정한다. 물론 지역구 의석수가 정당별 투표율에 따른 의석수보다 적은 것이 보통인데, 이 경우 그 차이가 비례대표 의석수가 된다.

109 구동독 지역에서 기민당·기사당·자민당의 득표율 합계는 54.7%에 달했다.

110 부시 대통령은 1989년 5월 브뤼셀 나토 정상회담에서 행한 연설을 통해 서독과 미국의 지도적인 파트너십을 강조했다. Szabo, op. cit., p. 11.

111 1989년 11월 24일 캠프데이비드 미·영 정상회담. Zelikow and Rice, op. cit., p. 115.

112 "4대 전승국 수뇌들의 회고담," Die Zeit, Nr. 11, 1996년 3월 8일.

113 "4대 전승국 수뇌들의 회고담," op. cit..

114 회담 후 부시 대통령은 미·독 정상회담에서 콜 수상이 국경 문제에 대해 침묵을 지킨 것은 실수였으나 국경선을 인정하게 될 것으로 믿는다고 대처 수상과 미테랑 대통령에게 설명했다. Bush and Scowcroft, op. cit., pp. 256~257.

115 Zelikow and Rice, op. cit., pp. 167~168.

116 유복근 역, 로버트 졸릭 저, "2+4: 독일 통일의 교훈(Two Plus Four: The Lessons of German Unification)," 외교통상부 조약국, 『국제법 동향과 실무』, 통권 제11호 (2005년), p. 26.

117 Richard Kiessler und Frank Elbe, Ein runder Tisch mit scharfen Ecken: Der diplomatiche Weg zur deutschen Einheit (Baden-Baden:

Nomos Verlagsgesellschaft, 1993), pp. 106~114.

118 Zelikow and Rice, *op. cit.*, pp. 212~217.

119 Teltschik, *op. cit.*, pp. 232~234.

120 『앞의 책』, pp. 299~300. Bush and Scowcroft, *op. cit.*, p. 292.

121 『앞의 책』, p. 298.

122 일부 국가들은 대규모 대소 차관에 대한 의향을 확인했다. 이 사안에 있어서 미국은 소련이 국방비를 삭감하고 민주주의를 반대하는 국가들에 대한 지원을 포기해야 한다는 입장을 분명히 밝혔다. Zelikow and Rice, *op. cit.*, pp. 308~309.

123 독일과 폴란드는 국경선 확정에 관한 조약을 1990년 11월 14일 바르샤바에서 체결했다.

124 Bush and Scowcroft, *op. cit.*, p. 344.

125 고르바초프는 미국측에도 시장경제체제로의 개혁 완성을 위해 150~200억 달러의 대소 차관을 요청했으나, 미국은 소련의 리투아니아 독립 저지, 쿠바 지원 등의 이유를 들어 거절했다. Bush and Scowcraft, *op. cit.*, pp. 271~273.

126 티어제 전 연방하원 의장 면담, 본, 1995년 3월 8일.

127 스탠리 호프만(Stanley Hoffman)은 서구 통합에서 파급 효과가 일어나지 않았던 것은 국가들의 다양성과 제2차 대전 후 양극체제 때문이라면서 국제적 환경이 서구 통합의 수준에 미치는 영향을 강조했다. 이와 반대로 통합의 성공 여부는 통합 과정을 내면화하는 이들의 능력에 좌우되며, 외부 엘리트보다는 실제로 참가하고 있는 내부 엘리트들이 통합 과정의 방향을 주도하게 된다는 주장도 있다. James E. Dougherty and Robert L. Pfaltzgraff, Jr., *Contending Theories of International Relations: A Comprehensive Survey*, Third Edition (New York: Harper & Row, Publishers, 1990), p. 434, 457.

128 도비예 차관보 면담, 본, 1994년 10월 28일.

129 Zelikow and Rice, *op. cit.*, pp. 226~227.

130 "4대 전승국 수뇌들의 회고담," *op. cit.*.

131 Teltschik, *op. cit.*, pp. 106~107.

132 아레츠[Dr. Jürgen Aretz] 연방수상실 국장 면담, 본, 1995년 6월 1일.

133 에곤 바 전 연방수상실 장관 특강, 본, 1995년 3월 8일.

134 셰바르드나제는 1991년 8월 〈워싱턴 포스트〉 지 특파원에게 그가 사임한 핵심 이유는 독일 통일에 합의한 본인의 역할에 대한 군부의 공격으로부터 고르바초프가 그를 보호해주지 못했기 때문이라고 말했다. Szabo, *op. cit.*, p. 80.

135 한우창 역, 『앞의 책』, p. 292.

136 Teltschik, *op. cit.*, p. 346.

137 여기서 제안하는 것은 필자 개인의 생각이며, 우리 정부의 정책과는 관련성이 없다는 것을 밝혀둔다.

138 드메지어 동독 마지막 수상, 권오기 통일부총리 면담, 서울 통일부, 1996년 4월 10일.

139 한스-위르겐 카악[Hans-Jürgen Kaack] 팀장 면담, 베를린, 1995년 4월 28일.

140 자세한 설명은 필자 칼럼 기고문을 참조, 〈조선일보〉, 1995년 8월 5일자.

141 슈테른 국장 면담, 본, 1995년 4월 27일.

142 뤼루프 다름슈타트 교수 면담, 본, 1995년 5월 29일. 당시 이자 부담률이 높은 나라로 2위는 프랑스, 3위는 미국, 4위가 일본이었다.

143 베를린 자유대와 〈한델스블라트〉 지 2010년 10월 1일 발표.

144 뤼루프 교수 면담, 본, 1995년 5월 29일.

145 2005년 4월 11일 독일을 방문한 노무현 대통령과 면담 시 언급.

146 벤트만 국장 면담, 서울 통일부, 2010년 10월 6일.

147 드메지어 수상, 권오기 통일 부총리 면담, 서울 통일부, 1996년 4월 10일.

148 린드버그는 통합을 "국가들이 독자적인 외교 및 핵심 국내 정책을 수행하는 욕구와 능력을 포기하고 공동의 결정을 하거나 의사결정 과정을 새로운 중앙 기구에 위임하는 과정"으로 정의한다. Dougherty and Pfaltzgraff, Jr., *op. cit.*, p. 455.

149 뮐러 라이프치히 부시장 면담, 라이프치히, 1994년 12월 1일.

150 데터스 국장 면담, 라이프치히, 1994년 12월 1일.

151 〈로동신문〉 2010년 1월 9일자.

152 드메지어 수상, 권오기 통일 부총리 면담, 서울 통일부, 1996년 4월 10일.

153 슈테른 국장 면담, 본, 1995년 4월 27일.

154 피셔 교수 면담, 본, 1995년 3월 6일.

155 작업 공정 혁신을 통해 비용은 줄이고 생산성은 높이는 방식.

156 한켈 교수 면담, 본, 1995년 3월 7일.

157 피셔 교수 면담, 본, 1995년 3월 6일.

158 퀼[Dr. Jürgen Kühl] 연방고용청 연구소 실장 면담, 본, 1995년 6월 6일.

159 쿠비체크 고용촉진 공사 사장 면담, 포츠담, 1995년 5월 4일.

독어 및 영어 약어 설명

ADN   Allgemeiner Deutscher Nachrichtendienst 전독일통신
        (구동독 통신사)

ARD   Arbeitsgemeinschaft der Öffentlich-rechtlichen
        Rundfunkanstalten (독일) 공영방송국 연합

BRD   Bundesrepublik Deutschland 독일연방공화국(서독)

CDU   Christlich Demokratische Union 기독민주연합(기민당)

CSCE   Conference for Security and Cooperation in Europe
        유럽안보협력회의

CSU   Christlich Soziale Union 기독사회연합(기사당)

DDR   Deutsche Demokratische Republik 독일민주공화국(동독)

FDP   Freie Demokratische Partei 자유민주당

MfS   Ministerium für Staatssicherheit 국가보위부(스타지)

PDS   Partei des Demokratischen Sozialismus 민주사회당(동독 민사당)

SED   Sozialistische Einheitspartei Deutschlands 독일사회주의통일당
        (동독 공산당)

SPD   Sozialdemokratische Partei Deutschlands 독일사회민주당
        (서독 사민당)

Stasi   Staatssicherheit(스타지, MfS)

ZDF   Zweites Deutsches Fernsehen 독일제2방송